我们一起解决问题

反
乌合之众

BEAT
THE CROWD:

HOW YOU CAN OUT–INVEST THE HERD
BY THINKING DIFFERENTLY

跳出羊群，逆向获利

[美]肯尼斯·L.费雪（Kenneth L.Fisher）　伊丽莎白·戴林格（Elisabeth Dellinger）著

江　淼 译　杨天南 审校

人民邮电出版社

北　京

图书在版编目（CIP）数据

反乌合之众：跳出羊群，逆向获利／（美）肯尼斯
·L. 费雪（Kenneth L. Fisher），（美）伊丽莎白·戴林
格（Elisabeth Dellinger）著；江淼译. -- 北京：人
民邮电出版社，2025. -- ISBN 978-7-115-65520-2

Ⅰ. F830.59

中国国家版本馆 CIP 数据核字第 20241CQ563 号

内 容 提 要

在投资市场上，大众的心理、情绪与行为，往往会因为受到多种因素的影响而偏离事实，这也是大多数人投资亏损的主要原因之一。

本书作者在华尔街有数十年的投资经验，在本书中，他从投资者的思维训练开始，阐述了投资者如何不被资本市场的各种乱象和众人的观点所干扰，学会独立思考，应对市场出现的各种冲击，比如银行倒闭等突发事件引发的短期金融恐慌，机构和专家对经济大势的预测，媒体和机构散布的各种消息及政府发布的经济政策等引发的市场波动。

本书适合各类金融市场投资者阅读，也适合希望提升独立思考能力的普通人阅读。

◆ 著　　　　［美］肯尼斯·L. 费雪（Kenneth L.Fisher）
　　　　　　　［美］伊丽莎白·戴林格（Elisabeth Dellinger）
　　译　　　　江　淼
　审　　校　　杨天南
　责任编辑　　王飞龙
　责任印制　　彭志环

◆人民邮电出版社出版发行　　北京市丰台区成寿寺路 11 号
　邮编 100164　电子邮件 315@ptpress.com.cn
　网址 https://www.ptpress.com.cn
　三河市中晟雅豪印务有限公司印刷

◆ 开本：880×1230　1/32
　印张：8.875　　　　　　　　　　2025 年 3 月第 1 版
　字数：240 千字　　　　　　　　2025 年 4 月河北第 2 次印刷
　著作权合同登记号　图字：01-2023-2761 号

定　价：69.80 元
读者服务热线：（010）81055656　印装质量热线：（010）81055316
反盗版热线：（010）81055315

推荐序

最年轻的译者和最长的作家

自从 2015 年我应邀翻译投资经典《巴菲特之道》一书，转眼已近十年，从当初的一个人，到现在的一群人，我们的队伍扩大了，翻译的作品增多了，俨然成了人们眼中的财经翻译部落。

这个部落最新完成的一部翻译作品就是这部肯尼斯·L.费雪的《反乌合之众》，译者是来自上海互联网大厂的江淼，她刚过而立，干劲十足，是名副其实的最年轻的小朋友。

这本书的作者肯尼斯·L.费雪，人称"小费雪"，其父就是巴菲特的老师、著名的成长股之父菲利普·费雪。其实，小费雪也不小了，今年已经 74 岁。在众多投资大师的家族中，小费雪可以说是少有的子承父业的人，而且青出于蓝，其事业规模远超其父。据报道，截至 2024 年上半年，费雪投资公司管理的资产高达 2760 亿美元。

此外，小费雪还保持着一项世界纪录：他是有史以来，历时最久的杂志专栏作家。他曾经为著名的财经杂志《福布斯》连续撰写专栏长达 32.5 年之久。这个于 2016 年底创造的纪录，迄今无人打破。

多年以来，小费雪勤于笔耕，迄今已经出版 11 本著作，江淼翻译的就是其最新作品。

对于投资者群体而言，众人皆知股市是少数人胜出的游戏，所以应该做反向、逆向的投资者。对此，小费雪指出，股市上的实际情况并非是"主流人群和逆向投资者的对决"，而是主流人群、反向人群、独立思考的逆向投资者，三者的博弈。

在这里，我们第一次见到，将独立思考的逆向投资者与反向人群加以区分。

小费雪进一步指出，那些所谓的"反向人群投资者"其实和"主流人群"一样，看似有别，其实都是一群从众的人。只是反向人群带着一种反对的、居高临下的傲慢。自认为是逆向投资者的反向人群，并不比你、我或其他人更聪明、更有眼光，他们的做法也很少带来更好的回报。

相对于一般作者，小费雪可以说是理论与实践俱佳，甚至在行文编排的可读性方面也颇有建树，例如书中的一些标题如下：

- 为什么大多数投资者总出错
- 经典著作必有经典之处
- 神奇的领先经济指数
- 花哨难懂的数学公式
- 向传奇人物学习
- "迷惘的一代"一直迷茫
- ……

令人在见到标题之际，便产生了先睹为快的向往。

本书是译者江淼的首部翻译作品，像部落里的其他成员一样，她也是在克服了工作繁忙和生活意外之后，完成的翻译工作，她是这个群体的缩影。

　　三十年来，从阅读经典到翻译经典，从一个人到一群人，祖国各地一个又一个有理想、有追求、愿意分享、乐于奉献的年轻人，以自己的文字和专业才能，参与到财经翻译的领域中来。

　　由最初求知若渴的初心，到渐渐遵循一举多得的原则，为社会创造价值，为自己创造机会，他们是一群利人利己的可爱的人，是一群经历了雷火淬炼的"反乌合之众"。

译者序

独立思考才能发现真理

本书作者肯尼斯·L.费雪，是"成长股之父"菲利普·费雪的儿子，他继承了父亲的衣钵，投身金融行业，于1979年以250美元创立了费雪投资公司，凭借卓越的商业才能与独到的投资眼光，将其发展成为全球最大的独立资金管理公司之一。

肯尼斯·L.费雪在金融写作领域也同样硕果累累。他一共撰写了11本投资类书籍，同时他也是《福布斯》杂志历史上连续写作时间最长的专栏作家。

这是肯尼斯·L.费雪出版的第11本书籍。初次看到这本书时，我便被其精妙的中文译名《反乌合之众》深深吸引。我们都知道"乌合之众"的含义，然而，能够避免人云亦云，跳出羊群效应，并且将独立思考的理念与投资相结合、实现逆向获利的人却并不多。仅仅是这个书名，对我就充满了难以抗拒的吸引力。

在金融市场中，独立思考的能力至关重要，只有独立思考、保持质疑，才能发现真理。而这本书，正是一本独立思考的思维训练指南。作者用贴合生活场景的实例，为读者提供了独立的解读和分析视角，让读者能跟随作者的思维方式，练习独立思考的能力，避免从众、认识自我、挖掘真理。这不光能运用到投资上，也能运用到人生的方方面面。

比如，作者在书中谈及新闻媒体对大众情绪的影响时，是从媒体的发展历程来进行剖析的，解释了为何会出现误导大众的内容，以及如何从中辨别真伪、避免受到噪声的影响，并从中挖掘投资机会。在看这些内容时，我会产生"原来如此！还可以这样思考"的感叹。

在翻译的过程中，我惊喜地发现，书中的内容与很多近期事件不谋而合，新冠疫情、俄乌战争、数据陷阱等。我想这并不是巧合，因为历史总是惊人的相似。书中内容历久弥新、通俗易懂、引人入胜，无论是金融行业的专业人士，还是普罗大众，都能从这本书中汲取到有用的知识。

这是我翻译的第一本书，不得不说，为了不辜负读者的期待、不给自己留下"坏名声"，我为这本书熬了不少夜，下了不少功夫。对于书中的专业名词、历史事件、英文俚语等，我查阅了多方资料，力求在尊重原意、表达清晰的情况下，最大程度地契合中文读者的阅读习惯。

最后，衷心希望大家在阅读这本书时，像作者写这本书、我翻译这本书时一样，能够沉浸其中，享受这个充满惊喜的阅读过程，收获独立思考、发现真理的能力。

前　言

坦白说，我本来是不想写这篇前言的，因为本书已经够长了，我不想让读者因此而多读一页。但你懂的，还是要按规矩办事。

我原本没有计划写这本书，在前言里说明一下原因也不错。因为在此之前，我已经出版了10本书。"10"是一个圆满的数字，我很满意，也很知足，我觉得不需要再多一本我的书了。但在和我之前的约翰·威利父子出版公司（以下简称"威利"）的编辑劳拉·加奇科（Laura Gachko，仍在威利工作，只是不再与我对接），以及我的合著伙伴伊丽莎白·戴林格（Elisabeth Dellinger）的一次对话中，我灵感乍现，点子一个接一个地迸出，在那一时刻，我想我可以再写一本书了——"11"也是个不错的数字。

从我1984年写的《超级强势股》（*Super Stocks*）开始，逆向投资的概念始终贯穿我的所有书籍。对我来说，逆向投资意味着独立思考，我的书也一直在展示这一观点（至少我是这么认为的）。但在2013年12月那个决定性的日子里，我突然意识到，我从未明确提及和解释过什么是逆向投资、什么不是，以及如何实践。现在，逆向投资被许多人误解或误用，也有一些人在不知不觉中实践着，这些人是想了解这个概念的。所以，我意识到时机成熟了。

　　大多数人认为，逆向投资意味着做与"主流人群"相反的事情，因为如果"主流人群"大多数时候都是错的，那么押相反的方向就会带来成功。这样做虽有时管用，但大多数情况下并非如此。故意反着来的人也是一类从众的群体，市场也喜欢愚弄他们，就像市场喜欢愚弄任由自己摆布的主流人群一样。市场上的真实情况不是"主流人群和逆向投资者的对决"，而是主流人群、反向人群、独立思考的逆向投资者，三者的博弈。逆向投资者能看穿前两个群体的想法，在权衡所有现存因素与利弊后得出自己的结论。

　　本书是逆向投资的思维训练指南，可以为那些厌倦经验法则、厌倦媒体炒作和行业神话、希望独立思考的人们提供指引。这份指南并非万无一失的投资法则，毕竟绝对保险的事并不存在。但本书讲授的思维方式，帮助我在资产管理领域连续 40 多年作出了更多正确的决策。希望你也能如此！

　　这本书是团队合作的成果。前面提到，劳拉帮助我产生了灵感，并承担了前期的编辑工作。后交由图拉·巴坦切夫（Tula Batanchiev）负责，她与朱迪·霍沃斯（Judy Howarth），以及威利的其他成员一起完成了编辑工作，文森特·诺德豪斯（Vincent Nordhaus）负责了最终的印刷。威利的团队一如既往的勤奋和耐心，十分感谢我优秀的经纪人杰夫·赫尔曼（Jeff Herman），促成了我与威利的合作。

　　与我共事多年的杰瑞德·克里兹（Jarred Kriz）、迈克尔·奥尔森（Michael Olsen）、劳伦·谢克曼（Lauren Schekman）、埃里克·哈格（Eric Harger）和纳撒尼尔·比曼（Nathaniel Beeman）也提供了一些建议。托马斯·佩雷兹（Thomas Perez）为我们设计了一个很酷的封面，完美地体现了我们要表达的主旨。杰西卡·沃尔夫（Jessica Wolfe）、钱德迪普·马丹（Chanddeep Madaan）、萨姆·奥尔森（Sam Olson）、迈克尔·利昂（Michael Leong）、蒂姆·施鲁特（Tim Schluter）、布拉德·派尔斯（Brad Pyles）和塔利亚·霍森普德（Talia Hosenpud）协助做了一些研究；杰瑞德（Jarred）、托德·布利曼（Todd Bliman）、吉尔·希区柯克（Jill Hitchcock）、贾斯汀·阿巴克尔（Justin Arbuckle）和莫莉·利尼什（Molly Lienesch）审阅了初稿。

托德（Todd）同时承担了三项任务，编辑整本书、承担伊丽莎白大部分的日常工作，并为伊丽莎白提供了大量的精神支持，让伊丽莎白有足够的时间专注于这本书的完善。克里斯托弗·黄（Christopher Wong）和艾米莉·邓巴（Emily Dunbar）是我公司里很有前途的作家，他们也协助进行了书稿的校对。

最后但同样重要的是，法布·奥纳尼（Fab Ornani）、大卫·埃克利（David Eckerly）、克里斯托弗·博阿兹（Christopher Boaz）和西奥多·吉利兰德（Theodore Gilliland），他们负责本书的公关和网络营销。

所有我提及、未提及的人，以及我的妻子谢洛琳（Sherrilyn）和我的家人们，感谢你们为此书做出的贡献，这里向你们表示我最衷心的感谢。

同样，感谢你阅读本书，希望你阅读时，能像我们写这本书时一样享受。

目　录

第一章　逆向思维训练指南 **001**

华尔街对逆向投资者的误解　002

反向投资的困境　003

凡事总有例外　004

为什么大多数投资者总出错　006

逆向投资者的第一准则　011

无所不知的市场　012

不同而非相反　013

正确的思维框架　014

审视自我　016

第二章　专业预测的妙用 **017**

华尔街对年度预测的盲目推崇　019

专业人士的群体思维　021

逆向投资者如何利用专业人士的预测　022

再好的方法也会失败⋯⋯ 027

击败华尔街的技巧 036

第三章　无意义的媒体报道　**043**

有缺陷的媒体观点 044

媒体报道的"吸血鬼事件" 047

从错误中寻找增长 054

神奇的领先经济指数 056

战争是好是坏 066

不要做一头牛，要做一个逆向投资者 071

第四章　未来 30 个月内不会发生的事情　**074**

"婴儿潮"炸弹 076

社会保障和医疗保险基金耗尽怎么办 077

"迷惘的一代"一直迷茫 081

国家债务问题 084

债务导致通胀失控 089

国家停止创新 090

收入不平等 092

美元失去国际储备货币的霸主地位 095

市场在意什么 098

第五章　寻找"大象"　　　　　　　　　　　**100**

"大象"的力量从何而来　　　　　　　　101

毛利率这头"大象"　　　　　　　　　103

当好消息被伪装成坏消息时　　　　　105

收益率曲线的魔力　　　　　　　　　108

奇袭的"大象"　　　　　　　　　　115

简短的悲剧　　　　　　　　　　　116

课本上的谎言　　　　　　　　　　117

不可能是"大象"的事　　　　　　　121

第六章　爱恨交加的政治　　　　　　　　　**124**

摒弃偏见　　　　　　　　　　　　125

抛开个人观点　　　　　　　　　　126

政治"僵局"　　　　　　　　　　130

国会颁布的法案　　　　　　　　　135

看得见的和看不见的　　　　　　　142

比政客更糟糕的是什么　　　　　　144

为什么美国政客已经创造了下一次更糟的危机　147

第七章　把课本收起来　　　　　　　　　　**152**

学习课本，但要了解其局限性　　　　153

市盈率无法预测未来　　　　　　　156

周期调整市盈率也不是超级英雄　　　　　　159

小市值股票比其他股票好吗　　　　　　　　162

花哨难懂的数学公式　　　　　　　　　　　166

理论不等于现实　　　　　　　　　　　　　171

该去哪里学习　　　　　　　　　　　　　　174

第八章　抛开这本书吧　　　　　　　　　　　**176**

像贾斯汀·比伯一样流行的明星经济学家　　177

经典著作必有经典之处　　　　　　　　　　179

经济理论　　　　　　　　　　　　　　　　186

向传奇人物学习　　　　　　　　　　　　　192

那些忘记历史的人　　　　　　　　　　　　202

21 世纪的经典之作　　　　　　　　　　　208

第九章　行为金融学，当流行遇见经典　　　**211**

行为金融学的起源　　　　　　　　　　　　212

行为金融学的偏离　　　　　　　　　　　　214

当学术遇上营销　　　　　　　　　　　　　214

行为金融学的战术定位　　　　　　　　　　216

近因效应与情绪　　　　　　　　　　　　　224

如何获得战术优势　　　　　　　　　　　　229

关于选股　　　　　　　　　　　　　　　　234

如何区分好策略和坏策略　239

何时该退出　241

回归自我控制　244

第十章　如何应对媒体的言论　**252**

如何利用新闻　254

媒体忽视的事情　259

相信技术和创新　263

结尾寄语　264

第一章　逆向思维训练指南

很少有真理是不言自明的，但下面这一条确实比较简单直白：

> 在投资中，大众群体所作的决策，错误的次数往往比正确的次数多很多。

大多数人都会认可这一点，因为他们都曾有过在随大流时得到的惨痛教训，并且目睹过身边的朋友、亲戚、邻居和同事同样在随大流中"尸横遍野"。他们也曾见到，那些著名的公众人物因为误导大众而丢尽脸面。已经有学术研究表明，大众群体的投资行为往往是愚蠢的。

虽然道理都懂，但大多数人还是会随大流。对他们来说，要做到不随大流实在太难了！财经媒体、互联网和电视访谈节目，会不间断地向大众灌输所谓的投资理念。如果不具备识别能力，普通投资者就很容易把这些重复灌输的错误理念当成事实，最终跟随大家一起，高买低卖。

虽然摆脱大众思维的影响是一件很难的事情，但方法还是有迹可循的，那就是训练你的大脑，与媒体、你的朋友、邻居和那些只穿梭在酒桌饭局的经济学家对抗，用不同于他们的思维方式思考。这种思维方式不需要渊博的市场知识、经济学或金融学的学位，也不需要无休止的枯燥研究，只要遵循一些基本原则、时刻保持警醒和独立思考的本能，你就可以打败乌合之众，成为逆向投资者。

约吉·贝拉（Yogi Berra）曾说："棒球运动90%靠头脑，剩下的才靠体能。"这也适用于投资！大脑才是投资成功的关键。把这本书当作你的大脑训练指南，你将学到如何免受媒体影响，以及如何智取大众。

成为逆向投资者意味着什么？做出正确决策的秘诀是什么？让我们从这本书开始寻找答案吧。在本章中，我们将从基础知识开始。

- 为什么华尔街对逆向投资者的定义是错误的。
- 乌合之众的愚蠢之处是什么。
- 如何评估真正的逆向投资者。

华尔街对逆向投资者的误解

传统意义上，所有投资者被分为两大类：多头和空头。多头看涨，空头看跌。如果主流人群看涨，华尔街则认为看跌的人是逆向投资者；如果主流人群看跌，华尔街则认为看涨的人就是逆向投资者。

这种想法意味着市场只有两个群体，"主流人群"（认为股票会按某种走势的庞大人群），以及"反向人群"（认为股票会以相反趋势走的人群）。"反向人群"通常认为自己是逆向投资者。他们认为"主流人群"一定是错误的。他们见过很多学术研究论文，显示大多数投资者做出的投资决策很糟糕，通常是低价卖出和高价买入。所以他们相信，与主流人群做相反的决策可以确保低买高卖。但这是错误的。

原因是，"主流人群"和"反向人群"一样，都是一群从众的人。反向人群的观点不独特，也不比主流人群分析得更精准。两者的"分析方法"都是一样的，只是反向人群带着一种反对的、居高临下的傲慢。自认为是逆向投资者的反向人群，并不比你、我或其他人更聪明、更有眼光，他们的做法也很少带来更好的回报。

这是个坏消息，但也是个好消息。一旦你知道是什么使大众或上述两个群体做出错误的决策，就容易更准确、更明智地思考了。绝对正确是不可能实现的，但要做到比大多数人更好并不难。这意味着你可以成为真正的逆向投资者！

反向投资的困境

若把世界比作一个模拟的时钟。截然相反的两个群体中，反向人群会基于主流人群的预测进行押注。如果主流人群说时针会指向 1 点钟，反向人群会押注时针将指向 7 点钟，即完全相反的方向。这是反向人群的一种本能，在大多数情况下，他们只是为了与主流人群不同而不同，并没有真正思考自己的行为正确与否。就像故意唱反调的人会这样想："每个人都很开心，那我偏不开心。"不会想到还有其他选择，"每个人都很开心，但也许我可以更开心一些！"这不像力学是二元对立的，并不是每个作用力都有一个相等且相反的反作用力。若基于错误的非黑即白的观念来评估市场，就可能会造成重大的决策失误。

将时钟的比喻放在股票市场上，如果主流人群认为股票一年内将上涨 10%，反向人群会押注股票一年内将下跌。也许不会正好押注下跌 10%，但至少会押注相反的方向。因为他们的天性是故意反着来，而不是追求精准。对他们来说，仅仅押注相反的方向就够了。

我们也可以用一个近几年发生的事情来举例。比如美联储（Federal Reserve System，Fed）的量化宽松政策（quantitative easing，

QE）。主流人群认为量化宽松政策是利好股市的，反向人群则认为这个政策不好，有通胀的风险。这就是错误的非黑即白的思维模式！

在我看来，量化宽松政策之所以不好，是因为它是一种消极的货币政策，可能会带来通货紧缩，无论是主流人群还是所谓的反向人群都不会考虑到这种观点。虽然近一个世纪的经济理论和研究中都有文献支持这种观点，但大众却接受了媒体上最常见的说法。而那些反向人群也只是简单地持有了与这种常见说法相反的观点，却忽视了"群体思维"中的真正问题。反向人群只是一群故意反着来的人，没有太多的深思熟虑（稍后详谈 QE）。

那问题出在哪儿？是因为时钟不仅仅只有两个数字，它一圈有12 个小时，每个小时有 60 分钟。即使主流人群押错了，故意反着来的人也有 10/11 的概率押错，且只有 1/11 的概率押对。股市也是如此。如果大多数人都预测一年涨 10%，股票不是只有下跌才能证明他们是错的，持平也可以，涨 20%、30% 或更多也可以。因为大多数预测涨 10% 的人，在股票涨到 15% 时就已经抛售了，他们会损失本可以拥有的盈利。押注下跌的反向人群，往往更容易犯错。当然，如果股票最终涨了 30%，而你预测股票涨 10%，只要你的仓位选择正确，并且没有过早卖出，这个错误并不会让你有损失。这将在第二章中详细讨论。

凡事总有例外

市场是个捣蛋鬼。它的目标是尽可能频繁、长久地愚弄更多的人。主流人群是它最喜欢的猎物，因为这样能同时愚弄一大群投资者！虽然主流人群是最容易上钩、最典型的猎物，但是市场也并不打算放过其他任何人。即使是那些真正的逆向投资者，也难免受到打击。

世上没有万金油式的投资方法。"假设主流人群的行为都是错误的"这种观点有时也会出错。市场通常不会按照每个人的预测行事，但总有例外。如果市场不让主流人群偶尔正确，那就不会有这样的群体存在了！那些将"与趋势为友"当作指导原则的趋势投资者，可能在买入的那一刻就被证明做错了。市场会在大多数人买入或卖出时给他们一记耳光，人们会从他们的错误中吸取教训。没有人可以愚弄股市，但股市最大的乐趣之一则是愚弄大多数投资者。

大众需要偶尔的正确，也需要偶尔的感觉良好，否则他们就会放弃，就不会有乌合之众了。偶尔的正确会培养错误的自信心，会强化大众对于群体智慧的认可，这是市场的基本操作。但这也是市场反复愚弄大众，让他们忽视负面因素，然后施加更大损失和痛苦的手段（这时市场可能还会哈哈大笑）。

这也是为什么一些季节性的谬论，如"5月应该出售"和"9月是最差的月份"听起来像正确的原因——尽管大多数时候都不对，但总有那么一两次对的时候。那些在5月或夏季和9月市场回报不佳、低于历史平均水平的年份，会使这种谬论一直流传下来。而且，往往是这种偶然、戏剧性的正确，让这些谬论有了继续流传下去的力量。

市场经常会让主流人群暂时看起来正确，然后对他们进行反击。那些相信2011年欧元危机会结束牛市的人，在2011年10月看起来非常正确，当时全球股票市场确实因为调整而跌到了低谷。但从2012年起，股市触底反弹，毫不理会希腊历史上最大的主权债务违约事件。在2012年、2013年及之后的时间里，牛市一直持续着。市场的走势最终证明欧元末日论者是错的，至少至今为止都是错的。

有时候，市场的波动让人们觉得自己是正确的，就像头条新闻预警一些巨大的灾难将冲击股市时，市场会出现下跌一样。市场确实可能在几周或几个月内大幅下跌 10% ~ 20%，这种下跌可以出现在任何时候、出于任何原因，甚至毫无原因。但恐慌者往往想当然地认为，下跌恰好证明了之前警告的事情都像媒体说的那样严重和糟糕。事实上这是认知偏差，你只看到了你想看到的东西。这是一种危险的行为，但大多数人不愿意费心区分正确和偶尔正确（详见第九章）。

就像主流人群也会偶尔正确一样，真正独立思考的逆向投资者也会偶尔出错。每个人都会有犯错的时候！我们的目标不是做那些开始看起来正确，但最终是错误的判断，而是尽可能地做出更多正确的判断。

为什么大多数投资者总出错

这并不是因为他们信息不足，也不是因为缺乏智慧，即使是非常博学、聪明、密切关注市场的人，也经常会做出错误的投资决策！之所以会这样，通常都是这个简单的原因导致的：他们在无意中陷入了群体共识。

无论你的研究方法多么谨慎和深入，你的判断都可能变成群体共识。许多人把投资看作一门科学，这样会得出一套规则，什么对股票有利、什么对股票不利，以及什么时候应该买卖股票，这听上去不错。但这些方法会逐渐变成群体共识，使大众遵循相同的规则，这在投资中是危险的。

许多医生、律师和工程师很容易陷入群体共识。不是他们有什么问题，而是他们的职业惯性使他们很容易走上这条道路。这些职业都需要总结规则和方法。比如医生，他们需要用科学的对照实验得出证据后，才能确定某种病的治疗方案。他们将同样的方法论应用于投资，企图寻找已经得到验证和证明的有效规则。比如大多数律师，他们都是逻辑高手，期望股票市场遵循规则、流程和简单的逻辑。比如大多数工程师，他们期望股票市场是线性和理性的，就像他们每天创建和处理的系统一样。这些方法论在他们的职业领域中是有效的，但在股票市场上不起作用。

基于规则的投资者通常使用的是类似的逻辑，自然会得出类似的结论。他们使用相同的规则，基于相同的假设，期待相似的事情发生，这就演变成了一种共识观点。这些逻辑看起来非常合理，但我们很快就会看到，市场经常违背逻辑。

还有一些人从学术理论和教科书中获取观点。理论和教科书本身没有错，如果你独立思考，这些是有用的。但是许多人把理论变成教条，把教科书变成规则书，认为上面说的对股票有利和不利的因素，无论何时何地都一定正确。如果上面说高市盈率和高市净率是不好的，那么这种股票就是不好的！对于一些基本面投资者来说，教条通常被视为真理。但教条也被广泛阅读，使其成为共识！市场很快就会将共识反映在价格里，并采取其他行动。而这种"其他行动"，才是真正的逆向投资者需要弄清楚的。

还有些投资者把老旧的格言、经验法则当作真理一样，指导投资决策。从时间角度来看，这种方法似乎不错，因为它是经过了时间检验的智慧。如果它没有作用，也不会被收录其中。但是你越是基于格言、谚语和每个人都知道的东西进行决策，你就越不可能独立思考，也越不可能成为真正的逆向投资者。

这些老旧经验法则甚至无法通过基本逻辑检验（这是逆向投资者最喜欢的工具之一，将在第四章中说明）。市场有一些大众很熟悉的法则，比如"逢低买入"，这告诉你当股票价格下跌时要以低价抢购！但这也是需要"及时止损"的时候，即当股价下跌时要在彻底跌到零之前抛售它，并转向投资那些正在上涨的股票。又比如，"让利润奔跑"告诉你，当股票价格上涨时就继续持有，利润会继续增长，然而另一句又告诉你"及时止盈"。你该怎么做？两者听起来都合乎常理。如果你的股票价格在上涨，你会希望它继续上涨。但你也知道，它随时可能下跌，将部分收益落袋为安似乎是明智的选择。然而，这些法则并没有告诉你具体应该怎么做。

但并非所有的经验法则都是关于价格波动的。比如一个古老的策略声称，其拥有从公司公告中获利的秘诀。你可能听过："谣言起时买，新闻出时卖。"例如，谣传苹果公司正在研发一款新手机，它可以远程遥控，打开你的车库门、喂养孩子，等等，那就赶紧买进股票吧。不要等到真相被验证时再买入，那时肯定晚了！然后等苹果公司宣布消息时再卖出，这时跟风的投资者都已经买入了，股票已经到达了最高点。这样做，就好像这家公司已经没有任何潜力，也不会再上涨了，之后也永远做不出更好的新产品了。你怎么知道这一定对呢？

所有这些方法，都是基于对众所周知的信息的相同解读。无论是否直观、合乎逻辑，大多数人都是这么做的。但真正的逆向投资者超越了共识观点和常规智慧，会主动去探寻真相，这更令人兴奋，就像在广阔的空中自由地飞翔。

不管你是否喜欢媒体，它们都能帮到你

公众媒体既反映了情绪，也影响了情绪。在我看来，近20年里大多数媒体已经逐渐倾向群体性思维。如今的新闻报道体现了约翰·梅纳德·凯恩斯（John Maynard Keynes）的古老格言：

"处事的智慧教导人们，宁可依循传统而失败，也不愿打破传统而成功。"

但原本不是这样的，在互联网时代之前，记者们经常发表独到的见解。当时只有三家全国性新闻网站和少数几家全国性财经出版物，专家们竞相发表深刻见解，想要开创先河。而现在，我们有很多全天候播报的新闻台、财经网站和无数的博客，每篇文章都有评论区，任何人都可以公开匿名地批判作者。一篇与主流思想格格不入的文章，会让人群中的激进分子发动网络暴力，引来批判。这迫使作者变得畏缩和中立，使媒体渐渐形成了群体性思维。可见在某些领域，竞争加剧并不总是好事。

但也有好的一面！因为现代媒体很少发表与主流观点不同的观点，导致大家很容易发现大众普遍认同的观点和情绪。

当记者问我对量化宽松政策（QE）的看法时，我亲身体会过这一点。你可能听说过这个名词，这是美联储在 2008 年金融危机期间推出的一项计划，目的是提高货币流动性，降低长期利率，促使企业和个人愿意借贷。多年来，美联储从银行购买国债和机构抵押债券，用新创建的电子"联储信贷"支付，导致新发行货币超过 2 万亿美元！这样可以降低长期利率，银行可以用新的储备金作为抵押，扩大了货币供给。

当记者问我的观点时，我说了他们不喜欢听的、与主流想法格格不入的观点。当短期利率接近零时降低长期利率，会缩小短期与长期之间的利差，导致收益曲线变平缓。我们有超过 100 年的证据证明，较大的利差才是真正的魔力所在。为什么呢？想想银行的贷款业务。短期利率是银行的资金成本，长期利率是他们的贷款收入。长期利率减去短期利率的差额，可近似于银行的毛利率。

银行并非慈善机构，它也需要盈利。贷款业务利润越多时，银行就会越积极地放贷；贷款利润越少时，银行放贷的热情就越小。所以导致整个量化宽松政策期间，银行家们一直在袖手旁观。

多年来，大众认为美联储是推动经济增长的唯一力量。实际上，美联储扼杀了信贷，导致几十年来贷款增长缓慢。也几乎没有人注意到，货币数量（也称为M4）近乎没有增长，国内生产总值（GDP）也是自第二次世界大战以来增长最为缓慢的。

我向记者解释了我的观点，并提供了详细的数据支撑。他们说很有道理，但并没有发表。如果大家都说量化宽松政策是宽松的货币政策，记者怎么可能刊登反对的观点呢？他们不能这么做，不然会变成众矢之的。

主流媒体不会，也不能发表这种观点。在这个时代，似乎每个专家、美联储、国际货币基金组织（IMF）、世界银行（World Bank）及各国财政部部长、央行行长，都表示量化宽松是经济命脉，结束量化宽松政策会让全球经济面临巨大的风险，记者只有傻了才会发表不同的观点。如果记者这么做，财经评论者和博客作者会把他们反驳得体无完肤，这将是职业生涯的自杀式行为。

同样，这也使得真正的逆向投资者，更容易从媒体的信息中辨别真假。虽有例外，但总体可以比较安全地假设，如果新闻头条炒作某个观点，一般这不会是逆向人群的观点，这不会给你提供可行的行动建议，而是告诉你必须独立思考。

逆向投资者的第一准则

逆向投资者有一个基本准则。如果你记不住后面九章的任何内容，也请记住这一准则：如果大多数人相信市场会发生某些事情，那么逆向投资者只会相信将发生与之不同的事情。

这是反向人群出错的地方。注意，我没有说相反，只是说与之不同。市场会把大众的共识反映在价格上。如果每个人都因为看到负面因素而看空市场，那些负面因素可能确实不好，但不好不一定意味着下跌！因为每个人都看到了负面因素，这些负面因素在电视和互联网上广为传播，市场已经将其体现在价格上了，那些负面因素可能根本无关紧要。或者，也可能存在一些大众完全没有看到的根本性大问题，结果会比他们预想的更糟！

这正是 2008 年所发生的事情。当时，每个人都说住房贷款、次级贷款和不良抵押贷款的衍生证券是个大麻烦，它们将导致经济衰退、股市下跌。很多人都这么说，很多人也都看到了！

没有一个人（包括我在内）看到另一个更大、更隐蔽的问题：2007 年 11 月实施的以市值计价的会计准则（［FAS］157，盯式会计准则），会导致全球银行的资产负债表缩水数万亿美元。没有人能够预料到这一点，因为这条会计准则使每家机构不得不以变动的市场价格对其资产负债表上的非流动资产进行计价。当有人以低价出售抵押物去支持证券时，所有金融机构都会受到冲击。美国的所有银行将不得不对其拥有的每一种类似的、非流动性资产承担账面上的亏损。

没有人能预料到，这个规定会导致次贷问题，最终会在短短几个月内从美国银行系统中抹去约 2 万亿美元。没有人能预料到，对这些不透明、低流动性市场的恐惧会导致市场拒绝向贝尔斯登

（Bear Stearns，原美国第五大投行）提供资金，6个月后又拒绝向雷曼兄弟公司（Lehman Brothers，原美国第四大投行）提供资金，导致五大投资银行中的两家倒闭。没有人能预料到，美联储向摩根大通（JPMorgan Chase）提供资金收购贝尔斯登后，却拒绝为巴克莱（Barclays）银行提供资金收购雷曼兄弟公司，迫使这家金融巨头破产。没有人能够预料到，这将在市场上引发多大的恐慌，使大盘每日下跌8%成为常态。更没有人会预料到，美联储在整个过程中似乎忘记了应该如何应对危机，忘记了央行在危机中一般会采取的行动（尽管可能不管用），忘记了可以通过一些措施提高资金流动性或充当最后贷款人。

如果2008年只涉及次贷和住房问题，我们可能只会经历一次大的调整。直到年中左右，随着抛售和减记的恶性循环加剧，噩梦才真正开始。

我也没有想到，这引出了逆向投资的第二大准则：逆向投资者也会犯错。逆向投资者知道这一点，也接受这一点。你不必始终正确，只要有60%～70%的成功率，就足以让你遥遥领先大多数人。正如我在之前的书中写的，如果你在投资领域里正确率达到70%，你将成为传奇人物。（尽管那些愤世嫉俗的人们会想尽办法阻挠新的传奇人物出现或长存。当然，逆向投资者不会在意个人形象。你可能从我的许多批评者那里读到过我，但我对自己的形象并不在意。你也没必要在意。）

无所不知的市场

逆向投资者知道什么时候不该动，什么地方不该去。怎么做到的？他们知道市场是有效的，但不是每时每刻都完全有效，否则就不会有机会了！

　　逆向投资者知道，市场在短期内可能非常不理性，但是随着时间的推移，通常价格会反映所有广为人知的信息。如果信息已经公开，投资者应该已经考虑并进行过交易了。

　　规则、常识和一致的预期都是众所周知的，意识形态的信仰、认知偏好和每一个所谓的"专家"观点也是如此。市场对每一本理论教科书、规则手册和实战手册都了如指掌。市场知道规则，知道因果关系，也知道大众对每个消息的反应可能是什么。市场在大众自己意识到之前，就预判了大众会做什么。

　　季节性波动和技术分析指标就是如此，道氏理论或许是最极端的例子。这一理论自19世纪末以来表明，当道琼斯运输指数和工业指数同时创下新高时，将会出现长久的牛市行情。如果它们同时创下新低，那么熊市将加剧。这两者间还有很多胡言乱语式的推测，我就不多说了，反正很极端。如果道氏理论是正确的，那么牛市永远不会结束，因为信号一直显示是牛市，股市会不断上涨！熊市也是如此。但是市场总有周期变化！市场的价格走势已经证明了牛市会结束。

不同而非相反

　　不管规则是怎么定义的，也不管大众的预期是什么，我可以打赌，市场大多数时候都不会如其所愿。但这并不意味着会出现完全相反的结果！

　　回想一下我们举的时钟比喻。如果每个人都预期指针会指向1点，那么反向人群会押注指针指向7点。真正的逆向投资者知道市场是有效的，他们知道指针大概率不会指向11点到3点之间，因为这太接近大多数人预期的区间。逆向投资者可以有效地排除 4 个小时的可能性，但仍有 8 个小时的可能区间。

例如，如果大多数人预期股票将在一年内上涨 10%，真正的逆向投资者会认为股票可能不会涨 5% ~ 15%。但这仍可能是一个大幅上涨的年份，无论回报如何。

理解市场如何利用已知的信息，有助于缩小真实可能性的范围。市场并不会告诉你会发生什么，这正是反向人群陷入困境的地方。市场只会告诉你可能不会发生什么，并让你独立思考可能会发生什么，并提高胜算。

为了缩小投资范围，逆向投资者会寻找主流人群和反向人群所忽略的方面，比如采用分散投资。或者，他们会用不同的视角看待同一件事情。这两种方法都让他们发现了大多数人错过的风险和机会。

正确的思维框架

逆向投资者是耐心的，他们具有长期思维。短期思维只会让你变得焦躁不安，做出错误的决策。

你经常会看到人们在追逐热点时犯这种错误——只是因为某只股票最近上涨得好，他们就盲目加入。在热门股票上升期间，他们可能对分散投资策略感到厌倦，试图集中投资热门趋势的股票。他们放弃了长期思维，追求短期回报。回想一下 1999—2000 年，美国的互联网公司股票价格飙升，光纤通信成为下一个大趋势。纳斯达克指数屡创新高，每个人都想从新经济中分一杯羹。互联网公司的股票似乎成了快速致富的终极魔法。

这是一种极度短期的思维，但它迅速蔓延开来。很少有人考虑到 10 年或 20 年后的事情（当然，我们现在已经到了那个时候）。甚至没什么人往前多看一年，思考那些烧钱速度极快且没有收入的公司是否能存活。他们只是想要热门的公司，想赚尽可能多的钱。2000 年 3 月开始的下跌就是一个无情的教训。

陷入恐慌的人们也会只考虑短期。回到 2009 年 3 月，那场金融危机的最后几天，人们真的认为股票价格会跌到零。你不相信？你只要在谷歌上搜索"股市会归零吗"，就会发现很多人在问这个问题。当时市场在暴跌，股市归零的可能性变得真实起来。

你可能会想，"这是不理性的"，但恐慌从来都不是理性的！人们会根据巨大的损失进行推测，将其延伸到未来。他们失去了对历史和现实的客观理解。他们忘记了一个简单的事实：总会有周期的变化，市场总是会再次上涨的。只要市场经济存在，企业就会找到盈利和增长的方法。新技术的出现，将带来新的增长和新的利润来源。这就是那些意志坚定的逆向投资者在 2009 年 3 月所相信的。

意志坚定的逆向投资者会超越市场的短期波动。他们知道每日的下跌、快速回撤和反弹，即使在牛市中也是正常的，而面对波动做出的反应反而是危险的。这些过度反应通常意味着在股票下跌时抛售，但此时人们更应该耐心等待。对短期波动的反应往往会导致追涨杀跌。

同样的道理也适用于看似重大的短期事件，如地缘政治冲突、局部战争、革命和武力威胁，这些自人类文明诞生以来一直困扰着我们，也影响着冲突区域人们的人身、财产安全，但这对股市来说通常并不可怕。从荷兰第一个郁金香球茎开始交易以来，市场就一直在应对冲突，只有像第二次世界大战这样全球性的大冲突才会结束牛市。生活总是会继续下去的，这才是最重要的。

审视自我

正如我之前所说，逆向投资者知道自己不会一直都对，做到完美是不可能的。

即使是一个经验丰富的逆向投资者，也会预计自己有 30% ~ 40% 的错误率。你不需要超过三分之二的时间都正确，只要正确的时间比错误的时间多，就是巨大的成就了。正如我所说，一个专业人士如果保持 70% 的正确率，那他绝对会成为一位传奇人物。你也应该这样，要习惯有 30% 以上的概率出错。

那么，如何才能做到对的时间比错的时间多呢？ 我已经告诉过你：记住，市场会做大众预料不到的事情！有很多方法可以应用这个简单的原理，我会细细道来，继续读下去吧！

第二章　专业预测的妙用

在普通人的庆祝仪式方面，没有什么能与新年相媲美。举杯庆祝、唱一首《难忘今宵》，一起跟着电视台倒计时，之后绽放巨大的烟花！

在投资界也有这种热闹的场景，其核心内容就是专业投资者的市场年度预测。虽然这些预测报告不会出现在电视节目中，但了解和理解它们，可以让你比看所有电视节目赚的钱都多，除非你连续赢得了 50 场的《危险边缘》[1]。

剖析专业预测还可以帮助你了解逆向投资的最基本原则：要另辟蹊径地思考，而不是故意反向为之。华尔街的策略分析师比散户更容易被市场玩弄。正如我和老搭档梅尔·斯特曼（Meir Statman）在 2000 年为《金融分析师》（*Financial Analysts*）杂志所做的一项研究中发现的那样，专业预测师比普通人更容易犯错，并且错误的持续时间更长。大多数散户不会坚持自己的立场，而是会随着趋势改变而反复，他们不会容忍错误持续太久。如果他们看跌市场，4 个月的强劲反弹就能让他们转向看涨。如果他们是乐观派，只需要一个大幅回调就能让他们重新变成悲观派。业余投资者通常对自己的观点没有足够的信心。正如我和梅尔发现的那样，当媒体转变立场时，散户也会跟着改变。

就像我们当时写的那样，专业人士更加固执。

---

[1]　一个在美国很火爆的有奖智力问答电视节目。——译者注

个人投资者和简报作者在短期回报延续的情况下，会形成自己的情绪。例如，标普 500 指数持续一个月的高回报会使他们看涨。但华尔街策略分析师的情绪几乎不受股市回报的影响。我们发现，标普 500 指数的回报率与华尔街策略分析师的情绪变化之间没有统计学上的显著关系。

专业人士不像个人投资者那样反复无常，他们的职业地位给他们培养了自信，他们确信自己知道市场的走向，并愿意保持耐心。他们不会放弃，而是坚信均值回归的规律。如果他们对新一年的预测过于悲观，但市场在年中还表现强劲时，他们也可能会将其预测上调，主要是为了避免市场万一一直表现强劲，自己不会显得太荒谬。在 2014 年，很多专业人士就是这样做的，因为上半年市场回报已经超过他们全年预测的中位数，在年中时，他们就将预测上调了一些。有趣的是，市场随后朝着相反的方向发展，第三季度出现了"隐形回调"。这就是市场这位大愚弄家在起作用。

理解了上面这些内容，我们就可以玩弄华尔街的专业人士了。正如我们在第一章中所述，当所有专业人士看涨时，你就看跌；当他们看跌时，你就看涨——这种做法太绝对了。专业的市场大师也经常犯错，但并不是因为市场总和他们唱反调。了解他们为什么犯错以及市场为什么会这样，是避免错误的第一步。

在本章中，我们将涵盖以下内容。

- 为什么大多数专业人士大部分时间都是错误的。
- 专业人士的错误实际上是在告诉你市场会怎么做。
- 为什么准确预测并不重要。

华尔街对年度预测的盲目推崇

华尔街痴迷于统计年度回报是相当愚蠢的。事实上，年度回报并不重要，真正重要的是市场周期，而市场周期与年度周期毫无关系。很少有牛市或熊市是随着年度周期而变化的。自 1926 年以来，没有一次标普 500 指数的牛市是从 1 月开始的，也仅有一次牛市是在 12 月结束的。也许下一个牛熊周期会与罗马日历年吻合，或者会遵循中国农历年的周期。确实有可能！但是，当一年的最后一页日历翻过时，没有什么会发生根本性的变化。

然而，华尔街对于统计年度回报数据非常着迷，专家们也喜欢做年度预测。因为这可以让他们上新闻头条、获得关注，对他们来说是一件好事。这些预测引人注目，仅仅因为这是针对特定指数的一个非常具体的数字，读者可以轻松看懂，也易于跟踪和评估。这给专家们带来了热度，只是很少有人会把这个数字记录下来、核对它们的预测结果。

似乎人人都喜欢发表预测。大型金融公司为此专门组建了由经济学家和内部专家组成的团队，许多基金经理在媒体的狂热追捧下也会发表各种预测。规模较小的基金经理可能在他们的季度报告中进行预测，自媒体博主和专栏作家也通常会把他们预测涨跌的情况告诉大众。

从个人角度来看，这些预测对于普通投资者来说没多大用处，对这些人的客户也没有多大用处。专家的预测报告并不能决定他们的客户获得多少回报，这只是一场作秀。能预测到牛市并提前建仓、为客户带来真实的回报，比在一个实际上涨 18% 的年份中预测涨 7% 或涨 20% 更为重要。

普通散户对待专业预测的诀窍是"用，但不全用"。是的，我没有打错字！如果你收集了各方对于未来一整年的预测报告，你就会对华尔街预期的方向和幅度有大致印象。这会让你很好地了解了市场，知道市场可能会忽略什么、会发生什么。

不仅是华尔街的专业人士对年度周期着迷，一些公司也一样！我父亲菲利普·费雪（Phil Fisher）总是抱怨这一点，他认为自己更像一个商业分析师，而不是一个股票分析师。他公开表示，上市公司总是以一个年度来进行思考，过于专注于今年或明年的每股收益！他说，非上市企业往往会考虑更长远的计划。如果有机会进行一项超过 20 年的高收益投资，他们就不会过度关心前期的投入成本、年度收益和短期亏损的情况。与之相比，他们会更关心这 20 年结束时的总回报。

当一家企业准备开设一个工厂时，规划、建设和施工都需要投入大量资金。无论这个工厂在未来能够带来多少增长和收益，那些过度专注于年度收益的企业可能都不会冒险去做这件事。

那么，为什么我们会对年度周期如此着迷呢？其实是因为几个世纪前就刻在我们基因中的一些习惯。这一切都与人类文明所经历的农业社会阶段有关，那时的年度周期确实很重要。气候是年度性周期变化的，每年都会有固定的收获季节。在 19 世纪，一年的收成怎样对于所有人都很重要。无论是农业、畜牧业还是木材加工业，每年只有一次的收获季节都很重要。

在股票市场出现之初，大多数美国人的工作都是务农。当时也有商人和银行家，但没有今天这样庞大的服务群体，制造业和服务业也都不发达，农业占据了主导地位。农业的思维方式就是严格按年度周期来运作，所以衍生出我们对所有事情都严格套用年度周期来做计划的惯性。人类依赖年度周期生存，那些没有按照这种周期做事的人就无法将他们的基因传递下去，所以这就演变成了我们基因底层的习惯。

摆脱华尔街对年度周期的迷恋，有助于帮你从不同的角度思考。年度回报并不重要，而牛市是持续两年还是10年，这才是最重要的！刨除所有调整和回撤之后的整体回报，才是你要关注的目标所在。

专业人士的群体思维

专业预测者往往会陷入群体思维中，只是他们从不承认这一点。他们都笃定自己的观点是独特的，更明智，也更出色。有些人的观点确实如此，但大多数专业预测都有明显的趋同趋势。

例外也是有的，通常每年都会有一些专业人士的预测很精准，可能是真的准确，也可能是纯粹碰巧了。但大多数人的预测往往都落在一个相当狭窄的区间内，这使得市场的真实表现很容易让一大群专业人士蒙羞。

专业人士并不是故意给出类似的预测的，只是因为他们使用的都是相同的信息，并且都以类似的方式进行解读。他们达成的共识也是大众对市场走势的共识，这是逆向投资者必须避免的。

分析基本面的人都关注同样的事情，比如美联储政策、经济波动、利率、估值和政治，他们对股票未来走势的好坏会做出相同的假设。他们对均值回归也有同样的看法，认为市场的大年、小年是交替出现的，小年后会跟随大年，并以此来押注。

技术分析者都使用相同的图表、模式和规则。这些都是大众群体广为人知的信息。道氏理论家遵循道琼斯理论；追随罗伯特·希勒（Robert Shiller）的人对 10 年期平均市盈率（又称 CAPE，即周期调整市盈率）也有同样的解读。

因此，专业人士达成的任何共识都已经反映在市场价格中了。他们对事件发展的预测、在报告和文章中讨论的风险，都已经体现在价格里了。市场的发展不可能像他们预期的那样，即使某些结果跟预测吻合了，市场的反应也不是他们预测的那样。

逆向投资者明白这一点，他们知道大多数投资者会赞同专业人士的预期。媒体对专业预测的广泛报道会影响大多数人的决策。把投资看作一门科学的人通常会同意使用类似的方法论、逻辑和理论；技术分析师通常会和使用相同图表模式和规则的专业人士站在同一战线。逆向投资者也知道反向人群会预测相反的方向。

逆向投资者如何利用专业人士的预测

逆向投资者知道大多数专业预测已经体现在价格里了，即预测中的大部分内容不会发生。但是，到底是哪些内容被体现在价格里了？是实际数字吗？如果大家的共识是波动 6%，那么市场是否会给出波动 8% 的结果？

可能会，但大多数情况下不会。如果只是这样，就太无趣了！

其中的奥秘在于：实际数字并不重要，市场更关注整体区间。6% 的预测实际上是中低回报的预测，6% 和 8% 之间的差异没有任何意义。如果大多数专业预测都落在这个范围内，那么就是在提醒你，市场真实的走势可能不会落在这个范围内。市场的实际情况可能与大多数专业预测者的预期大相径庭。这是有可能的！

追踪专业人士的预测比你想象中容易，只需要使用谷歌搜索和掌握一些基本的 Excel 处理技能就可以了。即使你不了解 Excel，你也可以在互联网上找到相关的教程。

所以用最少的时间和精力，你就可以做我们在做的事情。尽管很少有读者会这样做，因为这是反直觉的。每年，我们的研究人员会收集主要国家对基准指数的所有专业预测，例如美国的标普 500 指数、德国的 DAX 指数、日本的日经指数，等等。我们会为每个国家做一张汇总表，将所有的数字放入直方图中。横轴将收益率以 5% 为一个区间来划分，0 ~ 5%、5% ~ 10%、10% ~ 15%，以此类推。纵轴将预测值处于这一区间的总人数相加，用柱状图体现，就像叠放带有数字的乐高积木一样。这样你会得到一个钟形曲线图，其中最密集的部分显示了预测最集中的范围。

如果预测都集中在 0 ~ 5% 和 5% ~ 10% 范围内，那么大多数人认为市场会有个位数的涨幅。同样，如果它们都在负值和正值的个位数范围内，则说明大多数人预测今年市场将持平。如果它们集中在 10% ~ 20% 的范围内，那么大多数人预测今年将是牛市。如果它们在 –20% ~ –10% 的范围内，那么大多数人预测将出现熊市。

一旦你确定了群体的预期和规模，你就会知道大概率不会发生什么。市场通常只有四种情况：略微上涨、大幅上涨、略微下跌或大幅下跌。你只需看一眼图表，就可以排除其中一种结果。也许还有第五种持平的结果，不过历史上标普 500 指数只在 1947 年发生过一次这种情况。

你可以通过观察图表，从中划去一种可能。无论集群落在这四个范围中的哪个，你都可以直接排除它。

如果每个人都预期股票会小幅上涨，剩下的三种选择包括，愚弄大众的市场可能会出乎意料地略微下跌，也可能会大幅上涨，或者大幅下跌。故意反着来的反向人群可能会不同意这一点，如果专业人士预测市场将略微上涨，反向人群会认为市场将下跌；如果专业人士预测市场将大幅上涨，反向人群会做好大跌的准备。有时，反向人群能蒙对，但是仅仅依赖他们的故意反着来的假设做决策，并不能一直成功。

要确定哪种结果最有可能发生，你必须弄清楚专业人士忽略的机会或风险。听听评论员在谈论什么，他们认为哪些是风险？他们认为哪些是机会？这将告诉你哪些因素已经被体现在价格中了。他们没有关注的地方在哪里？他们可能错误地解读了什么？这就是你发现风险和机会的地方。此外，要放眼全球，大多数人是否忽视了多个重要国家的不良货币政策？只看已经公开的货币政策当然是不够的，如果每个人都知道了这些政策，它们就已经被体现在股价中了。你要寻找少有人谈论的事。比如新的关税和限制措施是否会让贸易急剧下降？那些令人讨厌的法规是否会影响利润？要注意大多数人还不了解的内容（就像2008年的按市值计价的会计制度一样，其在2007年市场达到顶峰后的几周内实施）。

当然，这些看不见的风险并不足以让股市大幅下跌，因为市场的变动是概率事件，而不是必然事件。你必须权衡你发现的未被挖掘的风险，测算它会发生的概率及对世界的影响。空仓是长线成长型投资者可能承受的最大风险之一。如果他们预测错了，在牛市时处于观望状态，就会失去大量收益。这需要花费很长时间才能赚回来。

我一月的年度预测

我也会参与一月的年度预测游戏，这是《福布斯》杂志的要求，我的客户也希望我如此。他们知道我们对未来12～18个月的预测决定了我们的投资策略，他们想知道我们会怎样做。这很合理！

但是，我会尽量避免玩数字游戏，具体的数字并不重要。如果我预测今年股票将上涨 15%，但最终上涨了 30%，那么我预测错了吗？牛市只是持续下去了，我的仓位并没有变化。具体数字的对错并没有意义。

因此，我只预测范围。在我为《福布斯》写的年度预测专栏文章和我们公司为客户提供的季度报告中，预测的范围包括大涨、小涨、大跌或小跌。如果你必须给它关联上数字，可以认为大涨指上涨 20% 或更多，小涨为 0 ~ 20%，小跌为 –20% ~ 0，大跌为 –20% 或更多。但这也不是板上钉钉的事。如果我说大涨，但股票最终只上涨了 16%，我依然感觉很好。我们的投资策略是正确的，16% 也是一个不错的牛市回报。

熊市会额外带来一个问题。许多熊市不会出现全年大跌的情况，你很可能会看到熊市覆盖了一年的后半段和下一年的前半段，并且这两年你可能都获得了正向收益！预测只是判断周期是否可能会改变。如果在牛市时入市，你在某个时段遇见熊市的可能性是多少？如果在熊市入市，你遇到牛市的可能性又是多少？

想想 1987 年这一年。市场在 8 月 25 日到 12 月之间从牛市转变为熊市，然后又回到了牛市，全年回报是微涨。如果你预测微涨但没有预测到熊市，这是准确的预测吗？

当然，大多数人在 1987 年并没有预测到熊市。年初时，专业人士普遍看涨。股票市场在之前的 4 年内上涨了约 150%，许多专家将预测的收益率持续向上推——涨、再涨！正如我在那年的一月为《福布斯》写的年度预测那样，情绪如此高涨，以至于我们公司的修理工约翰都预测这是大涨的一年。只是他并没有依据，仅仅是在电视上听到了而已！

他不是唯一一个这样想的人。正如我在 1987 年 6 月的专栏中详细描述的那样，许多投资者正在从恐惧转向贪婪，因为"这场超级牛市已经改变了许多人的投资预期"。我们已经到达了伯纳德·巴鲁克（Bernard Baruch）所说的那个阶段，"乞丐、擦鞋童、理发师和美容师都能告诉你如何致富"，这太疯狂了！

大多数专家为股市继续上涨给出了荒谬、缺乏依据的理由，这些理由让大众丧失了警惕。但逆向投资者并不买账，"如果像鼓吹牛市的预测专家所说的那样，有这么多流动性可以推动股价上涨，为什么利率却在上升呢？在流动性过剩的情况下，利率要么不变，要么下降。但事实并非如此"。

让我开始将资产调整为防御型投资组合的导火索是"麦克尼尔 - 勒尔新闻时间"（MacNeil-Lehrer NewsHour）节目组的人打电话问我是否看跌。当时我已经写了一些看跌的文章和公开评论。我告诉他们："是的，我看跌。"他们说他们正在筹划一个与著名的持牛市观点的专家丹·多夫曼（Dan Dorfman）对话的节目，他们想要一位看跌者与之辩论。当然，这听起来很有趣！但我不得不问："为什么找我？我并不出名，只是一位为《福布斯》写过三年专栏、出过一本书的普通美国西海岸居民。你们为什么要找一个不出名的人？"

他们的回答是：他们找不到其他人了！有一些人说他们看跌，但不想在电视上公开表态，或者不愿意公开反对像多夫曼这样的专家。这是一个巨大而可怕的信号，表明市场情绪过度狂热了。

果不其然，到了 10 月，大多数专家对利率上升、流动性收紧的现象毫无防备，当时的小幅回撤也会使市场恶化。事实确实如此！然后情况又很快好转了。

在 1987 年，随着这一年中市场走势的进展，一切都取决于我们如何正确调整自己的定位。想在年前就预测到这些？纯属瞎扯。

再好的方法也会失败……

所有的预测技巧都存在"例外"。如果这种预测技巧效果好，人们最终会发现它、使用它，然后它就会被反映在价格上而不再有效，直到人们忘记它。几年前就出现了这种情况。某个预测技巧太准确了，所有人都在学，然后它就不再起作用了。但当大家都发现这个技巧无效时，无效的情况被反映在价格上了，它就又开始起作用了。总有一天人们会再次发现它，它将再次对价格产生影响。

这并非个例，因为大多数投资者的记忆力都非常短暂，我会在第五章中更详细地讲到这一点。2011 年我写了一本关于这个问题的书：《暴利不会忘记，但你却忘记了》(*Markets Never Forget, But People Do*)。当某些事情有一段时间不起作用时，人们会忘记它；当人们忘记它时，这件事将重新获得影响力。

我将此称为"房间里的大象"——它一直在那里，并没有消失，但经常会被大众忽视。如果你的客厅里真的出现了一头大象，这可不得了！当你第一次看到它时，你可能会吓得摔倒！但一段时间后，如果它仍在那里，你可能会习惯它。大象可能会慢慢融入你的客厅，你走过去都可能注意不到。但当它移动时，又会吓你一跳。市场也一样。如果投资者过于熟悉某些事情，无论是技巧还是风险，它都会失去出其不意的力量。它就在那里，变成了背景的一部分，没有什么特别的。可一旦人们忘记了，它就会再次发挥作用。

在过去的几年里，追踪专业预测是我的秘密技巧，它非常有效。在过去这也很容易做到，我们只需要使用《商业周刊》（*BusinessWeek*）每年 12 月发布的"专业预测者调查"结果即可。这一页杂志的内容足以评估华尔街的整体预测，是一个足够好的样本。追踪这一页的内容，可以让你了解整个群体！现在该出版物不再发布这一调查了，而且现在它已经归彭博（Bloomberg）所有，所以我收集专业预测需要花费更多的努力了。比如需要搜索彭博、《巴伦周刊》（*Barron's*）等多个出版物。

下面我将展示自 1996 年以来的专业预测和实际回报（见图 2.1）。1996 年到 2003 年的图表并不是新增的，它来自我 2006 年出版的书《投资最重要的三个问题》（*The Only Three Questions That Count*）。正如我在书中提到的那样，它们都使用了《商业周刊》那一页的调查结果。从 2004 年开始，图表是新增的，这些数据来自我们公司的研究报告，方法没有改变，只不过使用了更广泛的数据来源。

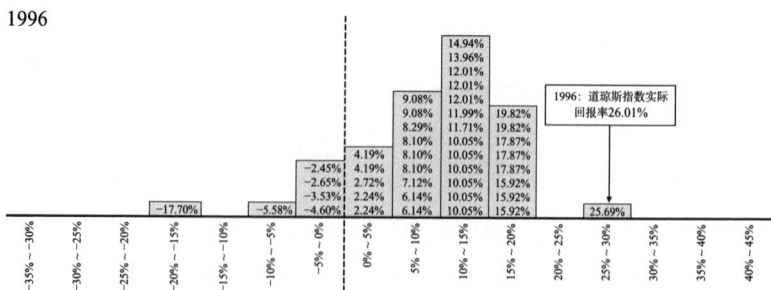

图 2.1　1996—2003 年

资料来源：《商业周刊》、慧甚、费雪投研部

1997

14.16%
14.16%
14.16%
13.49%
12.81%
12.41%
12.14%
12.14%
12.14%
11.46%
11.46%
11.46%
11.46%
4.71%
4.71%
4.17%
4.17%
3.36% 9.44% 10.79%
-0.01% 3.36% 9.44% 10.11%
-26.34% -0.69% 2.01% 8.76% 10.11% 18.21%
-27.01% -10.14% -2.04% 0.66% 7.41% 10.11% 16.86%
-10.81% -6.76% -2.04% 0.66% 6.06% 10.11% 16.19%

1997：标普500指数
实际回报率 33.29%

−35%~−30% −30%~−25% −25%~−20% −20%~−15% −15%~−10% −10%~−5% −5%~−0% 0%~5% 5%~10% 10%~15% 15%~20% 20%~25% 25%~30% 30%~35% 35%~40% 40%~45%

1998

12.97%
12.46%
12.46%
9.88% 12.25%
9.88% 12.25%
9.88% 11.53%
9.88% 11.43%
3.70% 8.33% 11.43% 19.46%
2.67% 8.33% 10.91% 15.03%
-1.46% 1.64% 7.30% 10.91% 15.03% 25.34%
-18.97% -11.66% -5.06% -2.49% 0.61% 6.79% 10.91% 15.03% 25.34%
-20.00% -11.76% -7.64% -3.00% 0.09% 6.27% 10.91% 15.03% 25.34%

1998：标普500指数
实际回报率 28.52%

1999

9.30%
9.14%
4.83% 8.89%
4.83% 8.49%
3.69% 7.27%
3.20% 7.27%
-0.87% 3.20% 7.27%
-0.87% 3.20% 7.27%
-10.55% -2.90% 2.39% 6.70%
-13.07% -3.72% 1.57% 5.64%
-26.74% -21.21% -5.75% -6.97% 1.49% 5.23% 13.37%
-29.34% -21.21% -16.41% -13.07% -4.94% 5.23% 11.33% 15.40% 23.54% 27.61% 31.67% 35.74%
-13.07% -6.97% -4.94% 1.17%

1999：标普500指数
实际回报率 21.84%

2000

14.19%
13.78%
13.44%
12.76%
8.34% 12.08%
8.34% 11.74%
7.45% 11.74%
6.64% 10.04%
6.64% 10.04%
4.93% 6.64% 10.04%
3.91% 6.64% 10.04%
3.23% 6.64% 10.04%
-0.17% 3.23% 5.96% 10.04% 17.19%
-2.55% 3.23% 5.62% 10.04% 16.85%
-3.57% 3.23% 5.27% 10.04% 15.48% 20.25%
-30.80% -19.84% -10.38% -3.57% 3.23% 5.27% 10.04% 15.14% 20.25% 27.19%

2000：标普500指数
实际回报率 −9.10%

2001

19.4%
18.6%
18.6%
14.8% 18.6%
14.8% 18.6%
14.4% 18.6%
13.5% 17.8% 25.0%
12.9% 17.1% 24.7%
12.5% 16.7% 24.3% 30.0%
12.5% 16.7% 22.4% 30.0% 33.7%
7.2% 11.0% 16.3% 21.6% 28.0% 31.1% 39.4%
-23.1% 7.2% 11.0% 15.9% 20.9% 26.2% 30.7% 37.5%

2001：标普500指数
实际回报率 −1.89%

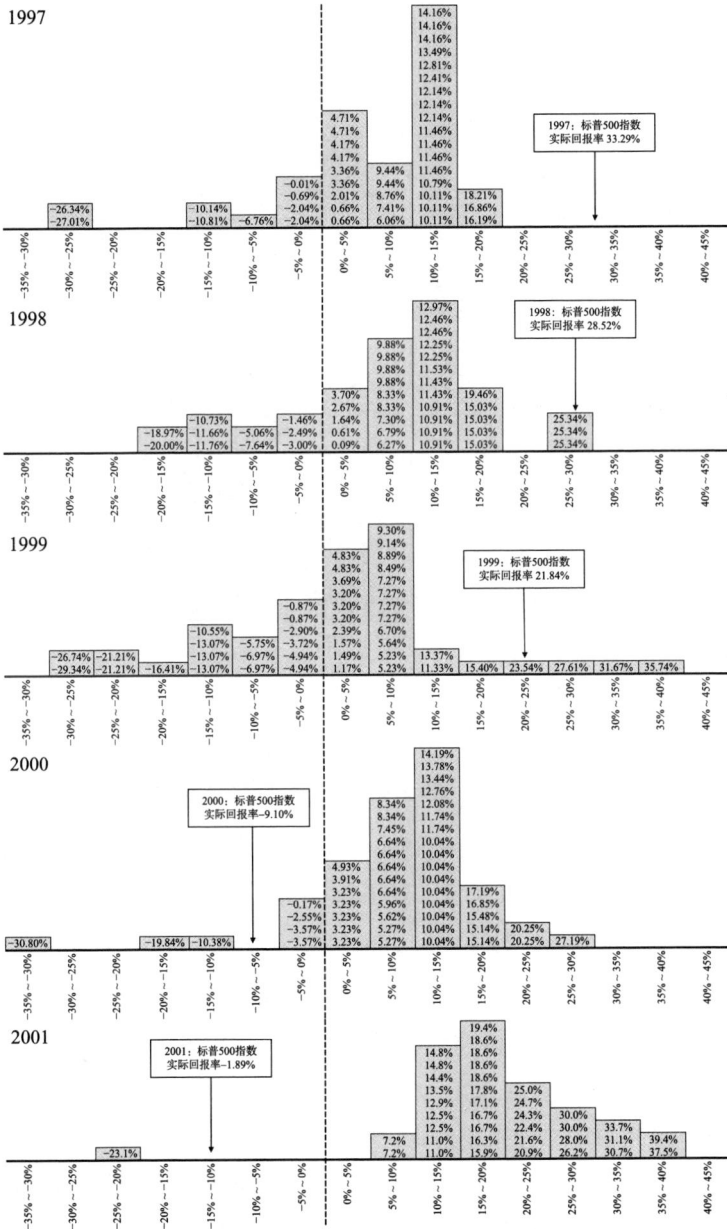

图 2.1 1996—2003 年（续）

2002

2002：标普500指数
实际回报率 −22.1%

−35%~−30%	−30%~−25%	−25%~−20%	−20%~−15%	−15%~−10%	−10%~−5%	−5%~0%	0%~5%	5%~10%	10%~15%	15%~20%	20%~25%	25%~30%	30%~35%	35%~40%	40%~45%
										19.5%					
									14.2%	19.5%					
									12.9%	19.5%					
									12.5%	19.5%					
									12.0%	19.5%					
									12.0%	19.5%					
									12.0%	18.7%					
									11.3%	18.1%	23.8%				
								10.0%	10.7%	17.3%	23.8%				
								9.0%	10.7%	15.1%	23.8%				
								8.5%	10.7%	15.1%	23.1%	28.2%			
		−15.5%						8.0%	10.7%	15.1%	22.1%	28.2%	34.3%	38.7%	
		−17.7%				−1.5%	3.4%	6.3%	10.7%	15.1%	22.1%	28.2%	30.4%	35.6%	
		−18.2%		−11.2%		−2.4%	2.0%	6.3%	10.3%	15.1%	21.6%	26.4%			

2003

2003：标普500指数
实际回报率 28.7%

−35%~−30%	−30%~−25%	−25%~−20%	−20%~−15%	−15%~−10%	−10%~−5%	−5%~0%	0%~5%	5%~10%	10%~15%	15%~20%	20%~25%	25%~30%	30%~35%	35%~40%	40%~45%
										19.96%					
										18.82%					
										18.25%					
										18.25%					
										18.25%					
										18.25%					
										17.68%					
										17.68%	24.50%				
										17.68%	24.50%				
										17.68%	23.93%				
										17.00%	23.37%	29.62%			
										16.55%	21.09%	29.16%			
										15.52%	21.09%	27.91%			
										15.41%	21.09%	27.46%			
										15.41%	21.09%	27.34%			
										15.41%	21.09%	27.23%			
										15.41%	21.09%	26.78%			
						9.73%				15.41%	21.09%	26.78%	32.46%		
					9.73%	14.39%				15.41%	21.09%	26.78%	32.46%	38.14%	
					9.73%	14.27%				15.41%	21.09%	26.78%	32.46%	38.14%	
					8.93%	14.27%			4.04%	15.41%	21.09%	26.78%	32.34%	36.44%	43.82%
−11.30%	−7.32%	−0.50%			7.45%	13.70%			1.20%	15.41%	20.41%	26.78%	30.64%	35.30%	43.14%
					5.18%	12.57%				15.41%	20.30%	26.78%	30.19%	35.30%	

图 2.1　1996—2003 年（续）

　　正如你所看到的，从 1996 年到 2002 年，实际回报率的降幅远远超出大多数人的预期。在 1996 年到 1999 年，专业人士预测股市将略微上涨，但实际是大涨。到了 2000 年，专业人士看好股市，实际上市场却下跌了。2001 年和 2002 年，专业人士变得更加乐观地看涨，但股市却进一步下跌。在这 7 年中，股市的实际回报率几乎完美地落在预测曲线之外，甚至有 3 次完全落在了预测区间外！

　　在 2003 年，专业人士又预测股市将大幅上涨，市场确实如此。标普 500 指数的总回报率为 28.7%，恰好落在预测曲线中间。当发生多次预测错误后又突然正确的情况时，这很容易被看作只是随机事件。"看吧，它是随机的！这种策略是错误的！"这是自满的表现，也是投资中的致命弱点。来自内心深处的弱小声音会试图引导你合理化你的错误，这时候你要逃开。你、我和其他所有人都会犯错，请停止合理化自己的错误，开始理性思考。伟大的投资者错误率约为30%，这个比例不小。如果你合理化错误，就无法从这些错误中学习。只有从错误中学习，才能让你成为逆向投资者。

2003年就是这样的，我认为专家们预测准确一定是有原因的。但我没有对这个问题过于紧张，至少我们也是正确的。此外，由于专业预测人士通常会预期均值回归，所以可以想象，他们会在2002年大跌之后预测2003年的大涨。

但到了2004年底，情况变得更加明显，钟形曲线的分析技巧不再管用了（见图2.2）。那一年，大多数预测的市场回报率都集中在高个位数和低双位数之间。标普500指数的实际回报率恰好落在这个区域的中间，为10.9%。当时华尔街也发现了这个技巧！一些专业人士公开承认，他们当时也在使用类似的方法与大众博弈。等其

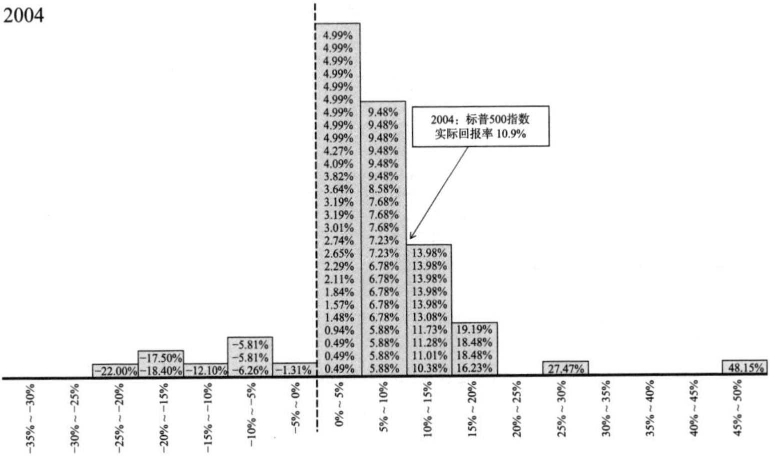

图 2.2　2004 年

资料来源:《商业周刊》、慧甚、费雪投研部

他人都做出预测后，他们会在主流预测外挑选另一个点位作为预测值，这样就有更大概率成为正确的人。

因此，就像所有资本市场的新技术一样，这个技巧得到了传播，变得流行，最终体现在了市场价格里。当所有人都在关注"大象"时，就是该看看其他地方的时候了。

如图 2.3 所示，这几年钟形曲线的技巧不起作用了。2005 年的大多数预测都是在 10% 内，而标普 500 指数的实际回报率为 4.9%。2006 年，预测集中在 10% ~ 15%，实际回报率是 15.8%。2007 年，预测也集中在 10% 以内，标普 500 指数的实际回报率为 5.5%，这让专家们的预测看起来很明智。

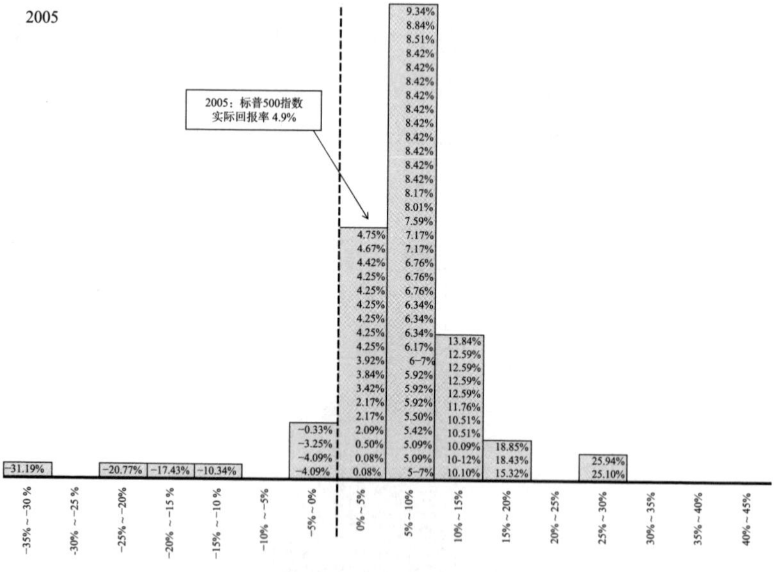

2005

2005：标普 500 指数
实际回报率 4.9%

图 2.3 2005—2007 年

资料来源：《商业周刊》、慧甚、费雪投研部

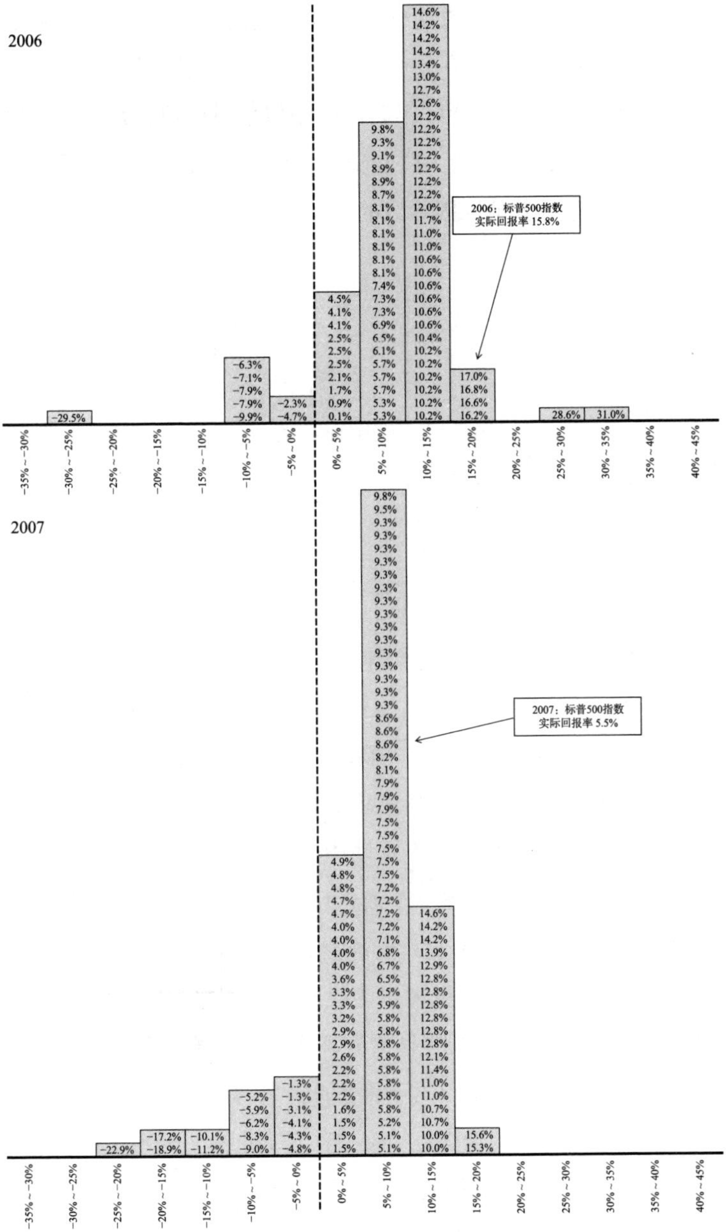

图 2.3 2005—2007 年（续）

2008 年，大多数人预测标普 500 指数的回报率为 10% ~ 20%（见图 2.4）。这一年，所有专业人士的预测都错了，我也没有幸免，我们都被市场玩弄了。2008 年后，市场似乎又在跟我们说"嘿！它又起作用了！"2008 年的大跌和错误预测之间没有因果关系，这年的大跌肯定是某种其他原因导致的。

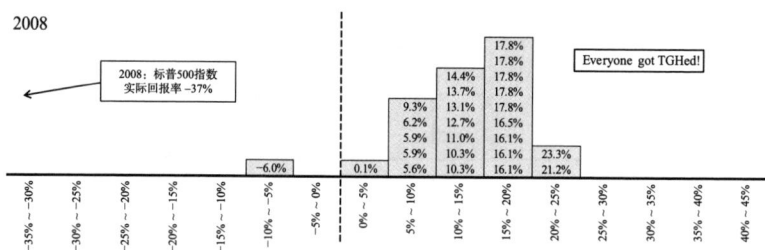

图 2.4　2008 年

资料来源:《商业周刊》、慧甚、费雪投研部

专业预测人士在 2008 年预测错的原因很简单，无关钟形曲线是否再次奏效，只是因为我们都没有注意到市场会计准则的影响，至此为时已晚（如第一章所述）。随着时间的推移，银行不断计提资产减值，很少有人能够想象，当更多的银行倒闭时，美国联邦储备委员会和财政部会作出与所有人预期中完全不一样的反应。这就是股市和经济崩溃的原因，这是一个尚未反映在价格上的巨大问题。

2009 年前，我知道专业人士预测错并不奇怪，也知道当前可能更接近熊市的尾声。因此把客户的投资组合调整为应对熊市的策略是愚蠢的。因此，当一群专业预测人士预测 2009 年回报率会超过 20% 时，我毫不犹豫地加入了他们的行列。是的，股市在大跌之后会倾向于均值回归，就像 2003 年一样，即使是均值回归派也有可能正确。2009 年股市下跌的可能性几乎为零，必须是一个大涨年。尽管也有许多散户投资者不这么认为，但事实就是如此。

就算这样，2009 年的市场实际走势还是出乎所有人意料。即使一群专业人士对方向的预测是正确的，但标普 500 指数的实际回报率仍然落在钟形曲线的最高峰之外。

2010 年又发生了同样的事情（见图 2.5）。预测集中在上涨 10% 以内，牛市开始才不到一年的时间，预测这样的结果似乎有点古怪。在我们追踪的专家中，有 5 位认为 2010 年市场会下跌，有 2 位预测 2010 年市场走势会很糟糕。

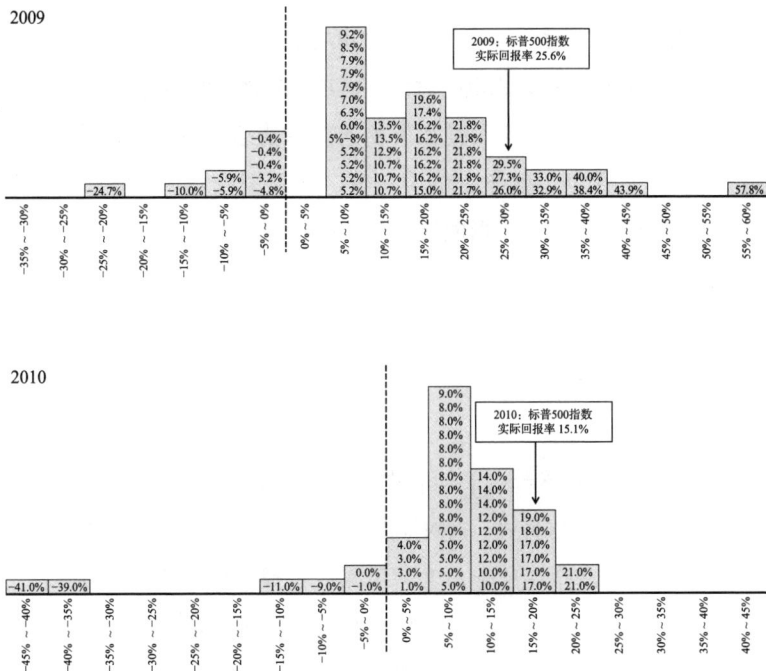

2009

> 2009：标普500指数实际回报率 25.6%

| 9.2% |
| 8.5% |
| 7.9% |
| 7.9% |
| 7.9% |
| 7.0% |
| 6.3% |
6.0%	13.5%	16.2%	21.8%
5%~8%	13.5%	16.2%	21.8%
−0.4%	5.2%	12.9%	16.2%	21.8%
−0.4%	5.2%	10.7%	16.2%	21.8%	29.5%
−0.4%	5.2%	10.7%	16.2%	21.8%	27.3%	33.0%	40.0%	43.9%
−24.7%	−10.0%	−5.9% −3.2%	−4.8%	5.2%	10.7%	15.0%	21.7%	26.0%	32.9%	38.4%		57.8%
−5.9% −5.9%	19.6% 17.4%

横轴：−35%~−30%，−30%~−25%，−25%~−20%，−20%~−15%，−15%~−10%，−10%~−5%，−5%~0%，0%~5%，5%~10%，10%~15%，15%~20%，20%~25%，25%~30%，30%~35%，35%~40%，40%~45%，45%~50%，50%~55%，55%~60%

2010

> 2010：标普500指数实际回报率 15.1%

| 9.0% |
| 8.0% |
| 8.0% |
| 8.0% |
| 8.0% |
8.0%	14.0%
8.0%	14.0%
8.0%	14.0%
8.0%	12.0%	19.0%
7.0%	12.0%	18.0%
4.0%	5.0%	12.0%	17.0%
3.0%	5.0%	12.0%	17.0%
0.0% 3.0%	5.0%	10.0%	17.0%	21.0%
−41.0% −39.0%	−11.0% −9.0% −1.0% 1.0%	5.0%	10.0%	17.0%	21.0%

横轴：−45%~−40%，−40%~−35%，−35%~−30%，−30%~−25%，−25%~−20%，−20%~−15%，−15%~−10%，−10%~−5%，−5%~0%，0%~5%，5%~10%，10%~15%，15%~20%，20%~25%，25%~30%，30%~35%，35%~40%，40%~45%

图 2.5　2009—2010 年

资料来源：《商业周刊》、慧甚、费雪投研部

这是一个好兆头，说明专家们仍然信奉均值回归！仅因为收益要被平均，就确定在一个伟大的年份后必须跟随一个平淡的年份。

在我看来，他们不再使用旧的钟形曲线技巧了。他们聚集在一个更不理性的地方，似乎更容易犯错、更容易被市场玩弄。

这时候，故意反着来的反向人群可能会说，有数十个专业人士预测上涨，那么市场肯定会下跌！但经济正在复苏，新兴市场炙手可热，美国总统选举也以民主党失去支持打破了中期僵局。新闻头条都非常悲观，坏消息无处不在。而好消息却被忽略，被视为不可持续，或者被说成是坏消息。缓慢的增长象征着"失落的十年"。刺激需求的货币和财政政策，实际上只是为未来埋下了无法承担的债务风险，或者是恶性通货膨胀，或者……面对市场如此巨大的忧虑情绪，最不可能的就是大跌。众人恐惧的时候，就是你应该勇敢的时候。

伴随着专家的平淡预测和市场的悲观情绪，股市真的大涨了，超出了大众的预期。就像 2009 年一样，2010 年市场的实际回报率为 15.1%，没有完全落在钟形曲线之外，但超过了最高峰，朝着更极端的方向移动。

击败华尔街的技巧

现在回报率再次超过了钟形曲线的最高峰，很明显专家们又回到了老一套的群体思维模式。这对他们来说很糟糕，但对你来说是好事。

当然，正确看待专业人士的预测只是摸清股市走势的第一步。这只是将可能的结果从 4 个缩小到 3 个。我没有水晶球，无法告诉你明年、后年或 20 年后你需要关注什么，但我可以向你展示我在过去 3 年中所做的事情。你只需要知道如何看和如何思考，学习了这种方法，你可以在任何年份应用它。

在 2011 年，我开始用情绪因素进行预测。请看下方引用的文章，其中重点阐述了我在《福布斯》杂志 2011 年 2 月刊中所做的观察。专业人士的预测仍在 10% ~ 15% 徘徊，牛市仍处于早期，这通常是最佳的入市时机。但大多数的投资者情绪低落，散户投资者、我的客户和财经记者似乎存在分歧。

选股者的一年
《福布斯》杂志，2011 年 2 月 14 日

我现在的建议比去年更为悲观。今年没有明显的趋势，会让多头和空头同样难受。在 2010 年 2 月 8 日，我说过我们陷入了"悲观漩涡"中，这是一种大熊市后的心理状态，人们过分强调坏消息、寻找坏消息，而忽略了好消息。但我认为，2010 年会是好年份，悲观将会一扫而空。

我现在的研究显示，市场出现太多的乐观主义者是熊市的信号！但是研究还表明，新近转变为悲观主义者的人变多是牛市的信号。

这是悲观主义者和乐观主义者之间的僵局，是一种尖锐的情绪分歧。我经常把市场称为"捉弄鬼"（The Great Humiliator），一个几乎无所不能的神，专门为了在尽可能长的时间内捉弄尽可能多的人，让他们损失更多的金钱。它针对所有人，你、我和你年迈的长辈。现在，它最大的目标是在股市看涨和看跌的人数仅有微弱差距的一年里，让看涨和看跌的人都感到沮丧。

一半的人认为 2011 年市场会有令人惊喜的表现。虽然希腊经济正在走下坡路，爱尔兰也需要救助，但广为担忧的欧元崩溃并未发生。2010 年没有发生大灾难，也没有双重衰退。在一次年中回调后，美国股票市场强劲反弹。因此，公众的情绪有所改善，之前谨慎的预测家直接变成了看涨派，但他们只是根据近期的趋势向后延伸预

测，对未来并没有真正的思考。这不是一个理性的举动，而且这些人往往是市场喜欢玩弄的对象。

但好转的基本面并没有改变所有坚定唱衰者的看法。尽管有许多改善的迹象，但他们仍然坚持看跌。他们认为 2011 年欧元区将会拖垮全球，或者美国将出现双重衰退，或者中国的经济增长势头将减弱。2008 年后，永久唱衰者的可信度更高了，许多人都说"我预见到了，我是对的"，尽管他们看跌的理由都是错误的，但没有关系，媒体喜欢这种有噱头的情节。"末日博士"努里尔·鲁比尼（Nouriel Roubini）成了全球名人。他和新近转变的悲观主义者对股市的快速反弹感到惊讶，股市下跌的可能性变得很小了。这对喜欢捉弄人的市场来说很无趣。

因此，我们排除了专业人士的预测和两个极端点（见图 2.6）。预测出的结果是未来一年市场的收益会很平淡。这对于一个刚起步的牛市而言有些奇怪，但实际上很正常。这是全球金融危机后的第三年，通常会出现暂停休整的时候，就像 1994 年一样。所有的迹象表明，股票市场的回报率很可能会与上一年持平、小幅上涨或下跌。

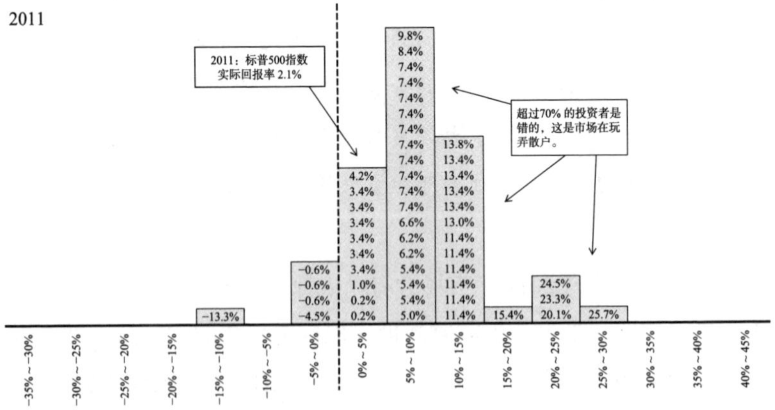

图 2.6　2011 年

资料来源：《商业周刊》、慧甚、赀雪投研部

这一年市场的实际走势就像过山车一般，股票市场一开始表现不错，然后在夏季经历了一次严重的回调，再后来又大幅反弹，最终微涨（在 2011 年 10 月初曾下跌 11.3%）。

2012 年的情况则更为明朗（见图 2.7）。专家们的预测再次集中在上涨 10% 以内，预测的平均值和中位数都为 7.3%。但也有相当多的人预测市场会小幅下跌，2011 年的大幅波动走势让他们惊恐。少数人预测会有小幅度的上涨，只有一个人非常乐观地预测大涨。在 2011 年的暂停休整过去后，经济基本面仍然强劲，美国总统选举年的僵局也使立法风险降低，加上负面情绪堆积，股市似乎准备好了将要大涨，结果也确实如此！

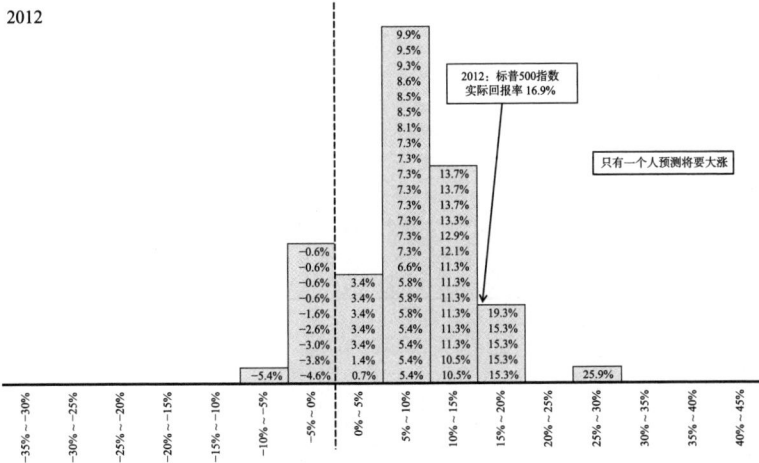

图 2.7　2012 年

资料来源：《商业周刊》、慧甚、费雪投研部

2013 年（见图 2.8），专家们的预测集中在上涨 5% ~ 15% 之间，他们预计这将是微涨的一年。当每个人都这么认为时，市场就想用极端行情打破沉闷，要么是极端上涨，要么是极端下跌。但这一年

股市没有下跌的理由，只有在失去动力或受到巨大、不可预见的负面影响时，牛市才会结束。2013 年市场情绪仍然相当沉闷，只有当大众情绪近似疯狂地高涨时，市场才会失去动力，因此第一个原因不成立。在我们所能看到的范围内，没有发现任何巨大的负面因素，第二个原因也不成立。自从牛市开始以来，人们反复咀嚼着担忧的滋味，害怕行情会转向。这意味着很有可能会迎来大丰收年。全球经济持续改善、收益仍在增长，市场情绪依旧沉闷，大众仍然继续忽视好消息，这些都证明牛市将要来了。股市果然没有让人失望，涨幅远远超过了专家的预测。

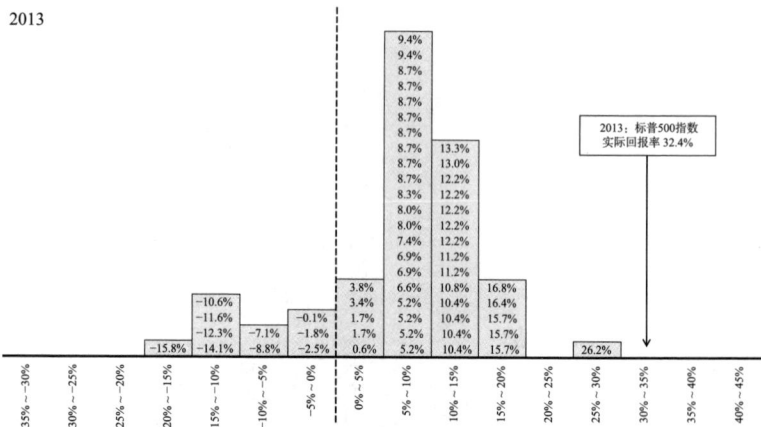

图 2.8　2013 年

资料来源：《商业周刊》、慧甚、费雪投研部

　　2014 年，专业人士的预测越来越集中（见图 2.9），因为看跌派看到过去一年的牛市后变得不那么看跌了，而看涨派也因"高位恐惧症"变得不那么看涨了。看空者多年来一直在呼吁 2008 年的金融危机将会回归，但 2013 年的大繁荣彻底证明他们猜错了。大多数人不再相信他们了，正如我在《福布斯》上所解释的那样，这就是

"狼来了"综合征。同时，看多者认为 2013 年股市涨得太快了。从结果上看，只有两人预测全年回报率将超过 10%。

2014

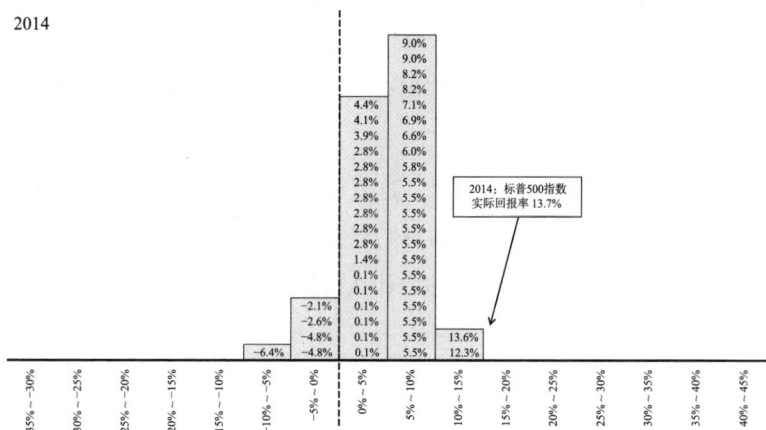

图 2.9　2014 年

资料来源：《商业周刊》、慧甚、费雪投研部

标普 500 指数的平均预测值约为上涨 6%，这意味着可以排除小幅微涨的可能性。正如我在 2014 年 1 月 20 日的《福布斯》专栏中所写的："我的研究表明，当大众情绪聚集在一起时，股票几乎总是表现得更好或更差。期待今年市场会有更好的表现！"我在下一期杂志的专栏文章中更详细地阐述了这一点："根据我对历史的研究，这 19 个百分点的差距（专家预测的最高和最低值之间的差距）已经体现在价格中了。因此，市场有可能继续上涨 20% 或更多，或者下跌超过 10%。要么大涨，要么大跌，这让所有人都措手不及。如果出现新的、未被讨论的巨大负面因素，就会发生大幅下跌。尽管如此，目前还都是好消息，请相信这一点。"

最终，没有出现任何重大的负面消息，尽管秋季出现了下跌，但标普 500 指数的涨幅最终达到了 13.7%，高于大众的预期。但不如我所预期的那么高，也许玩弄大众的市场也想玩弄一下我！这再一次证明，专业预测并不能告诉你股票市场的准确走势，只能告诉你股市可能不会走哪条路。2014年就是这样，即使没有达到我预期的上涨20%以上，但一个预期市场上涨20%年份的投资组合不会与一个预期上涨15%年份的投资组合有什么不同。牛市就是牛市，需要预测的是方向，而不是幅度。

保持差异而不是完全相反，这就是利用专业预测的关键，也是成为逆向投资者的关键。正如我们将在以下章节中提到的，差异化思考很简单，只需问一句："你为什么这样想？"

第三章　无意义的媒体报道

正如上一章所说，在判断市场大势的时候，你要寻找"房间里的大象"——那些被大众忽视的重大事件。但在知道要寻找什么之前，你得先知道不应该关注什么。媒体在这方面做得很糟糕，它们经常聚焦在错误的地方，误导了大多数投资者。

如果你不关注房间内的事物，就永远无法发现"大象"。然而，很少有人明白并这样做。大多数人会盯着窗外，看着可能对市场永远不会有影响的远处的事物。或者他们只是偷偷地瞥了一眼房间的角落，寻找潜伏在角落的东西。他们关注社会学问题、周边国家的动荡局势和学术争论，这些对市场来说并不重要。

遥远的未来、社会学、刚刚发生的事情或者每个人都在讨论的明天可能会发生的事情，这些都不重要。市场既不远视，也不近视，它只预测 3 ~ 30 个月的未来，最关注的是 12 ~ 18 个月的未来。如果我们拥有完美的上帝视角，确切地知道世界将在 2020 年 12 月 31 日毁灭，那么股票市场至少要在 2018 年才开始体现这个问题，这是市场版本的上帝视角。对市场来说，超过 30 个月的未来是一片模糊的、不可信的区域，市场根本不会相信。

这一章和下一章可以被视为教你如何阅读报纸、浏览互联网或观看电视新闻的指南，掌握了这些知识，你将能够区分哪条是真正的新闻。

如何分辨媒体报道，或者简单点说：

- 如何辨别短期干扰项和真正有影响的事情？
- 如何用简单的逻辑对抗媒体的炒作？
- 如何分辨头条新闻是否在喊"狼来了"？

有缺陷的媒体观点

好吧，也许这个节标题有点过于尖刻了。记者并非盲目，他们能够分辨远近，但他们的写作对象不只是资本市场上那 1% 或 3% 的读者，而是全体读者。他们的写作自然而然会偏向全体读者关注的事情，只是这些都是并不重要的过于短视和过于远视的事。

大多数的头条新闻聚焦在错误的事件上，即只关注争议最大的事件，而有争议就能被传播，特别是坏消息，如果还伴随某些伤痛，那就会成为头条。大部分时候，这种新闻都会误导投资者。

打开任何一份财经报纸或一家财经网站，你都会看到：几乎所有的故事都可以归入两类——不是超短期，就是超长期。

在财经报纸的第一页，你总是会看到关于当天股票市场表现的报道（如果是早上送来的报纸，这一页就会是昨天的股票市场表现）。寥寥 500 字的报道，一般都会把市场波动归因于某个事件或刚发布的某份经济报告。比如股票市场因为社会零售总额不及预期和珍妮特·耶伦（Janet Yellen）[1] 的新发型而下跌。尽管这一切都毫无意义，其中 99.9% 都是无关紧要的东西，但这是最新消息啊。通常情况下，你不能将市场的日常波动与任何一个具体事件联系起来，而且这些报道总是事后诸葛亮。没有人知道到底是谁在买卖股票，更别提他们为什么买卖了。媒体只是简单地总结了那些喋喋不休的

---

[1] 珍妮特·耶伦，2014—2018 年任美联储主席。——译者注

人们在谈论的内容。昨天发生的事情对于接下来一年股票市场的走势没有任何影响。

你也会看到对发布的数据进行解读的报道——国内生产总值（GDP）！消费者支出！零售销售！失业率！通货膨胀！工厂订单！工厂产出！贸易逆差！失业申请！房价！枯燥吗？你应该感到枯燥了。这都是昨天的新闻，真让人打盹。但你仍然会得到几百字（甚至更多）的解释，分析股票在近一个月或一个季度内因什么而涨跌，有些也引用了分析师和经济学家的评论。有时候你甚至会看到预测一两天后会发生什么的报道，然后分析这个预测的影响。这种盲目的短视是没有意义的。

重要业绩报告的发布也是如此。先是预测公司业绩，然后列出真正的营收，之后再表达对结果或预测的哀叹或欢呼，以及所有金融分析师的买卖建议。只需要看一眼股票盘中价格波动的图表，我们就会发现这些新闻没有任何实际意义，它们都已经被体现在价格中了。但这并不能阻止媒体的这种报道。

美联储也是媒体关注的焦点。只要有联储委员会成员发表演讲，就会立马看到一堆媒体在猜测这些评论对未来利率走势的影响。他们在模糊的评论和即兴的言论中寻找隐藏的信息，试图告诉大众这对利率及对股市走势的深层含义。但这完全是不可知的，你无法预测美联储的政策及其对市场的影响。但评论家们永远不会停止尝试。

然后还有一些对相关事件的讨论。如果世界上有任何地方发生了冲突或战争，那么就会出现猜测战争对股市影响的报道。如果冲突发生在中东，还会和原油价格产生关联。原油价格无论何时发生波动，头条新闻都绝对不会错过，一定会告诉你这对市场意味着什么。如果原油价格变动，股市却没有反应，他们就会告诉你股市出了问题，重大风险还没有体现出来。这全都是胡说，市场就是市场！所有流动性充裕的市场都有前瞻性，并能迅速作出反应。不要浪费时间去寻找股市、债券和大宗商品价格波动中的隐藏含义。

这只是你在任何一天都会看到的"短视的废话"的一部分，实际还有更多荒谬到极端的例子。

同样，还有另一种类型的新闻报道：超长期的预测。

这些超长期的预测来自政府机构，如美国国会预算委员会（CBO）；或者国际组织，如世界银行、国际货币基金组织（IMF）、经济合作与发展组织（OECD）等。你可以获得长达30年的预测，如气候变化、债务及收入不平等、发达国家人口减少、婴儿潮消失、奥巴马医改导致医疗支出飙升、创新停滞等令人绝望的长期预测。

你会得到预测和警告，会看到专家们争论，但这些毫无意义！无论50年后的生活是美好还是糟糕，都与现在的市场表现无关，与接下来30个月的市场表现也无关。市场对于10年、20年或50年后的事情一概不予理睬。

然而，这些事情一直被头条新闻播报着，让普通人错误地认为这些很重要。"如果我一直在读这些内容，那它们肯定很重要。"如果你读了几十次关于某些东西对于市场或经济至关重要的报道，很难不去相信它们。同一观点反复出现的影响太大了。这就是为什么你不需要进行调查或组织复杂的焦点访谈小组，也能弄清楚大多数投资者在关注什么，媒体免费为你提供了这项服务。任何一个金融信息类的网站，我敢打赌，几乎所有它们声称会影响整个市场的事情，要么是超短期预测，要么是超长期预测。几乎所有的投资者会议，问答环节都会集中在媒体上炒得沸沸扬扬的或者上个月已经有文章报道的问题上。换句话说，这些短期问题已经被市场反映到价格里了。其他的则是超长期还无需考虑的问题，例如政府负债太多、社会保障基金破产、社会正在走向崩溃等。

市场已经反映了所有短期问题，而且对于长期问题也不感兴趣。无论这些长期预测看起来多么明智，从现在到那个时候，任何事情都有可能发生，这使得这些长期预测看起来非常愚蠢（关于这一点将在第四章详细介绍）。

媒体报道的"吸血鬼事件"

对于媒体痴迷报道的短期问题，我称之为"吸血鬼事件"：某个巨大、邪恶、可怕、拥有超能力的吸血鬼，就像一颗即将爆炸的定时炸弹，潜伏在那里准备咬人，可能会带来死亡和毁灭性后果。

别误会我的意思。我的意思是，如果吸血鬼真的在你家，他迟早会出现，这确实很糟糕。就像市场有时候也会短暂受到影响一样。但如果他不会出现，这就只是一个吓唬人的鬼故事。鬼故事可以吓唬你，但它们不会真的伤害你。

恐怖主义就是一个例子。大多数人认为发生在发达国家的恐怖袭击肯定是负面因素。比如"9·11"事件后，标普 500 在最初的 5 个交易日下跌了 11.6%，并在当年年底下跌了 13%，这是恐怖主义事件严重冲击了股市的一个"证据"。

这是正确的吗？对于个别"证据"要持怀疑态度。问问自己：当时还发生了什么其他事情？答案是"一场肆虐的熊市"。在 2001 年，−13% 的全年回报与"9·11"事件关系较小，而与市场处于熊市有关，该熊市始于 18 个月前的 2000 年 3 月 24 日，那时科技股泡沫破裂。在飞机撞击世贸大厦之前，股市已经下跌了 17.3%。在袭击事件发生、市场立即下跌 11.6% 之后，标普 500 指数又开始反弹，并在交易所重新开放后的 19 个交易日内恢复到了袭击事件发生前的水平，且在年底超过了袭击事件发生前的水平（这是一次短暂的熊市反弹，基本面的负面因素仍主导着股市，整个市场在 2002 年依旧持续走低）。

自 20 世纪 80 年代以来，股市已经经历了几次恐怖袭击事件。大多数情况下，发生袭击后的几天内，股市会出现一些波动。但没有任何一次恐怖袭击事件的发生结束了牛市。请自行参阅图 3.1 至图 3.8。

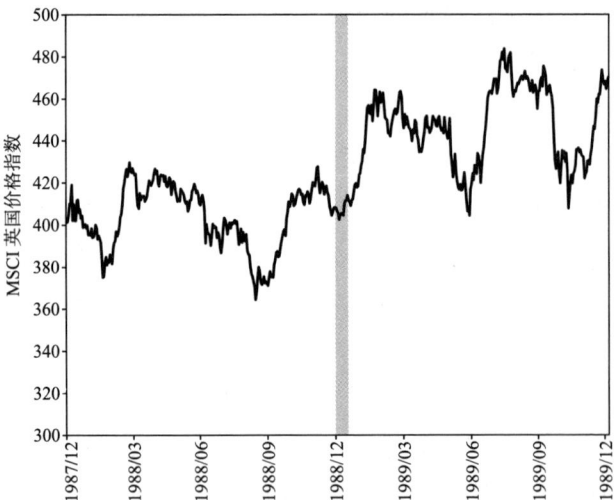

图 3.1　泛美航空 103 号航班失事

资料来源：慧甚，2014 年 9 月 11 日。1987 年 12 月 21 日至 1989 年 12 月 21 日 MSCI 英国价格指数，阴影部分涵盖袭击前一天以及随后的 10 个交易日。

图 3.2　世贸中心第一次恐怖袭击

资料来源：慧甚，2014 年 9 月 11 日。1992 年 2 月 26 日至 1994 年 2 月 25 日标普 500 价格指数，阴影部分涵盖袭击前一天以及随后的 10 个交易日。

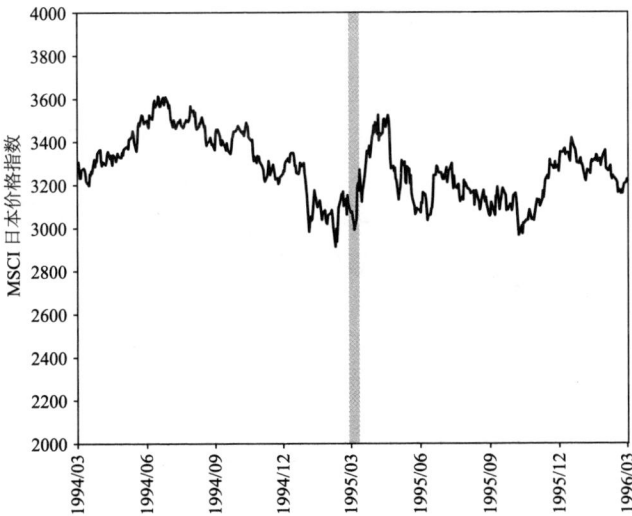

图 3.3　东京沙林毒气袭击

资料来源：慧甚，2014 年 9 月 11 日。1994 年 3 月 21 日至 1996 年 3 月 20 日 MSCI 日本价格指数，阴影部分涵盖袭击前一天以及随后的 10 个交易日。

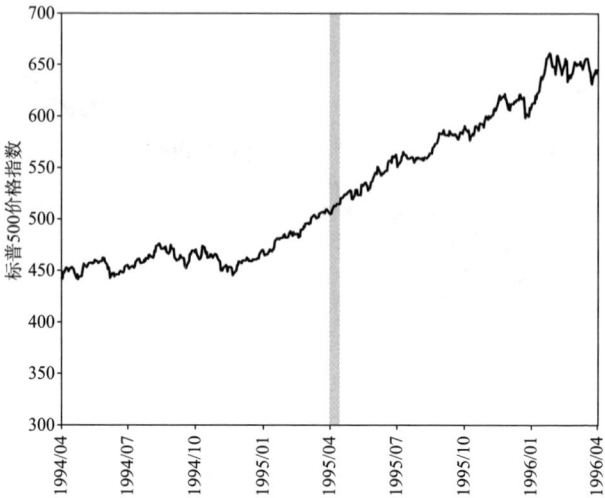

图 3.4　俄克拉荷马市爆炸案

资料来源：慧甚，2014 年 9 月 11 日。1994 年 4 月 19 日至 1996 年 4 月 19 日标普 500 价格指数，阴影部分涵盖袭击前一天以及随后的 10 个交易日。

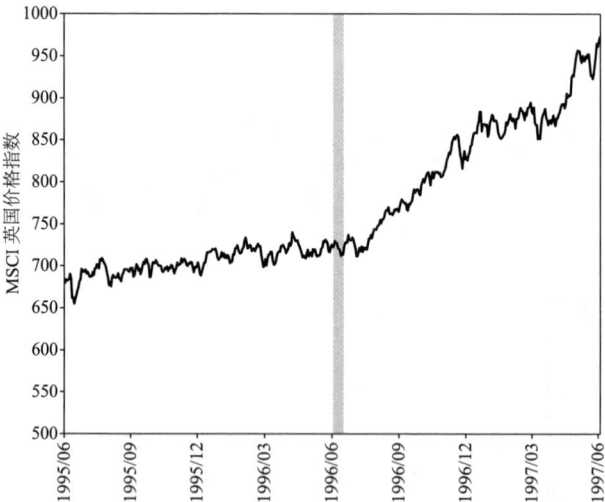

图 3.5　IRA 袭击曼彻斯特

资料来源：慧甚，2014 年 9 月 11 日。1995 年 6 月 15 日至 1997 年 6 月 13 日 MSCI 英国价格指数，阴影部分涵盖袭击前一天以及随后的 10 个交易日。

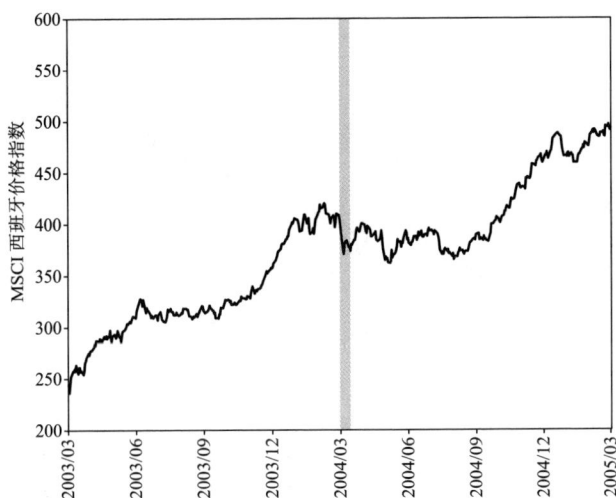

图3.6　马德里火车爆炸案

资料来源：慧甚，2014 年 9 月 11 日。2003 年 3 月 11 日至 2005 年 3 月 11 日
MSCI 西班牙价格指数，阴影部分涵盖袭击前一天以及随后的 10 个交易日。

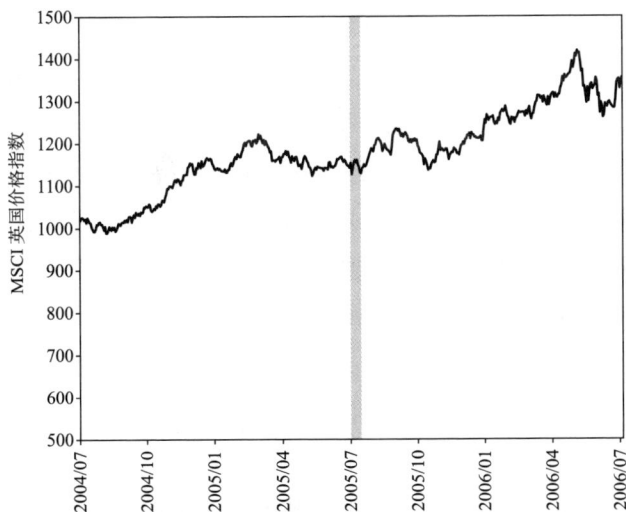

图3.7　伦敦"7·7"连环爆炸案

资料来源：慧甚，2014 年 9 月 11 日。2004 年 7 月 7 日至 2006 年 7 月 7 日
MSCI 英国价格指数，阴影部分涵盖袭击前一天以及随后的 10 个交易日。

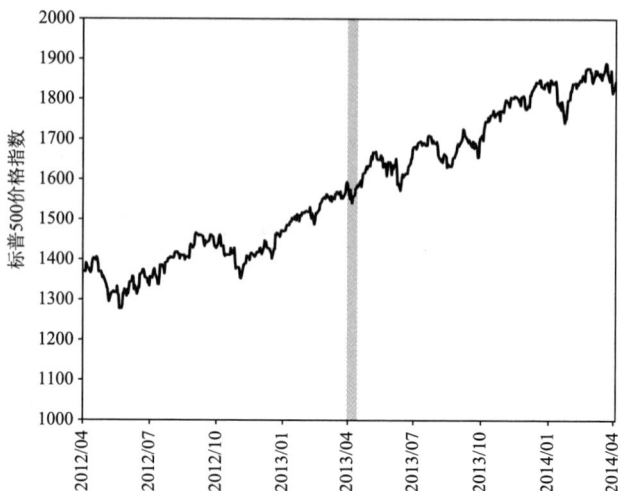

图 3.8　波士顿马拉松爆炸案

资料来源：慧甚，2014 年 9 月 11 日。2012 年 4 月 13 日至 2014 年 4 月 15 日标普 500 价格指数，阴影部分涵盖袭击前一天以及随后的 10 个交易日。

　　股市基本面以及历史都证实了这一点。恐怖主义会激起市场情绪，但通常只在短期内对股市产生影响。前瞻性的市场会很快重新权衡未来的经济增长、盈利和政治因素，这些因素并不会被恐怖袭击事件严重干扰。"9·11"事件发生在美国经济开始衰退的 6 个月后，但美国整体经济从 2001 年 11 月开始复苏。这些恐怖袭击事件影响了美国的外交政策，但与导致股票市场在 2002 年 10 月暴跌的主要负面政策因素《萨班斯-奥克斯利法案》无关。

　　投资者不会很快忘记恐怖袭击。从人性的角度来看，这种恐惧可能会一直存在于我们身边。但随着时间的流逝，人们会意识到恐怖袭击对整体经济的影响微乎其微。恐怖袭击后，我们会看到经济持续增长，公司依旧盈利，爱国精神也强大到足以抵御邪恶。这些认识使股票市场从恐怖袭击事件的冲击中得到了缓解。

　　恐怖袭击只是"吸血鬼事件"的一种类型。另一种类型是战争——我们将在本书的其他章节中提到。但最大、最古老的"吸血鬼事件"应该是瘟疫。每隔几年，总会出现一次大规模的传染病疫情，头条新闻警告疫情可能会导致数百万人死亡，把经济和股票市场拖入深渊。2009年是猪流感，无辜的墨西哥小猪将病毒传染给人类，当时媒体说这是能终结一切的病毒，会杀死全球大部分人口；2005年和2006年是禽流感；2003年是非典型性肺炎（SARS）。我写这个小节的时候，人们也在担心非洲的埃博拉疫情会传染到美国，影响到股票市场——"吸血鬼事件"又来了！

不要被恐慌迷惑。首先，这些事件从未造成大面积的人员死亡，尽管这么说对于那些病亡的人很残忍，但这对冷酷无情的股票市场来说不算什么。其次，在唯一一次造成巨大影响的"1918年西班牙流感"中，虽然约三分之一的世界人口受到传染，造成了至少5000万人死亡，但当时股票市场表现得相当不错，这对大多数人来说是令人难以置信的！股票市场真的很冷血残酷，它不关心人类的痛苦，只关心财富。没有证据表明，流行性疾病和灾害会给股票市场带来风险，这种恐惧也只会在短期内引发情绪波动。

当你还是孩子时，听到有关吸血鬼的恐怖故事会感到恐惧。你会认为它是真的，也许还会为此失眠。但后来你会意识到吸血鬼和怪物都不是真的，虚构的吸血鬼不会伤害你，这些都是唬人的鬼故事。股市也是一样，当媒体告诉你吸血鬼是真实存在的、会杀死你时，你会感到恐惧。虽然这种恐惧会影响市场，让股价走势在短期内表现得不理性。但这种情况不会持续太久，当投资者意识到他们所担心的事件影响并不是真实的之后，市场会开始反弹，生活也会继续下去。

只要我们有股票市场和媒体，就永远会有"吸血鬼事件"。但现在，你已经知道得更清楚了，既没有必要躲藏起来，也不需要拿木桩和圣水来武装自己。吸血鬼从来都不是真实存在的。你只需把握机会、耐心等待，等虚假的恐惧情绪消失时，股票市场就会好起来的。

从错误中寻找增长

另一个被媒体痴迷报道而又容易误导大众的话题是什么？答案是经济数据。这类报道很容易写，如市场增长不错、市场下跌低迷，再加上 600 字的具体描述就能搞定了。每次有经济报告发布，头条新闻都会做出反应，认为它很有意义，并具有神奇的预测能力。

在正常的经济扩张期内，经济数据会有正常但无意义的波动。大众经常争论某个统计数据是好还是坏，某个下跌是暂时现象还是趋势性的。这种争论无关对错，却都是毫无意义的噪声，你完全不必理会。

逆向投资者最大的优势之一是他们能够过滤噪声、化繁为简。简单就是力量，真理通常是简单的，并且简单也会让你保持冷静。时时关心所有的经济数据会让你抓狂，尤其是国内生产总值（GDP）。

据称，GDP 是所有经济数据中最重要的，人们会花费数月时间去努力预测它，并将每个季度中发布的所有"小"数据汇总起来，最终才知道这个关键数字意味着什么。但 GDP 是滞后数据，是对过去一个季度或更久时间内已发生事情的总结。这个总结是准确的，但并不能代表股票的走势。你不是在购买 GDP 的股票，而是在购买有增长和收益的上市公司的股票。

GDP 反映了商业投资、政府和消费者支出等信息，这些信息可能会给你带来收益，但也遗漏了很多东西。例如，GDP 将进口视为负面因素，但进口也反映了需求并有助于降低企业成本。如果减少进口，沃尔玛肯定会陷入困境。但从 GDP 上可能看不出差异！GDP 还将政府扩大支出视为经济利好因素，即使是最严格的凯恩斯主义者也知道这不完全正确。政府支出还可能代表政府机构在排挤私营企业。在这种情况下，GDP 将好坏颠倒了。

也许你认为这些都没关系，有数据总比没有好，不妨用用看。但 GDP 对于投资者来说毫无作用。它展示的是过去的事情，市场并不关心过去。GDP 只是简单地汇总了股票市场已经预料到、经历过的并已经被体现到价格里的事。例如，在 2011 年 7 月，头条新闻炒作 2007—2009 年美国经济衰退的深度原因，这在 2007—2009 年非常重要，但对两年后已身处经济复苏中的投资者来说毫无价值。股票市场一直都是向前看，而不是向后看的，上一季度的产出无法告诉你未来经济的走向。

大多数媒体在其他数据发布时也会采取同样的做法。无论其规模大小，这些经济报告都是相同的，只是展示了每月或每季度都有极大变动的随机数字，而市场已经对此进行了定价。工业生产、零售额、消费支出、制造业产出、出口额、进口额，这些都是反映过去的数字。它们都不是领先的指标，也没有神奇、深藏不露的洞察力，就像经济衰退并不是因为汽车销售下降而开始的。

然而，由于我们一直被这些声称很重要的报道所轰炸，大多数投资者很难不过度思考。在媒体的推波助澜下，每个人都在这些愚蠢的统计数据中寻找意义。就像孩子们拿着燕麦盒上的藏宝图和译码环一样，人们在每个发布的信息中寻找隐藏的意义，却没有意识到这只是在回顾噪声。就像"美国工业生产在 3 月有所增长，预示着市场将走出寒冷的冬季，在接下来的几个月里会强劲增长。""4 月零售额仅微增，这降低了人们对第二季度经济增长的预期。""这份

《消费支出报告》以就业、工业生产等各项数据为依据，表明第一季度末期经济有增长动力，这为4—6月的快速增长提供了跳板。"出口额在3月创下历史新高，但贸易逆差并没有像预期的那样收窄，经济学家预测第一季度的GDP将下调。"这些都是已经被股票市场定价的报道。

上一段中最后的例子应该被列入对经济数据最离奇的10种解释之一。这段话出自《华尔街日报》，但它们并不是唯一这么说的；大多数主流媒体也警告称，2014年3月超预期的贸易赤字将导致第一季度国内生产总值从低增长变为小幅下降（最终确实如此，但这不是一回事）。分析师们对贸易赤字这个统计数字过于紧张，但这个数据对于评估经济前景来说毫无意义，他们却担心这将使GDP数据更难看。谁会在乎呢？这些毫无关系！真正重要的是出口和进口在这个月份都增加了，这意味着国内外的需求都很旺盛。这是好消息，但并不具有前瞻性。你可以阅读这些报道，说"很好，已经反映在价格里了"，然后继续前进。

神奇的领先经济指数

你无须分析一些片面的统计数据来判断世界的走向，过度思考只会让你头痛。我不喜欢过度思考，你也别这样做，这样毫无意义。有一种简单、快速的方法，可以判断未来几个月的经济走势。

是什么方法？就是为人所熟知的领先经济指数（Leading Economic Index，LEI），它简单有效。

LEI历久弥新，它是在美国大萧条时诞生的，当时经济数据和国库都很糟糕。每个人都知道这个国家的经济正在经历至暗时刻，但不知道坏到什么程度。美国国家经济研究局（NBER）的经济学家阿瑟·伯恩斯（Arthur Burns）和韦斯利·C. 米切尔（Wesley C. Mitchell）有一种预感，如果汇总国家经济研究局的历史数据，他们就能衡量该国经济萎缩了多少，并通过历史趋势找到预测经济衰退的规律。由此，他们发现了商业周期。

后来，这项分析工作被国家经济研究局的另一位经济学家杰弗里·H. 摩尔（Geoffrey H. Moore）接手，他确定了哪些指标是领先经济变化的，哪些是巧合，哪些是滞后的。摩尔将这些数据打包成领先、同步和滞后的经济周期指标，并于 1950 年首次发布，这正好是 20 世纪中期。于是，一系列具有前瞻性的经济指标组成的领先经济指数诞生了。巧合的是，我也是那一年出生的。

LEI 最初由美国国家经济研究局负责管理；1961 年，该指数由美国人口普查局（US Census Bureau）接管；1972 年，该指数又被转给商务部的经济分析局（Bureau of Economic Analysis）；1995 年，该指数转由世界大型企业联合会（Conference Board）管理至今。世界大型企业联合会目前管理着美国及其他 11 个主要国家和欧元区的 LEI。

如今的 LEI 与之前大不相同。随着美国经济的发展，以及大众认知的进步，LEI 的组成部分随着时间推移而不断改变。最初的版本反映了 20 世纪 40 年代的美国和当时人们的认知，包括经营失败的负债指数、道琼斯工业平均指数、耐用品订单数、住宅和商业／工业建筑合同、制造业平均工作时长、新公司注册数及批发商品价格。这正是战后以制造业为主的经济体所期望的内容。

在接下来的 30 年里，更广泛、结构上更合理、按市值加权的标普 500 指数取代了狭义、偏重行业、按价格加权的道琼斯指数；建筑许可证取代了建筑合同；工业金属价格取代了更广泛的大宗商品价格；由于缺乏预测性，批发商品价格、企业注册数、企业注销数都被剔除了；供应商交货时间被纳入了指标，然后又被更具前瞻性的工厂订单数取代；M2 货币供应量和美国 10 年期国债收益率也被纳入了一段时间。并且，在米尔顿·弗里德曼（Milton Friedman）的影响下，1996 年，世界大型企业联合会增加了利率差（10 年期国债收益率减去联邦基金利率）指标，这是我们能看到的最具前瞻性的数据。超过 100 年的经济理论研究和证据表明，较大的利率差对股市上涨非常有利。自 20 世纪 80 年代初以来，经济学家就一直建议要将其纳入 LEI，只是花了一些时间才实现这一点。

最后一次重大变化发生在 2011 年，当时增加了领先信贷指数（Leading Credit index），该指数反映了信贷供应情况。当前的 LEI 包含 10 个指标（见表 3.1），世界大型企业联合会将这些数据一直追溯计算到了 1959 年。正如你将在图 3.9 中看到的那样，它对经济的走向预测精准。其反映的不是短期的波动和摆动，而是更广泛、更长期的趋势。LEI 通常会提前几个月反映经济情况。在过去的 55 年里，没有一次经济衰退发生在 LEI 趋势上升期间，衰退都是在 LEI 下降一段时间后才开始的。

表 3.1　领先经济指数的组成部分

领先经济指数的构成
1. 制造业平均每周工作时间
2. 每周初次申报失业人数平均值
3. 制造商的消费品和原材料订单数
4. 制造业订单数（不包括飞机及国防用品）
5. ISM 新订单指数（制造业）
6. 新增私人住房建筑许可证数
7. 标普 500 指数（月度平均收盘价）
8. 领先信贷指数（世界大型企业联合会对信贷情况的评估）
9. 利率差（10 年期美国国债收益率减去联邦基金利率）
10. 消费者预期均值（由密歇根大学和世界大型企业联合会提供）

资料来源：世界大型企业联合会

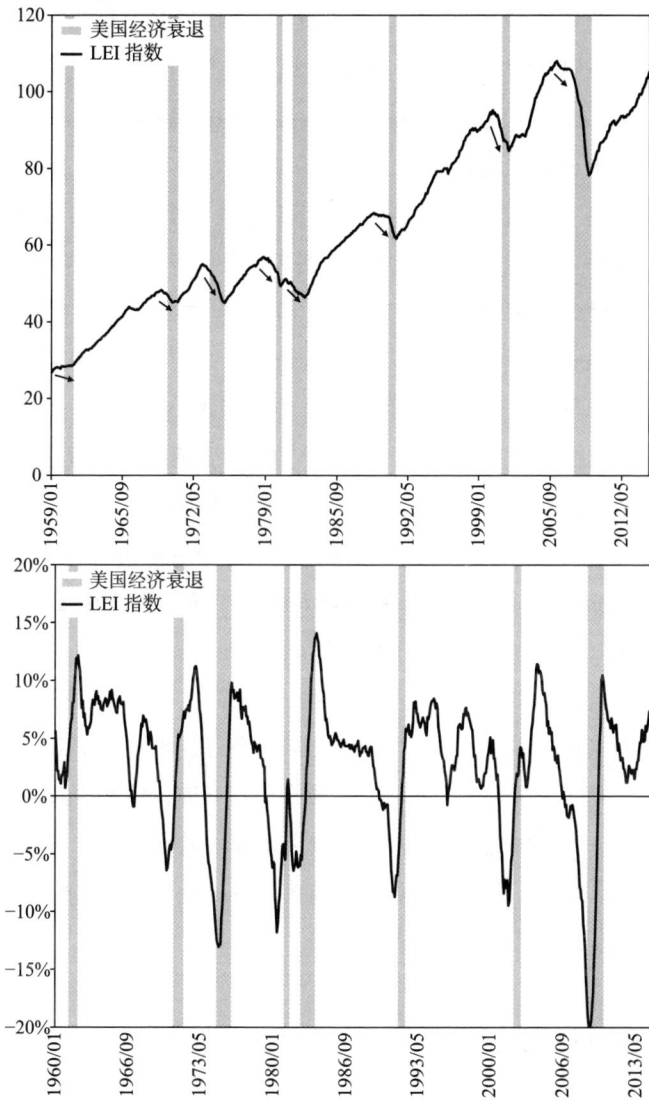

图 3.9　LEI 和美国衰退

资料来源：世界大型企业联合会和美国国家经济研究局（NBER），截至 2014 年 9 月 12 日。1959 年 1 月—2014 年 9 月，世界大型企业联合会 LEI，阴影区域表示美国经济衰退。

要了解世界经济的走向，只需看看大国的 LEI，即美国、英国、中国、日本以及欧元区国家，不需要过度思考。

如果你看到这些图表，肯定会疑惑为什么大家都没注意到 2008 年金融危机前 LEI 已经大幅下跌了？答案很简单，2008 年的 LEI 并不是现在看到的那样。图表中展示的是 2011 年修订后的组合经过回溯计算得出的结果，旧组合的数据并没有直线下降。在 2006 年和 2007 年，它基本保持不变，直到 2007 年结束时才逐渐下降，这也是主管机构着手修订这个组合的一个原因。世界大型企业联合会发现，在信贷紧缩导致衰退的情况下，LEI 起不到预警作用，因此创建了核心信贷指数。你可以在该机构的网站上找到一篇名为《世界大型企业联合会修正美国 LEI 基准》（*Comprehensive Benchmark Revisions for The Conference Board Leading Economic Index for the United States.*）的文章，其中详细说明了这次修订的内容。文中提到："值得注意的是，在上一个周期高点时，新 LEI 的领先时间为 21 个月，比目前 LEI 5 个月的领先时间要早得多。然而，从历史数据来看，调整后其走势依然与经济衰退的变化是一致的。并且从上一次经济衰退来看，新 LEI 的走势下降得更为急剧，从峰值到谷底下降了约 20%，而之前的 LEI 只下降了 7%。"

只看 LEI 的趋势，不陷入每个月的细节数据中，你就能做得很好。

LEI 很有效，却少有人关注它，可能是因为它不够引人注目或者不够复杂，也可能是少有媒体报道它。记者们也许更愿意报道复杂的、有噱头的经济数据。LEI 的管理机构世界大型企业联合会，每次更新基准时都会发布新闻稿，偶尔也会被一些新闻门户网站转发，但它很少登上《华尔街日报》或彭博的头版头条。各路专家也不会在电视节目上对其进行深入分析。很少有人意识到所有主要国家都有 LEI，LEI 的魔力一部分可能来自人们对它的无知，以及没有被广泛讨论，所以它的结论没有反映在市场价格上。如果人们普遍预期经济将会衰退或停滞，而 LEI 仍然在上升，那就是你可以抓住的时机。

LEI 的另一部分魔力来自其成分指标。没有一个统计数据能完美地捕捉到整个经济情况。但是，它通过汇总 10 个指标扩大了预测范围。虽然不完美，但还是比其他方法更好。它对未来制造业状况、消费支出、建筑和信贷状况提供了全面的概述，还包括两个强大的领先指标——股价和利率差。

由于 LEI 包括股价，股价不会预测自己的价格走势，所以它不是一个直接的市场预测工具，它只是消除了对经济走势的担忧。正如《阿甘正传》中所说的，"又少了一件麻烦事"。

LEI 也可能会出错，这很正常，因为其中一些成分指标相当不稳定。制造业订单、建筑许可证、制造业工时和就业指标经常会不规律地波动，通常没有明显的趋势。消费者期望变化不大，但它们不具备很强的前瞻性。消费者信心调查反映了人们对当前和最近已发生事情的感受，最多只能作为一个同步指标。股价是最好的领先指标，但情绪驱动的股价波动也会使该指标产生异常。

但核心领先信贷指数和利率差是具有前瞻性的。它们的趋势长期稳定，拐点通常发生在经济衰退开始之前。这并不令人惊讶。有大量证据表明，负利率差（或倒挂的收益曲线）是未来经济衰退的有力证据，而恶化的信贷条件往往预示着投资金额下降。当其他组成部分一直动荡时，你可以只看领先信贷指数来判断未来的经济走势。

但没有一种方法可以 100% 准确地预测未来，因为经济是一个复杂的系统，受到许多因素影响，包括政治、全球经济状况、自然灾害、技术创新等。因此，任何预测都应该被视为一种概率性的判断，而不是绝对的事实。

观察 LEI 是了解大多数投资者的经济预期正确与否的好方法，也能告诉我们是否应该听从媒体的警告。回到 2010 年初，当时每个人都担心美国经济会出现二次衰退。LEI 中的几个指标出现增长放缓或下降的迹象，很多人都相信衰退临近了，但经济没有达到"逃逸速度"，因此自然会受到"重力"的影响而恢复稳定。

但经济并不是宇宙飞船。如果专家们根据发射速度、逃逸速度、动能或引力来预测某些事情，你也可以不理会。物理定律不适用于股票市场，只有供求定律适用。因此，当头条新闻担忧经济失去动力时，你只需看一看 LEI，因为 LEI 完全与供求相关。

在整个二次衰退恐惧盛行时期，LEI 持续上升。回顾图 3.9，相信 LEI 的人得到了回报。那些无视 LEI，因为过度担忧过去的数据而逃离股市的人，错过了 2010 年全球股市上涨 11.8% 的机会。

LEI 在全球同样有效。每个国家的 LEI 组合指标的构成各不相同，没有任何两个经济体是相同的，因此也没有哪两个国家的 LEI 是完全相同的。在印度，信贷状况有时难以确定，因此印度的 LEI 使用广义货币供应量 M3 来判断增长，而不是领先信贷指数。但美国 LEI 几十年来的分析经验也同样适用于其他国家和地区的 LEI。

我们来看看欧元区。2013 年 6 月，欧元区刚结束了长达 18 个月的衰退，经济增长比较乏力，每个人都担心出现"微弱复苏"，怕重演美国的二次衰退。那时很多月度指标都出现了问题，大众害怕欧元区经济再次进入衰退。没有人注意到 LEI 曾完美地预测了过去一年的经济走向。它在衰退结束前数月已经开始上升了，只是之后又稍微下降了一点。几个月后，GDP 在欧元区经济复苏的第二季度增长略微放缓。之后 LEI 飙升，预示着经济增长正在加速。LEI 是正确的，但没有多少人注意到了这一点。

法国也是一样。2013 年底，每个人都说法国是欧洲的"病夫"。欧洲总会有一个经济最差的国家承担这个角色，但永远不会有人说密歇根州是美国的"病夫"。但欧洲一直是这样，从奥斯曼帝国以来就一直有"病夫"这个说法了（希腊就是近期的"病夫"）。

法国是"病夫"的说法从 2013 年第四季度开始出现，因为其采购经理人指数（PMI）的数据很差。媒体喜欢报道 PMI，因为它发布的时间早，并声称通过它可以即时了解一个国家或行业在某个月的增长情况。该指标如果超过 50 则被认为经济在增长，如果低于 50 则表示经济在衰退。

只能说 PMI 有些用处，但并不完全准确，PMI 只是对经济做了一些调查，对股票市场的预测结果不一定可靠。阅读达雷尔·哈夫（Darrell Huff）的经典之作《统计数据会撒谎》（*How to Lie With Statistics*），你就可以了解到经济调查会有多么不可靠（详见第八章）。PMI 反映了该月的商业活动、需求、就业、公司增长数量等数据，但并没有告诉你增长的幅度。在现实生活中，即使只有少数企业在快速增长，也可以推动整个国家的经济实现增长。

因此，你要忽略 PMI 的总体结果，而只需要关注其中的关键部分，如新订单数、出口订单数和已签订单数。如果这些指标超过 50，那意味着需求可能在增长，今日的订单就是明日的产出。

然后回到 LEI，即使法国当时被认为是"病夫"，但它的 LEI 是在上升的。如果法国的经济不行了，是不会出现这种情况的。在这方面 LEI 是正确的，法国经济随后实现了增长！

在所有这些例子中，LEI 都能为任何人提供一个非常简单、快速的方法来判断媒体的警告是否正确。只需访问世界大型企业联合会的网站就能找到 LEI 的相关数据，首页上展示了每一个指标。这样做之后，你将成为少数的利用这些神奇指标的人之一。虽然 LEI 还有其他提供者，但只有世界大型企业联合会的指标是最可靠、最标准的。

高频交易

人们有时会担心与市场前景毫无关系的事情，比如高频交易（High-Frequency Trading，HFT）。自从 2010 年 5 月发生臭名昭著的"闪电崩盘"事件以来，HFT 就成了热门话题。

简而言之，高频交易是指计算机利用算法和超快的数据传输进行的高速交易。高频交易系统会在瞬间买卖一只股票，每股赚取大约半美分的利润，每天进行数千次交易，以此积累可观的利润。

整个高频交易行业每年能有数十亿美元的利润，这引发了对高频交易者揩油行为的指控。

指控集中在他们如下的行为里。

• 把实施交易的计算机设置于（或接近）交易所的服务器附近。

• 花钱购买非公开的订单流数据——从你在计算机屏幕上点击"购买"到"交易完成"的这段页面加载时间内，购买了订单流数据的高频交易者的计算机可以看到你的订单，然后迅速买进该股票，并以高出他们买入价 1 美分的价格卖给你，你对此毫无察觉。你购买的股票几乎与股票行情所显示的交易价相同，但 HFT 利用计算机每股赚了 1 美分——那本该是属于你的！

这是一方面的说法。另一方面的说法是高频交易把老式的人工做市商挤出了市场，通过网络增加了流动性，将买卖价差缩小到几美分甚至更低，使得交易过程更便宜、更容易。高频交易者每股赚取半美分左右的利润，这只是我们为买卖支付的服务费用，但这远小于我们过去通过支付更大价差促成交易所隐含的费用。

现在你可能很清楚了，这个问题与股票价格的走向无关，只与市场的运作方式有关。有趣的是这虽然与投资有关，但并不影响牛市是否会变成熊市。关于市场受到操纵的夸张说法是滑稽的，你不需要陷入 HFT 是否影响市场的争论中，有自己的独立思考就好。

还有一部分反对高频交易的人声称，这种做法确实会影响市场。由于计算机同时运行数千个算法，各种价格波动、经济新闻和财务报告都会触发自动交易，一些人认为高频交易放大了股票市场的波动幅度，导致市场不稳定，并引发了"闪电崩盘"等事件。

这也只是个幌子！首先，没有证据证明这个理论是正确的，更何况如今市场的波动幅度反而变小了。我们在 20 世纪 30 年代就经历过巨大的日内波动，而且波动次数更多，那时还没有高频交易呢。其次，即使这种理论是正确的，也并不重要。这种波动造成的下跌是非常短暂的，仅仅几分钟而已。最后，就算你认同算法会引发一连串抛售，你也必须接受在某个时刻，"买入"算法会启动，将市场价格推回原来的水平。除非你在错误的时间点卖出，否则不会有净损失。即使是闪电崩盘规模的波动，也不会

> 对股票的长期回报产生影响。
>
> 　　对你来说，只要保持冷静就不会受到影响。

战争是好是坏

　　战争会摧毁一切，除了股票市场！好吧，或许这么说过于简单了。

　　子弹并不利于牛市，然而，没有任何证据表明地区冲突会结束牛市，即使美国也被卷入其中。在冲突刚刚爆发时，股票市场会出现一些波动，因为恐惧情绪影响了市场，这是正常的，但这些波动很快就会消退。冲突有时会被化解，有时也会扩大，但投资者很快会意识到它不影响经济。尽管战争对卷入其中的人们来说是可怕的，但对于世界其他地方的股票市场、生活而言，一切都会照常进行。商业和贸易都不会停止。这种认识对股票市场来说是一种解脱。

　　许多投资者无法摆脱对局部战争的担忧，媒体在这方面需要承担很大的责任。每当发生地缘政治冲突和潜在武装冲突时，无论冲突有多遥远或微小，媒体都会渲染其对股票市场和经济的影响。如果战争或冲突发生在中东地区，就会面临石油和股票市场的双重威胁。

　　看到这些报道很容易让人惊慌，毕竟战争会把卷入其中的人拖入地狱。但是只要对股票市场感到惊慌，你就很难从中赚到钱。你必须保持冷静，理性思考！为此，可以使用两个方法：纵观历史和判断规模。

　　历史表明，没有任何一次地区冲突曾导致美国股市变为熊市。冲突通常只是过渡性的，局限于全球经济中的一小部分地区，对商业和利润的冲击不大。乌克兰和伊拉克是 2014 年的热点地区，它们的经济体量分别占全球 GDP 的 0.2% 和 0.3%。2013 年的热点地区是叙利亚，它的经济体量占全球 GDP 的 0.1%。2012 年的热点地区是埃及，其经济体量占全球 GDP 的 0.4%。这些冲突影响的只是全球产出和贸易的微小部分。除非冲突升级为第三次世界大战，否则它不会构成股票市场风险。

媒体很少关注历史，这使得回顾历史成为一个非常有效的方法。我之前提到过，当媒体做出笼统的断言时，你应该力求证据，并自行查找。回顾历史通常是求证的好方法。即使没有高级的股票市场数据库，你也可以很容易地找到标普 500 指数的过往数据。每当媒体说某某事件对股票市场的影响很糟糕时，你可以回想以前发生类似事件的时候，查找那时股票市场的表现。历史永远不会完全重复。但正如马克·吐温所说，这是一种确定某个事件对市场影响概率的绝妙方法。大众和媒体观点总与实际情况背道而驰。

让我们成为逆向思考者，回顾历史吧！选择一次小规模冲突来分析一下，你会发现它对股票市场并没有造成重大打击，即使冲突发生在中东地区。人们总是担心中东冲突，认为那里是世界的火药桶，是盛产石油的地方，甚至离核打击只有一步之遥，或者……但那里一直存在冲突，断断续续，几乎从现代股票市场开始建立时就一直如此。但中东的冲突从来没有引发过全球战火，也从来没有出现对全球商业构成重大风险的事件，从未引发全球经济的周期性转折。市场对此已经习以为常，无论是在牛市还是熊市中，它都只是背景的一部分。

不相信吗？请看图 3.10，其中显示了四次中东重大冲突期间标普 500 的走势。没有一次冲突使牛市中断。有时候由于最初的不确定性引发了恐慌情绪，股市会出现波动，但在冲突结束之前，市场很快就恢复了常态。

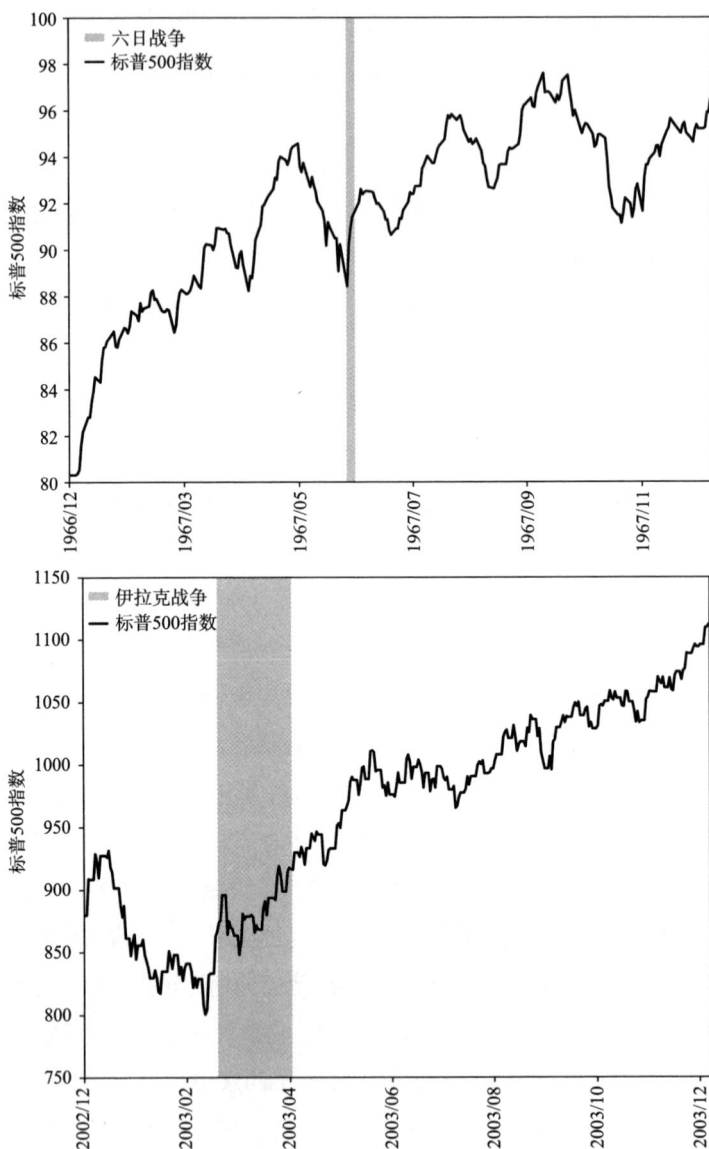

图 3.10　中东冲突和股市走势

资料来源：慧甚，2014 年 7 月 15 日。1966 年 12 月 30 日至 2006 年 12 月 29 日标普 500 价格指数。

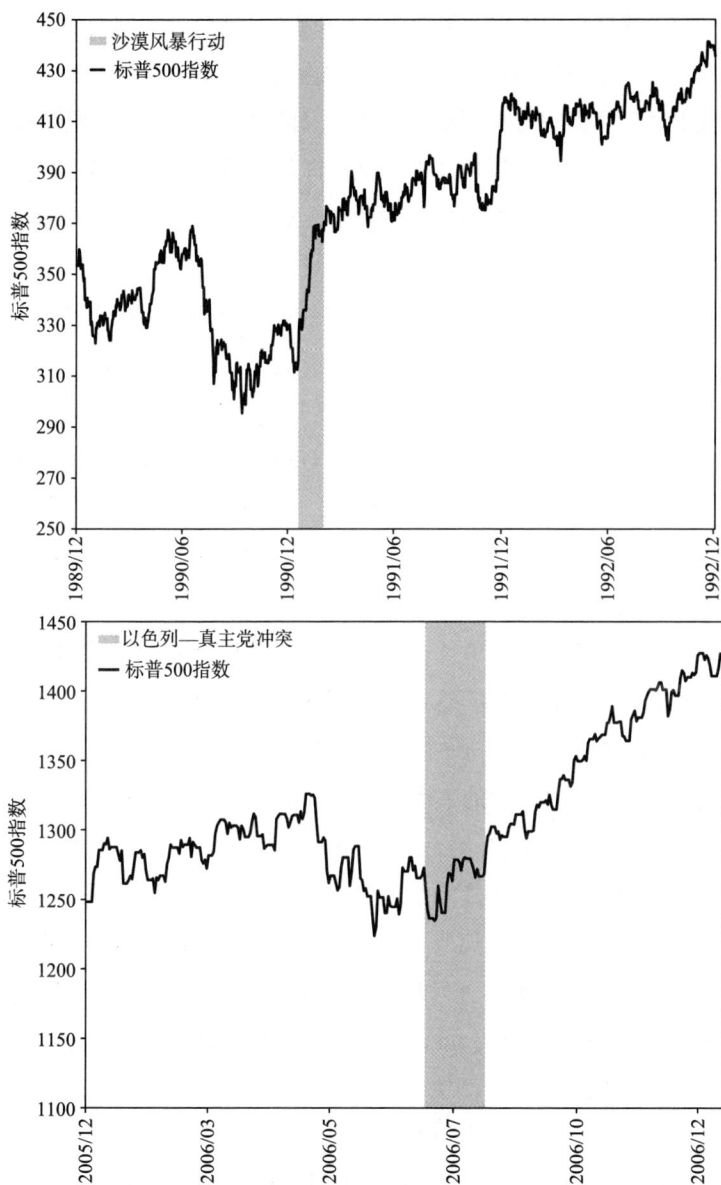

图 3.10 中东冲突和股市走势（续）

反着来的反向人群可能会想："有恐惧情绪时应立刻卖出，等稳定后再买入。"但短期的市场选择是愚蠢的。恐惧情绪并不能保证会引发下跌。我们很难把握重新进入市场的时机，市场有时候在战火初燃时上涨，有时几周后才会上涨。即使你对时间把握得很好，交易成本和税收也可能会冲掉你的收益。通常情况下，最好的方法是等待一段时间。

上面只是几个例子，实际上发生过的战争和冲突还有很多。

1973—1974 年是熊市，人们普遍认为 1973 年 10 月开始的赎罪日战争是触发熊市的主要因素。但事实是，熊市始于 1973 年 1 月 11 日，而不是 10 月。石油输出国组织（OPEC）的禁运措施从 1973 年 10 月 16 日持续到 1974 年 3 月 16 日。即使把这种贸易保护视为美国支持以色列后的反应，也很难与从 1973 年 1 月 11 日到 1974 年 10 月 3 日的熊市相吻合。

历史上只有一次冲突被认定为熊市的直接原因。那就是 1938 年希特勒入侵苏台德地区，这充分表明了他扩张领土的野心，迫使世界开始预测全球性冲突——第二次世界大战爆发的可能。这一事件直接中断了美国刚兴起的牛市（详见第五章）。即便如此，股市并没有立即下跌。直到 1940 年 5 月，当法国沦陷时，美国股市遭遇了震荡，标普 500 指数在 5 月的头三个星期下跌了近 25%。原因是德军突破了马其诺防线，迫使股市为更深、更久且极具破坏性的欧洲战争定价。历史学家尼尔·弗格森（Niall Ferguson）在他的书《金钱崛起》（*The Ascent of Money*，2008 年企鹅出版社出版）中指出，第一次世界大战也对股市产生了类似的冲击。这是很有可能的事，只是那个时期的股市数据混乱且不太可靠（关于这个问题，第五章会有更多讨论）。无论如何，举这些例子都只强调了一个观点：世界大战会对股市产生影响，但地区性冲突不会。

要让股票市场出现足够重大的下跌，从而引发熊市，需要发生一场在全球范围内、涉及主要大国对峙的巨大战争。当你明白这一点后，确定一个冲突是否会导致股市下跌就很容易了。你只需问自己：这是否有可能演变成第三次世界大战？虽然一切皆有可能，但可能并不等同于大概率事件。只有当你有大量证据表明一场冲突将演变成全球性战争时，你才应该采取行动。

冲突将永远存在。就在我写这篇文章时，一架从阿姆斯特丹飞往吉隆坡的载有 298 名乘客和机组人员（包括美国公民）的民航飞机在乌克兰东部冲突地区被击落。这是一次可怕的悲剧，也是一起重大的国际事件！头条新闻已经在说，这将导致股市下跌。但我记得 1983 年大韩航空（Korean Air）的 007 航班被击落时，所有人都认为冷战会变得激烈。但事实并非如此，当时的牛市仍在继续。

不要做一头牛，要做一个逆向投资者

除了媒体的短视，我们在本章讨论的所有内容都有反刍的特征，都时常被投资者反复咀嚼和消化，有时甚至持续数年。

想想反刍的过程是什么：一团半消化的食物被牛翻腾出来，并反复咀嚼以寻求安慰。这些被反刍的东西几乎没有营养价值，反刍大多时候只是牛为了消遣而咀嚼，就像人们嚼口香糖一样。

新闻的反刍也是如此，过度思考它并不能帮助投资者做出更好的决策。人们反复咀嚼它是因为媒体在炒作，劲爆的坏消息能引起大家注意！但对于投资者来说，这些消息没有任何营养价值。如果某个事情已经广为人知，那它要么是错误的，要么是对股票走势没有任何影响。恐惧蔓延的时间越长，就越像反刍，你就越明确地知道它已经被反映在价格里了。

在 2009 年 3 月开始的牛市中，投资者反复咀嚼了很多内容。对于中国经济的担忧是一个典型的例子。从 2010 年开始，人们担心中国经济的增长放缓会演变成硬着陆，拖累全球经济，影响股市。每次 PMI 下降、贸易额增长率下降、零售总额或工业生产放缓，都会引发人们对中国经济硬着陆的担忧。每当媒体发布中国 GDP 年度增长数据的时候，专家们就会说"今年增长不错，但明年底将会崩盘"。如果他们意识到这是错的、被炒作的，就会转向另一个只是诱因不同的相同问题。就像有一段时间，他们担心房地产泡沫会破裂一样，当意识到那是错误的之后，他们就转向担忧制造业崩溃，随后又担心起了银行系统，最终他们又转回担心房地产市场。

中国在这期间的经济增长确实放缓了一段时间，但仍然没有硬着陆的迹象。中国并没有拖累世界经济，全球股市表现良好。

欧元区债务危机对许多人来说是可怕的，但也属于反乌类新闻。头条新闻从 2009 年底开始反复炒作这件事，当时希腊开始摇摆不定。在 2010—2011 年，人们担心希腊，然后是爱尔兰、葡萄牙，接着担心意大利和西班牙的主权债务将违约，导致欧元区瓦解并使世界陷入混乱。

当希腊在 2012 年 2 月实际违约时，由于担忧已经内化，市场并没有做出新的反应。当希腊主权债务在同年年底再次违约时，几乎没人注意到它。与此同时，对欧元区崩溃的担忧转变为担心该地区的经济衰退将影响全球经济，但这种情况没有发生。欧元区经济在 2013 年年中开始复苏时，人们开始担心经济增长放缓。2014 年，人们的担忧又转向了 GDP 萎缩的"失去的十年"。

具体的担忧事项在 5 年内不断发生变化，但根本问题并没有改变。无论人们担心货币崩溃、衰退加剧、增长乏力还是通缩末日，他们真正担心的是欧洲大陆将成为世界经济的黑洞。他们反复咀嚼这个问题已经超过 5 年，而美国的股票市场整体却一直在上涨。反刍者在某些事情上是对的吗？当然！他们对希腊的看法是对的！他们对经济衰退的看法是对的！这些刚好能引起正确的偏差。只是他们更深层次的担忧已经反映在股市价格中了，这些微小的负面因素并没有影响股市。

你应该看穿这些反刍新闻的本质：它们是已经体现在价格中的毫无意义的事。即使你认为大众对即将发生的坏事情的看法是正确的，但高效的市场可能已经提前消化了这种结果。这就是为什么欧洲大陆 18 个月的经济衰退没有拖累全球股市的原因。正如我们将在第六章中看到的那样，这也是为何《平价医疗法案》（*Affordable Care Act*）对股市几乎没有影响。

现在是时候该转向第四章了，这是我们的财经媒体用户手册的第二部分。

第四章 未来30个月内不会发生的事情

当你还是个小孩的时候，是否有想过长大后想成为怎样的人？

几乎每位小孩都对自己的未来有一些畅想。也许想成为一名消防员、宇航员或棒球运动员，也许是医生、电影明星、建筑师，甚至是海盗。不管是什么原因，大多数孩子都有梦想成为的人。

但这些梦想很少能实现。因为最初的梦想实现的可行性会随着我们的成长而发生变化。想成为运动员的孩子可能去学了奥数，想成为宇航员的孩子可能会发现他们讨厌物理，想成为医生的孩子可能会在看到血液时感到恶心。

一个人在5～30岁会发生无数的变化，没有一个5岁的孩子能知道他们长大后会怎样。他们可以畅想，但真实的生活通常会向无法预测的方向发展。孩子们可以知道之后两年的情况，比如会上几年级、可能会有哪些老师、年龄多大等，但无法知道更远的事。一个9岁的孩子可能期望6年后上当地的高中，但如果他们的父母在其间搬家了呢？我们只有经历了这些变化，才知道接下来将如何发展。

股票市场也是如此。我们今天无法知道遥远的未来，太远的变化无法被预测！股市也知道这一点，所以它们不会展望30个月之后的事。对30个月之后发生的事都只是猜测，有一定可能性，但不是大概率事件。

然而，头条新闻不断地轰炸我们，声称一些超长期的预测会影响股票市场，如高负债率、全球变暖等。很多专家使用复杂的公式来预测这些问题会带来的影响，他们把假设当作事实并不断地炒作这些假设。许多人甚至变本加厉，声称这些长期的大问题会对当下和未来的股市造成毁灭性打击。

你可以用一个简单的技巧来识别真假，只需问一句："这对未来 30 个月的经济会有实质影响吗？"

这么简单的方式看起来有些盲目乐观和傲慢，但事实就是如此：媒体警告的任何重大、糟糕的事情，如果在接下来的 30 个月内不会发生实质影响，那这件事对股市来说就是无关紧要的。即使预测成真了，也只是在遥远的未来产生影响！股市的反应没有那么超前。

这并不意味着你无须考虑各种可能性。思考这些可能性，了解大众在说什么，想想他们忽视的事情，可以帮助你判断这些预测是否真的如此可怕，顺带也有助于你的睡眠质量。

但对于投资上的决策，你只需要评估接下来 30 个月最可能发生的事情就好。

列出"未来 30 个月内不会发生的事情"是一个超级有效的方法，你可以将它用于被媒体炒作的任何会让美国和世界经济崩溃的长期问题上。即使他们说"我们必须立即行动，才能防止被毁灭"，你也不用理会。在接下来 30 个月内不太可能发生灾难，股票市场就不会担心，你也不应该担心。这个简单的技巧有助于帮你过滤掉各种令人恐惧的噪声。

在本章中，我们将介绍如何利用"未来 30 个月内不会发生的事情"来判断事件的影响：

- 如何区分政治、社会和经济问题？
- 对美国债务是否可以有不同的见解？

• 怎样排除让你担心的长期威胁？

"婴儿潮"炸弹

近十多年来，人们一直担心"婴儿潮"一代的影响，担心他们全部退休了怎么办？是否会没有人再购买股票？

谁会知道"婴儿潮"一代退休了会怎样呢？不是我，不是你，也不是那些持有"婴儿潮"末日论的专家们。没有人知道，因为这一切太遥远了。第一批"婴儿潮"一代于2011年退休，而最后一批要到2029年退休，现在离"婴儿潮"一代全部退休还很遥远，没有人能看到那么遥远的未来。股市知道这一点，甚至懒得思考这个问题，股市只考虑接下来的30个月内会发生的事！

但由于股票市场是实时变化的，我可以非常肯定地说："婴儿潮"一代退休时不会影响市场。他们退休的速度是缓慢的，需要整整一代人的时间。市场从他们出生时起就知道他们将何时退休，这只需要简单的加减计算就能知道。在第一批"婴儿潮"一代达到65岁之前，关于他们退休的担忧一直存在，但现在这第一批人已经退休4年多了，市场的运行并没有因此终结。假定市场会被这样的事情影响，简直是对市场的侮辱。请不要自作聪明！

逆向投资者知道这一点。他们也知道围绕"婴儿潮"一代退休的所有担忧只是基于这样一个假设："婴儿潮"一代在退休时会将股票全部换成债券，从而减少股票需求，使股市下跌。即使这成真了，这也只是一个结构性因素，股票市场仍然可以表现得很出色。相比之下，周期性因素可能影响更大。

而且，这种对股票需求下滑的假设忽略了许多其他可能性。例如,"婴儿潮"一代也许会出售他们的企业并将收益投资于股票市场;也许他们的孩子进入黄金工作年龄后会将大量资金存入他们的 401(k)养老金账户中,这样对股票的购买需求会更大;也许我们会看到一些今天无法想象的其他变化。

现在肯定无法预测"婴儿潮"一代退休的最终结果,所以别尝试了,尝试也没有意义!记住,"婴儿潮"一代退休不是一件令人意外的事,也不是一个影响市场波动的巨大负面因素。

社会保障和医疗保险基金耗尽怎么办

对"婴儿潮"一代退休的另一个担忧是大量增加的退休人口将耗尽社会保障和医疗保险基金。

据美国社会保障行政管理局预测,到 2029 年会有超过 25% 的美国人达到退休年龄。社会保障委员会向国会提交的年度报告称,养老保险、生存保险以及残疾保险金将在 2033 年耗尽。除非有什么转机,否则大众缴纳的社保到那时只能支付 75% 的福利。

这是媒体经常炒作的话题,但这只是在制造恐慌,仅此而已!逆向投资者不会退缩,你也应该如此。

为什么呢?首先,这不是接下来的 30 个月内会发生的事!其次,这些担忧都没有通过基本的逻辑检验(正如我在第一章中提到的,这是逆向投资者最喜欢使用的工具),如果一个主张或预测是基于错误的前提提出的,那它一定就是胡扯的。

对社会保障和医疗保险基金将耗尽的担忧,是基于政府机构当前使用情况和历史平均值推算的结果而产生的,但这个推算结果是正确的吗?

回到 2000 年,美国国会预算办公室(CBO)预测联邦预算永远会有盈余。2003 年，它又预测 2013 年将有 5080 亿美元的盈余和占 GDP 14.4% 的债务。而实际情况是 2013 年美国出现了 6800 亿美元的赤字，债务占 GDP 的比例达到 72.1%。

2002 年，国会预算办公室又预测 10 年期美国国债收益率在 10 年后将接近 6%，预测的结果与实际情况完全不符。图 4.1 显示了这个预测到底错得有多离谱。

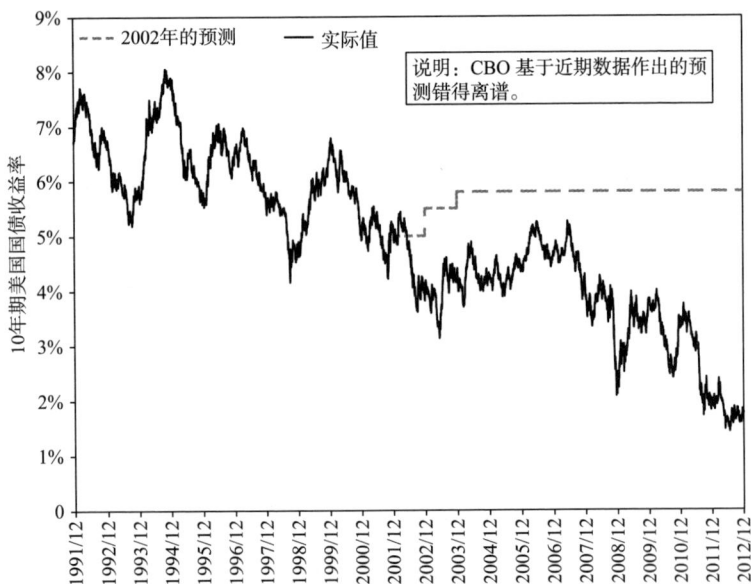

图 4.1　CBO 的错误预测

资料来源：慧甚，CBO，2014 年 12 月 4 日。10 年期美国国债收益率（固定期限），1991 年 12 月 31 日—2012 年 12 月 31 日；CBO 对于 10 年期国债收益率的预测（2002 年 1 月发布）。

但 CBO 有时候也会做出正确的预测，这是市场让我们捉摸不透的地方，也是 CBO 这么多年来依然有一定信誉的原因。此外，就像我们在第二章中提到的专业预测者一样，CBO 每年会更新两次数据，有很多机会来修订其预测值，使其与现实靠拢。

　　表 4.1 显示了 CBO 对 2013 财政统计数据预测的调整情况。在 2003—2013 年，它从错得离谱逐渐变得大致正确了。

表 4.1　CBO 对 2013 财政预测的演变

预测发布日期	支出 （10 亿美元）	收入 （10 亿美元）	盈亏 （10 亿美元）	负债 （10 亿美元）	债务占 GDP 比
2003 年 1 月 3 日	3167	3674	508	2565	14.4%
2003 年 8 月 3 日	3422	3634	459	5438	30.7%
2004 年 1 月 4 日	3457	3441	−16	6409	37.0%
2004 年 9 月 4 日	3547	3471	−75	6675	37.8%
2005 年 1 月 5 日	3389	3474	85	5884	32.6%
2005 年 8 月 5 日	3561	3481	−80	6691	37.0%
2006 年 1 月 6 日	3506	3546	40	6032	32.9%
2006 年 8 月 6 日	3631	3555	−76	6469	35.4%
2007 年 1 月 7 日	3391	3550	159	5089	28.3%
2007 年 8 月 7 日	3583	3619	36	5730	31.5%
2008 年 1 月 8 日	3524	3585	61	5701	31.6%
2008 年 8 月 8 日	3766	3619	−147	6968	38.6%
2009 年 1 月 9 日	3610	3353	−257	8516	50.0%
2009 年 8 月 9 日	3759	3221	−538	10870	65.5%
2010 年 1 月 10 日	3756	3218	−539	11056	66.3%
2010 年 8 月 10 日	3760	3236	−525	11422	68.4%
2011 年 1 月 11 日	3794	3090	−704	12386	75.5%
2011 年 8 月 11 日	3692	3069	−510*	11773	72.8%
2012 年 1 月 12 日	3573	2988	−585	11945	75.1%
2012 年 8 月 12 日	3554	2913	−641	12064	76.1%
2013 年 2 月 13 日	3553	2708	−845	12229	76.3%

（续表）

预测发布日期	支出 （10亿美元）	收入 （10亿美元）	盈亏 （10亿美元）	负债 （10亿美元）	债务占 GDP比
2013年5月13日	3455	2813	−642	12036	75.1%
2013年实际值	3454	2774	−680	11982	72.1%

* 假设2011年《预算控制法案》中的1130亿美元是额外储蓄。
资料来源：CBO，2014年12月4日。从2003年到2014年4月，CBO每半年一次发布的《预算和经济展望》中的"基线"预算展望。

我们知道CBO经常会出错，但我们也不能完全忽略它。

关于预计社会保障基金将要耗尽的另一个错误的前提假设是：社会保障基金是一个"保险箱"。这是阿尔·戈尔（Al Gore）和"周六晚直播"（Saturday Night Live）节目在2000年总统竞选期间对大众普及的术语。"保险箱"的意思是社会保障和医疗保险基金是我们为自己退休后存的钱，但实际并不是这样。我们支付给社会保障基金的每一美元中，有85美分会用于支付当前福利，比如用于支付残疾人及其符合条件的家庭成员，另外15美分则会进入"信托基金"。这个信托基金并不是封闭的。法律规定，这个信托基金的盈余资金可以购买联邦政府发行的国债，然后赚取利息收入。所以，我们交的社保当时就被花掉了。

"婴儿潮"一代在几十年后获得的社会福利，将由X一代和千禧一代来支付。尽管有"人口老龄化"的担忧，但千禧一代比"婴儿潮"一代多出约1500万人。当千禧一代达到退休年龄时，他们的子女和孙子辈将为他们的社会福利提供资金。这就是生命的循环。

另外，对社会保障基金待偿债务的担忧也是毫无意义的！社会保障基金没有债务，美国财政部并没有借钱给社会保障基金，社会保障系统完全是"实进实出"的。大众缴纳多少社保，联邦政府就花多少。

有人可能会说："如果千禧一代永远不长大怎么办？""如果他们在工作的黄金时期发生重大天灾怎么办？"想一想这个问题的基础，人们担心千禧一代永远不会长大，是因为觉得他们是一群自我感觉良好的小屁孩。我手下有很多千禧一代的员工，但我觉得他们并不比 X 一代差。X 一代本来也被认为是喝着咖啡、穿脏兮兮的法兰绒衣服浪费生命的一代人，但他们也长大了，他们这一代不比我们这一代差。我们这代人也曾被认为是不愿工作的、无所事事的一代，但我们也长大了。要相信世道必进，后胜于今。

就算自然人口增长、移民都不足以维持社会保障计划，那国会也可以做出一些改变。虽然社会保障和医疗保险基金是由国会创立的，但国会可以对其进行微调，并不是一成不变的。是的，我们都知道社会保障和医疗保险计划是美国政治的第三条轨道，但国会在 20 世纪针对这条轨道多次调整了投入和支出，以确保该计划的偿付能力。

早在 20 世纪 70 年代，就有人估计：1979 年社会保障基金将无法覆盖所有的福利。但国会在 1977 年的一些小修正就解决了这个问题，只需要一点点修正就能极大地延长社会保障基金的使用期限。

社会保障和医疗保险不会影响股市未来 30 个月内的走向，这个问题也可以轻松地排除在市场预测之外。无论何时何地，我们都需要弄清楚什么是对股市真正重要的。

"迷惘的一代"一直迷茫

有人说，这代年轻人肯定不好过，因为助学贷款已经让他们每个人负债累累，难以偿还。

这是另一个"不会在未来的 30 个月内发生"的事情。更何况，这可能永远不会发生。

让我们来看一下，"助学贷款泡沫恐慌"被炒作的原因：媒体声称，2006年以来，美国的学生未偿还债务翻了将近3倍。根据纽约联邦储备银行（New York Fed）的数据，2006年学生贷款总额约为5000亿美元。到2014年第一季度，这个数字已经达到了1.3万亿美元。这种新闻标题很容易让大家相信，助学贷款是千禧一代扛不起的重负。

这时，持怀疑态度的逆向投资者开始提问题了：谁在支付这1.3万亿美元？有多少人借款？年龄分布怎样？人均欠款多少？

你可以在纽约联邦储备银行找到这些答案，他们持续统计学生贷款的数据，从中你会发现以下情况。

- 近4000万人贷了共1.3万亿美元的学生贷款。
- 通过简单的计算可以得出，平均欠款金额为32500美元。
- 截至2011年（我写这篇文章时的最新数据），单个人欠款金额的中位数为12000美元。一半的人欠得多，另一半欠得少。
- 三分之一的欠款来自30岁以下的年轻人群体。
- 另外三分之一是30～39岁的人群
- 剩下的来自40岁以上的人群

千禧一代确实在这方面受到一定压力。但大部分人欠下的金额仅与购车贷款相当，而且大多数学生贷款是由正处于黄金工作年龄的人欠下的。

千禧一代应该能偿还他们的贷款，毕竟学生贷款的主体是大学生，而大学生在劳动力市场上占优势。根据美国劳工统计局（US Bureau of Labor Statistics）的数据，自2004年以来，美国大学生的就业率为74.5%，而美国总人口的就业率只有60.6%。并且大学生就业率的增长速度是整体就业率增长速度的5倍以上。大学生的失业率在 2007—2009 年的经济衰退期达到峰值时也只有 5%，而同期美国社会整体失业率则达到了 10%。大学毕业生的平均每周收入也比全部工作人口的整体平均收入高 30%。

也许有负债的千禧一代需要推迟几年买房，那些追求学术事业而累积了 6 位数助学贷款的人可能会推迟更久。但在未来的 30 个月内，这些都不会产生巨大的负面影响。

学生贷款最终会像媒体说的那样成为巨大的负面影响吗？只有当大学学费高得惊人或就业率全面崩溃时才有可能，但这些在未来 30 个月内不会发生。

几乎所有人都知道大学学位能提高就业率，就像每个人都知道香烟会致癌一样。但媒体永远不会指出这一点，因为这样的观点政治不正确！

为什么呢？因为这会指出一个显而易见的事实：在所谓的"大衰退"期间，大学生的失业率最高仅为 5%，这对于大学生来说并不可怕。但这意味着受影响的主要人群是没有上过大学的大部分人。

单纯的失业可能没有那么可怕，但这些人失业很可怕。这是一个社会问题，而不是经济或金融市场的问题。你可以向人们展示教育的好处，但你无法让所有人都接受高等教育。结果是这些人只能在经济处于最好的情况下才能找到工作。

媒体永远不会承认这一点，更不会宣传这一点。因为这是一件残酷的事情，更何况他们的大部分读者并不是大学生，而是没上过大学的普通工薪阶层。

但是对于你——亲爱的读者和正在成长的逆向投资者来说，这个真相可以帮助你在失业恐慌达到顶峰时更客观地看待这件事。

国家债务问题

要想辨别预测美国政府将要破产的言论是否可靠，"在未来的30个月内不会发生"比任何话都管用。

美国政府将要破产的预测主要是基于未偿还债务总额做出的。无论是看占国内生产总值的百分比，还是看绝对值，美国政府都欠了无数美元。持"债务末日论"观点的人说：我们的政府不断地花钱和借钱，让我们的子孙后代背负上永远无法偿还的债务，这种做法正把我们推向毁灭。

子孙后代？那看起来不是未来30个月内会发生的事情，不用过于担心？仅凭这一句话就下结论可能过于草率了，所以让我们来看看证据吧。

美国国会预算办公室在2014年预测称，到2039年，美国的净公共债务（不包括美国政府自己欠自己的债务）将达到国内生产总值的106%。国会预算办公室又进一步使用了数学公式和一些假设进行推测，但这纯粹是预测。

他们有可能是对的，债务真的可能会占到国内生产总值的106%，但那又怎样？这会导致世界末日吗？大概率不会。

历史上没有证据表明，债务占国内生产总值的106%时会导致经济下行、债务违约或股市混乱等问题。第二次世界大战后的美国公共债务就曾超过了这个比例，但我们依然过得很好。英国在工业革命期间的大部分时间里都超过了这个数值的2倍，依然繁荣昌盛，政府并没有破产。

此外，总债务无论是绝对数额还是占GDP的百分比，都是一个比较单一的数字。它对一个国家或者个人的偿债能力没有任何解释意义。想想你的抵押贷款，你可能有数十万甚至数百万美元的抵押贷款，这是很大的金额，但这些并不重要，重要的是你是否负担得起每月的按揭本息。如果能，那么随着时间的推移，你就能负担得起这笔巨额贷款。

　　对于美国政府来说也是一样。唯一重要的是财政部是否能负担得起每年的到期债务本息。如今，相对于国内生产总值的比例和税收收入，我们的债务利息接近历史低点，比 20 世纪 80 年代和 90 年代的大部分时间都低。如图 4.2 和图 4.3 所示，那时也是股票市场最好的时段。尽管近年总债务增加了，但总利息却下降了。利率处于历史低位，财政部以这样的低利率对到期债务进行了大规模的再融资。与此同时，税收收入随着经济的增长也在增加。

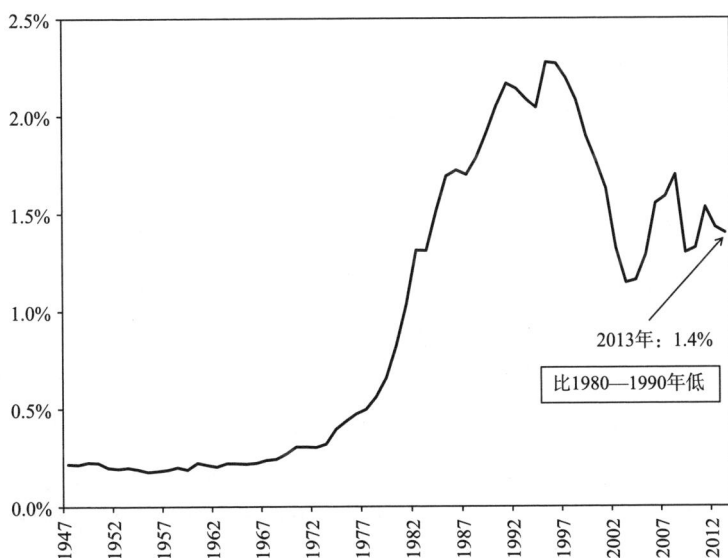

2013年：1.4%

比1980—1990年低

图 4.2　美国联邦债务利息支付占 GDP 的百分比

资料来源：美联储圣路易斯分行，2014 年 11 月 28 日。

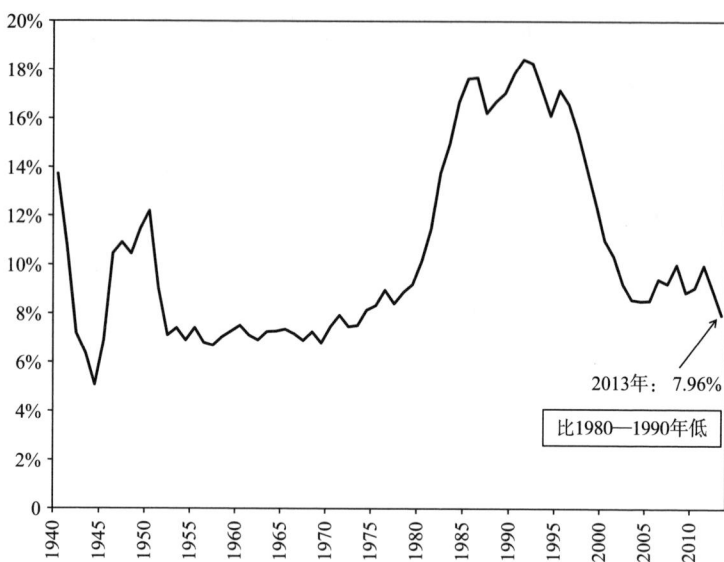

图 4.3　美国联邦债务利息支付占税收收入的百分比

资料来源：美联储圣路易斯分行，2014 年 11 月 28 日。

　　债务成为问题的前提是利率上升到极高的水平，并维持数年。因为利率只在债券发行时对联邦政府有直接影响，这意味着在联邦政府再融资时，利率必须一直保持较高水平。如今，债券平均到期期限超过 5 年。利率需要上升并保持足够长的时间，才能将平均利率水平拉到高位。这可能会发生吗？当然可能，但不会在未来的 30 个月内发生！20 世纪 80 年代初的那段高利率时期，也并不足以使我们陷入困境。我们必须像希腊那样陷入财政困境，并持续很长时间，世界才会认为我们有巨大的信用风险，要求大幅度提高偿付金额，才会让我们陷入困境。这有可能吗？当然可能，但不会在未来的 30 个月内发生。

我们可能永远还不清，但没关系

到了 2014 年，欧元区债务危机最糟糕的时期已经过去，但欧洲五国（PIIGS）（葡萄牙、意大利、爱尔兰、希腊和西班牙）的债务仍在攀升。即使在两次违约之后，希腊政府的债务依旧从 2009 年占 GDP 的 129.7% 增加到 2013 年末的 171.5%。爱尔兰从 64.4% 增加到 123.7%，葡萄牙从 83.7% 增加到 129%，西班牙从 54% 增加到 93.9%，意大利从 116.4% 增加到 132.6%。一部分原因是它们仍保持财政赤字（只是小额赤字），另一部分原因是 GDP 下降（分母减小），还有一部分原因是多年来债务利息支出无法和税收收入打平。

基于这个看似惨淡的现实，专家开始争论：在没有广泛的债务豁免（一次性清零）的情况下，欧元区经济将永远无法恢复。他们声称高债务是对经济的巨大威胁，国家永远无法通过经济增长摆脱困境，因为高债务阻碍了经济增长！如果多年的紧缩政策无法控制债务，那么广泛的债务豁免就是唯一的解决方案。

他们会偿还债务吗？我不知道，但他们可能不需要那样做。因为债务并不会拖累经济增长。

我们是怎么知道的呢？原因很简单，看看历史上发生过的事！曾经有一个国家的净公共债务在 6 年里，从 428 亿美元激增到 2419 亿美元，占国内生产总值的 106.1%。这个国家在接下来的两年里偿还了约 184 亿美元的债务，并将另外 91 亿美元的债券收回，债务总额仍然巨大，但紧缩并没有持续下去。在接下来的 65 年里，债务总额螺旋式上升至 12 万亿美元！然而，这个国家也发展成为世界上最大、最具竞争力、最有活力和创新能力的经济体。它至今仍然是世界强国。

这个国家就是美国。

在 1940 年至 1945 年期间，美国政府借了 2000 多亿美元，大部分用于战争支出。总债务从 1940 年的 507 亿美元跃升至 1945 年的 2601 亿美元。1946 年又增加了 100 亿美元。上面提到的净债务（不包括政府内部债务）就达到 2419 亿美元。如果你欠的是自己的钱，相互抵消后相当于各不相欠，政府也是一样，一直拥有很多自己欠自己的债务，就像从一个口袋挪到另一个口袋。

从 1947 年到 1949 年，净债务减少了约 275 亿美元，其中有 184 亿美元到期并偿还，其余由财政部接手并提前偿还。

1950 年，美国的债务总额再次增加，由此一去不回头，借款越来越多。你可以在白宫行政管理和预算局的网站上看到所有这些历史数据。

仔细想想这个问题，让我们做一些简单的数学计算。第二次世界大战使美国政府的净债务增加了 1991 亿美元，到期偿还和财政部接手的部分大约为 275 亿美元。剩下的我们从未偿还，而且随着利息的累积，这些债务几乎持续了 70 年。如果你拿这 1991 亿美元减去 275 亿美元，然后按照我们债务的平均利率进行复利计算（这是一个粗略的估算，但具有说明性），到 2013 年底大约会得到 1.5 万亿美元。美国现在的 12 万亿美元总净债务中，有 1.5 万亿美元可以归因于第二次世界大战。虽然是一个粗略的估计，但它表明了一个观点。我们从未还清债务，债务随着时间的推移在不断增加。除此之外，我们还借了超过 10 万亿美元用于其他目的。然而就算这样，我们的经济也一直很好。

国家很少需要偿还债务，它们只需要管理债务，支付利息并将到期的债券滚动到下一期（发行新债券以偿还现有债券持有人）。经济增长使得债务管理变得相当简单。

英国也是一样，至今仍然背负着 1720 年南海公司倒闭、拿破仑战争和克里米亚战争以及 19 世纪中期爱尔兰饥荒救济的债务！他们现在正在连同第一次世界大战的债务一起偿还，但这只是因为这些债券是无期限的，而且票面利率比当前的市场利率要高。用期限固定、利率较低的债券对其进行置换是明智的财务决策。

债务不会阻碍有竞争力的自由市场主导的经济增长。简单地说，经济增长是由 4 个变量决定的：资源、劳动力、资本和技术。如果政府主导提供资本，那么政府债务就很重要。但在一个自由市场中，银行和私营企业创造大部分资本（从中央银行获得贷款），只要政府的债务负担可以承受得起，高额的政府债务并不会有太大影响。这就是为什么尽管有如此高的债务负担，美国经济在 20 世纪依然取得了巨大增长的原因。这也是为什么即使美国政府从未偿清过债务，其净公共债务也从 1946 年的占 GDP 的 106.1% 下降到 1974 年的 23.1%。这也是为什么到今天美国仍被认为是世界上最稳定、最有活力的经济体的原因。

债务导致通胀失控

只有当债务货币化时，债务才会"导致"通货膨胀。这可能发生吗？也许吧！但在接下来的 30 个月内不会发生。

政府通常只会在无力支付利息的情况下才会将债务货币化[1]。过度的债务货币化会导致通胀，使得需要支付的利息变便宜，因为市场总价值保持不变，但市场存量美元数变得更多了，导致 1 美元的价值减少了。

对于美国来说，只有债务需要支付的利息飙升，政府才会将债务货币化。随着时间的推移，美国政府是否会无休止地积累债务，并达到必须货币化的地步？也许吧！但在那个时刻到来之前，国会会开始节俭，并在某个时候决定偿还债务，从而使其脱离债务货币化的风险。也许债务会继续增加，但就像往常一样，经济的增长也会为其买单。也许我们的生产力会继续提高，也许技术会变得更好、更强大，推动我们无法想象的创新进步，并到达全新的经济高度。但再次强调，这些都与接下来的 30 个月无关。

但是，简单的数学函数计算得出的预测无法考虑到这些情况。那些政府官员发出关于债务末日的严峻警告，就只是根据最近的情况利用简单的函数计算推断得出的。实际预测要考虑技术变革，需要想象力和分析能力。这并不是对国会预算办公室的人员的贬低，只是对机械预测产生的质疑。

国家停止创新

还是一样的结论，这可能会出现，但在接下来的 30 个月内不会！

大部分技术进步都来自商业上对于如下 4 个因素的全新应用。

摩尔定律（Moore's Law）：微处理器上可容纳的晶体管数量大

---

[1] 债务货币化是指央行通过直接增发货币为政府提供融资。——译者注

约两年翻一倍。

英特尔的创始人戈登·摩尔（Gordon Moore）在 1965 年提出了这个定律，这个定律效果的持续时间远远超过任何人的预期。摩尔定律表明，技术随时间推移而出现指数级增长，处理器变得更强大、更小巧。这也是你的智能手机比 Apple II 或其他老式电脑功能更强大的原因。

库米定律（Koomey's Law）：这是一个关于计算机的能源效率理论，这个理论认为计算机的能源效率大约每一年半翻一番，即执行相同计算量所需的用电功率会越来越少。这也使得电子设备更小、更强大、更耐用。这就是为什么智能手机跟旧翻盖手机比，虽然电池更小，但续航时间更长，而且可以做很多翻盖手机时代难以想象的事情。

克拉底定律（Kryder's Law）：这个理论认为，一英寸硬盘驱动器上可以容纳的数据量每 13 个月会翻一番。这可以解释为什么比 10 年前的笔记本电脑小得多的智能手机可以存储更多的信息。

香农 – 哈特利定律（The Shannon-Hartley Theorem）：这个理论认为，只要你能够创造更大的带宽信道（在理论上是无限的），你就能够更清晰、更快地传输信息。几十年后，光纤的传输速度与新技术相比，也许会显得很慢。

美国的科技企业几乎全部围绕这 4 条定律展开业务，而且都在全速前进。它们是否有一天会失去活力？也许！但在接下来的 30 个月内不会。而且，谁会知道有什么新的技术将取代它们的位置，进一步推动技术的发展呢。

另外，只要科技公司在美国，创新就会在美国发生。大多数创新并不是由制造处理器、电池、硬盘和电线的公司发明的，创新发明来自想出了这些新技术使用方法的公司，这 4 条定律使创新发明成为可能。这些有创造力的企业往往在这些组件被创造的地方蓬勃发展。这就像科学中的邻近效应，两个靠近的物体会以原本不会有的方式相互影响。就像最近发现的水的第四种状态一样，超越了固体、液体和气体。科技也是一样，距离很重要，也许你会遇到一个半导体公司的前雇员，他与一个研究纳米的技术人员共进午餐，然后构思出一款能够拍照的隐形眼镜。

虽然目前美国很多企业因税收政策而迁移公司地址，这是一个很大的问题，但并没有导致这些企业搬离美国，所有运营、研发中心还留在了美国。除此之外，许多外国公司还在美国设置了研发中心。按市值计算，全球前 10 大科技公司中有 9 家位于美国。

美国可能会失去创新这个优势吗？也许会，毕竟没有什么是永恒的！日本也曾经在这方面占据优势，但现在没落了。不过，日本也并非一夜之间衰退，这需要几十年的时间。所以，美国也可能会，但在接下来的 30 个月内不会。

收入不平等

这是另一个辩论话题，也是一个社会话题。市场从业者并不需要成为社会学的专家。我面对社会问题的标准回答是"我不研究社会学"。在遥远的未来，某些事情可能会变得非常好，也可能会变得很糟，但这两者都不会影响当下的定价。

对于社会学和政治问题，我们可以讨论并持有意见，因为许多问题会影响我们的日常生活。比如，影响子女教育的长期社会结构是什么，这对我们的未来规划至关重要。但这并非我擅长的领域，我不研究社会学。许多参与社会学讨论的人也一样，甚至他们没有社会学教育背景或相关经验，却在 19 岁时认为自己对社会学了如指掌，这样的认知大概率是错的。我相信大多数社会学博士也对社会学一无所知，但这又是另一个话题了。你的社会学观察点由你自己决定，你可以相信任何你想相信的东西。但无论你持有何种观点，这些问题都超出了股票市场的范畴，也不会对股票产生影响。

逆向投资者无须关注收入不平等的问题。这听起来很无情，却是事实，因为股市并不在意富人和穷人之间的贫富差距在扩大。有人说，收入不平等是毁灭性的政治问题，将导致美国的衰落，但如果这是真的，美国在"镀金时代"就已经衰落了。

股票市场并不在乎谁拥有财富，只要拥有财富的人会不断推高股价就行。只有当政客们试图通过某种大规模的再分配计划来"解决"不平等问题时，它才会成为一个市场问题。也许他们会，但不是在接下来的 30 个月内。

你可能是一个很谨慎的人，也许会觉得这些观点有些轻率，想要更多证据来确保你的投资组合免受收入不平等的影响。好吧，如下就是证据。

那些认为不平等是真实发生且会产生问题的人，主要依赖于伊曼纽尔·赛斯（Emmanuel Saez）和托马斯·皮凯蒂（Thomas Piketty）的一项研究：该研究声称，美国最高收入者的收入占美国总收入的比例越来越大。然而，这项研究让我产生怀疑。这项研究所引用的支持数据，大多是税前和未把福利计算进去的数据，根本没有考虑到自 1913 年以来，美国采用了累进税率制度。这个制度正是为了解决收入不平等的问题。他们还将投资的资本收益视为"收入"，而美国税法在几十年前就不这样做了。资本收益是财富的一种体现，财富可能来自高的工资收入，也可能来自明智的储蓄和投资。

另一个问题点是他们的研究只考虑了家庭收入，将拥有两个或更多收入者的家庭与单一纳税人进行比较，忽略了人口的变化趋势。

如今，拥有多个收入者的家庭所占比例比 1980 年要低，赛斯和皮凯蒂的研究显示这个比例还在下降。如果你将更多单亲家庭和单身家庭的收入与多收入者的家庭进行比较，无论个人赚多少钱，你都会得到更大的贫富差距。

此外，赛斯和皮凯蒂也没有考虑年龄因素。一个 24 岁刚开始工作的年轻人的收入，肯定比一个 58 岁在职场从事高薪职业的人要少得多。

当然，这不仅仅是我的观点，密歇根大学的马克·J. 佩里（Mark J. Perry）博士等一些知名经济学家也持同样看法，他们已经在人口统计和收入方面做了很出色的研究。佩里博士的研究结果如下。

> 2012 年，收入最高的五分之一家庭平均有 2.04 个人在赚钱，而收入最低的五分之一家庭平均只有 0.45 个人在赚钱。
>
> 收入最高的五分之一家庭中，77.5% 是已婚家庭，而收入最低的五分之一家庭中只有 17% 是已婚家庭。
>
> 收入最高的五分之一家庭中，有 79.5% 的家庭有一个或多个赚钱者处于黄金工作年龄，即 35 ~ 64 岁。而收入最低的五分之一家庭中只有 47.3% 的家庭有一个赚钱者处于这个年龄段。

从这个角度来看，这显然是一场社会学的辩论。离婚率上升和单亲家庭增多是政治问题，这并不是逆向投资者应该考虑的。当然，吸毒者和非吸毒者，你认为谁的平均收入更高？这也是社会学问题。

如果经济是一个固定不变的蛋糕，如果 0.01% 的人赚得多了，就意味着其他人赚得少了，那么收入不平等就会成为真正的问题。但是，不管从哪个社会阶层来看，家庭收入都在随着时间的推移而增加，家庭净资产也是如此。经济并不是一个固定不变的蛋糕，每个人都在赚更多的钱，只是有些人赚得更多而已。

　　另一项研究表明，美国今天的社会流动性与 50 年前相同，大家的机会是一样的，只不过成功的回报更大了。这难道不是提供了更多的激励吗？谁知道呢？

　　只要比尔·盖茨（Bill Gates）的亿万财富不妨碍其他美国人致富、扩大不平等就没有关系。经济增长会有一天出现上限吗？国会能够通过立法让美国经济变得像固定的蛋糕一样吗？比尔·盖茨得到大块份额会意味着其他人得到的变少吗？也许会吧！但在接下来的 30 个月内不会发生。

美元失去国际储备货币的霸主地位

　　如果其他国家开始使用自己的货币进行贸易交易，美国将会发生什么？如果美元不再是国际外汇储备的霸主，它会受到影响吗？谁知道呢！但这在未来的 30 个月内不会发生。

　　几十年来，人们一直为此担心。每当其他国家谈论以非美元货币定价石油时，这种市场焦虑就会激增，仿佛美国从中获得利益一样。

　　虽然国际贸易中普遍使用美元，但美国并没有因此获得佣金收益。其他国家不是因为美元很重要才使用美元进行贸易，而只是因为美元是世界上最容易兑换的货币。很多货币不能直接兑换成其他国家的货币。

　　如果美元在国际贸易和金融中被使用的次数变少，只能说明有更多种类的货币可以自由兑换。这可能意味着随着时间的推移会有更多贸易，这对每个人都有好处！

　　至于货币储备，这是一个真正敏感的问题。但只要仔细观察，你就会发现也没什么要紧的。媒体炒作说，如果美元在国际外汇储备中失去市场份额，美国国债的买家就会减少，会导致债券利率飙升，将带来美国经济末日。但这不是真的，我们有证据。

首先，让我们进行简单的逻辑测试。这种担忧是基于这样一种假设：储备货币需求是使美国借贷成本保持在较低水平的原因。那么，请问美国的借贷成本与非储备货币国家相比如何呢？

答案是处于中等水平！图 4.4 显示了美国和其他 6 个主要发达国家自 2009 年以来的 10 年期国债基准利率走势，2009 年是人们开始担心美元失去储备货币地位的年份。美国的利率与英国大致相当，澳大利亚的利率较高，德国、法国、日本和加拿大的利率都较低。作为世界上最受欢迎的储备货币，美国的借贷成本并不比其他国家低。

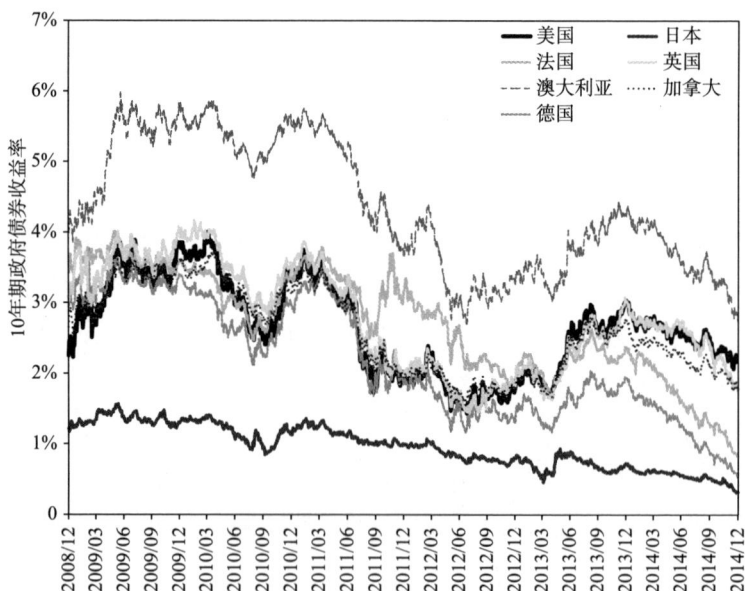

图 4.4　10 年期国债收益率

资料来源：慧甚，2015 年 1 月 5 日。10 年期国债收益率，2008 年 12 月 31 日—2014 年 12 月 31 日。

其次，我们可以看一下实际的外汇储备量。国际货币基金组织会定期公布这些数据，你可以从其网站下载完整的数据集，并查看每年各种货币的储备量。查看之后，你会发现如下两点。

- 美元的市场份额从 1999 年的 71% 下降到 2012 年的 61%。
- 作为货币储备的美元总量从 1999 年的 9800 亿美元增加到 2012 年 3.7 万亿美元以上。

储备的蛋糕变得更大了！各国进行了多样化处理，他们仍然大量购买美元，但也购买欧元、日元、英镑和一些其他国家的货币。

对美国来说，失去市场份额没什么大不了的。美国国债的需求仍然很高，利率也保持在较低水平。世界一直在变化，但是也有一些事是不变的。

只要美国拥有全球最大、流动性最强的资本市场，美元就会在全球货币储备中发挥重要作用。欧元正在崛起，但正如我们在欧债危机中所了解到的，欧元存在稳定性的问题。英国政府债券很不错，但数量不多。

与直觉相反，美国的债务负担正是源于美元是全球储备货币。许多人认为削减债务是稳固美国储备货币地位的唯一途径，但这只会减少美元供应，迫使各国寻找其他的货币作为储备。这种解决方案将加剧问题。这听起来很奇怪，但事实就是如此。那些债务负担很小的小国家的货币不可能成为储备货币，因为它们无足轻重、流动性也很低。这是一个被忽视的、反常而又让人深思的问题，你应该学会辨别。

是否可能发生某种事件，导致外国政府突然大量抛售美元储备？当然，一切皆有可能！只是这种可能性并不大。这需要发生一些灾难性的、迄今为止从未发生过的事件。2011 年美国政府发生过激烈的债务上限讨论，导致标准普尔公司下调美国的信用评级，但最终结果却是美国国债需求上升了，而不是下降了。2013 年底，出现了预算争论、政府停摆和美国财政部的违约威胁，但这些都没有影响美国国债的需求。2000 年和 2008 年的大熊市和经济衰退呢？其他国家也毫不动摇。关于债务问题呢？日本的债务占其 GDP 的比例远超美国，但日元的国际持有量仍在上升。

除非有一颗小行星撞击地球，否则这可能仍然只是一个非常缓慢的衰退。既不是灾难，也不是意外。我们见证这种情况已经有 15 年了，并且在未来 30 个月内也肯定不是一个问题。

市场在意什么

如果你从前面的两章里只学一件事，那就应该是当你阅读新闻、观看 CNBC 或在最喜欢的酒吧里听闲谈时，他们大谈特谈某个重大而糟糕的事情时，你一定要记住市场是相对有效的。

作为一个逆向投资者，相对有效的市场是你最好的朋友。了解它，热爱它，记住它，将会成为你对抗媒体噪声的武器。

因为你知道市场运作的速度有多快，那些被宣称为即时厄运的短期事件和现象已经被反映在价格里了。你已经见识过市场对令人惊讶的盈利报告和经济数据发布的反应有多快，几乎微秒级别；也已经看到市场对于不出人意料的消息是多么无动于衷，因为它们早已预料到了。

你也知道市场只关注大约 30 个月内的事情，你知道那些所有令人讨厌、嘈杂的学术观点和社会学争论对当前市场来说都不重要。也许 20 年、30 年、40 年甚至更久以后，它们真的很重要；又或者发生了不可想象的变化，让所有预测都变得无效；再或者与社会和天气相关的问题，永远不会成为真正的经济问题……你今天无法确切地知道其中的任何一点，市场也无法知道。

所以，你可以松一口气了！如果你能将其归类在未来的 30 个月后发生的事，你就不需要担心。

大众总是害怕近在眼前和遥远未来的事。头条新闻总是需要一些话题作为谈资吸引眼球！就由它们去吧，如果它们都很悲观，你就知道自己无须担心。为什么？因为恐慌不会是房间里的"大象"，每个人都看得到，市场也看得到，没有什么是意外的。

所以，当人们凝视着客厅静止不动时，就是时候去寻找房间里的"大象"了。你需要什么方式来寻找？翻到第五章寻找答案吧！

第五章　寻找"大象"

做好准备，我们要去追寻"大象"了！

"大象"只是我的比喻，不是寻找真的大象，毕竟这是一本关于投资的书。

正如我们在第三章和第四章中提到的，所有已知的信息和被广泛讨论的观点都会非常迅速地反映到市场的价格中。当每个人都盯着同一件事，反复地讨论同样的观点和期望时，就不可能出现意外惊喜。但是，如果人们总是盯着一件事，自然就会忽略其他重要的事。这个被忽略的其他重要的事就被称为"房间里的大象"。找到"大象"，你就能在投资中占据优势。

"房间里的大象"有令人惊讶的力量。它是一直存在的重大事情，每个人都知道它，但人们却忘记了它是多么有效。如果你问别人有关这头大象的事，他们可能会礼貌地点头表示知道。但他们认为这太熟悉、太老套了，没有什么新颖的，并不会理睬，就像我们在第二章中看到的专业预测一样。又或者他们不想搭理你的问题，因为他们正忙于寻找街边的"吸血鬼"，那些并不存在的威胁。又或者他们认为你说得太无聊了，新闻头条说的内容才更刺激。

那么，"大象"是什么呢？

简单地说，它们就像是1993年的沃尔特·马修和杰克·莱蒙（两位喜剧明星），他们曾经因为《热情似火》（*Some Like It Hot*）和《天生冤家》（*The Odd Couple*）这两部影片风靡一时。

如果你问朋友们对杰克和沃尔特的看法，他们可能会说："那些老家伙？他们在《热情似火》和《天生冤家》中表现不错，影片很搞笑，但我好久没见过他们了。他们还在演戏吗？"如果你告诉你的朋友们，杰克和沃尔特即将主演当年最重磅的喜剧电影之一，并由安·玛格丽特（当红明星）担任女主角，他们肯定以为你在瞎说。那些老家伙能成为重磅浪漫喜剧的主角？别闹了！这是不可能的事！

但确实发生了，《斗气老顽童》（Grumpy Old Men）这部电影成了当年的意外之喜。它的票房超过了当时的动作巨星史泰龙和施瓦辛格的动作片，达到了 7000 多万美元（那时是很高的票房）。它取得了巨大的成功，甚至后来拍摄的续集也同样大获成功！没有人预见到这一点。但押注在这部电影上的制片人则赚得盆满钵满。

想要脱颖而出，你必须时刻寻找杰克和沃尔特这样的机会。那些每个人心中都知道，却忘记、忽略或认为无足轻重的事物。那些隐藏在明处的事物。

你可以把这一章视为在房间里寻找"大象"的指南，我们将讨论以下内容。

- "大象"如何获得力量。
- 有哪些具有重磅影响力的"大象"。
- "大象"如何隐藏在明处。

"大象"的力量从何而来

一头普通大象的寿命约为 60 年，而且记忆力非常惊人。人类的寿命虽然更长，但记忆力远不及大象。

我们对金融事件的记忆尤其糟糕。我们只记得一些非常重大的事情，比如大萧条、尼克松石油危机、互联网泡沫和 2008 年的全球金融危机。但其他经济事件，衰退甚至恐慌都已经被遗忘了。学历史的学生可能会记得一些其他重要的事件，比如 1873 年和 1907 年的恐慌，但大多数人在离开校园后就忘记了这些。

很少有人意识到了解经济史的重要性。

你是否曾经在网上查过"某年发生了什么"之类的问题？但查出来的结果都是些流行信息，比如名人故事、丑闻、政治家言论等，基本没有关于股票市场的。

你可以试试，搜索"1990 年回顾"或"1990 年发生了什么"，你会发现一些体育冠军、美国小姐、十大电影和电视节目，以及"我摔倒了，起不来了"广告的片段等信息，也会看到查克·贝里被指控是偷窥狂，超模埃尔·麦克弗森是当年的年度辣妹。个别网站会提供一些基础的经济数据，比如平均房价、通胀率、汽油价格和 IBM 个人电脑的价格，但这些都是为了体现生活成本。也有些网站会提供美国全年的 GDP 和政府债务数据。只有一个网站（The People's History）提到美国经历了"重大衰退"，除此之外没有任何网站提到，甚至全年的股票回报率信息都没有。

市场波动数据总是被遗忘，历史上的调整、熊市及其原因、行业情况，全部都"消失"了。

再来看一个例子。

如果你出生在 1981 年之前，你肯定记得里根总统遇刺事件，你知道开枪的是约翰·欣克利二世，他迷恋女演员乔迪·福斯特。你可能还记得 MTV 的诞生，娜塔莉·伍德的去世，查尔斯王子和戴安娜结婚的事情。即使你不记得 Bette Davis Eyes 是当时的冠军单曲，你可能也会哼上几句。但你记得资本利得税上调吗？你记得股票市场表现怎样吗？你还记得哪个行业表现最好吗？当然不记得了。我们的大脑没有这样工作。

每个人经历过恐惧或喜爱的事物之后，很快就会忘记了，那些事物就是"房间里的大象"。从理论上讲，它们应该被定价，因为它们曾经广为人知。但它们却因为遗忘和忽视，没有被反映在价格中，这些被遗忘的知识是可靠的真理，而人类糟糕的经济记忆赋予了"大象"力量。

毛利率这头"大象"

毛利率（GPM）是一头有重磅影响力的大象。它是指企业营业收入减去销售成本后的数额，占营业收入的比例。这是快速、简便看出一家公司核心盈利能力的方法。

如今很少有人关注毛利率，税后收益反而成了焦点。这些都是公司每个季度报告的主要盈利数据。在公司的报告中，绝对收益总额和每股收益往往会被人追捧，数字越大越好，增长越多越好。

收益总额是一个不错的统计数据，当你购买股票时，你买的就是收益。但收益并不能最准确地反映公司的盈利能力和未来的投资价值。收益受到会计统计和其他因素的影响，比如折旧、摊销、股票回购、一次性法律支出和监管等因素，这些因素对于了解一家公司核心业务的健康状况帮助不大。收益也无法告诉你一家公司有多大的盈利发展空间，能做多少投资、承担多少成本或能抵御多长时间的风险。

而毛利率可以告诉你这些信息。过去，这个指标非常流行。在我年轻时，获得一家公司的详尽数据很难，能拿到的只有公司出的报告，里面有销售额和成本。每个人都可以计算毛利率，只需要简单的乘除，不需要会计技巧。如今，投资者面临的是信息过载的问题，你拥有的数据越多，就越容易陷入数据琐碎的细节里，进而过度思考。人们忘记了过去简单而美妙的方法。

所以，过去的方法——毛利率又具有了力量。如果一家公司的毛利率很低，那么它在牛市初期可能表现得很好。但在熊市中，毛利率低的公司会迅速下跌，投资者会担心它们没有足够的安全垫保证企业渡过难关。但这种担心通常会被过度反映在股价中，所以当市场好转时，投资毛利率低的公司会获得更大的回报。

而在牛市后半段，投资者会变得更加挑剔，希望找到收益更稳定和更具潜力的公司，以应对可能即将到来的衰退。这时候，具有高毛利率的企业就会脱颖而出（表5.1）。一家公司的毛利率越高，它就有越多的资源来确保未来发展。比如投入更多资金进行研发，构建下一个竞争优势，比如加大市场推广力度、扩大生产规模、升级设备等，所有这些都会让未来的收益更可靠。随着牛市持续走高，以前对股市过于恐惧的新买家也开始涉足股市，市场喜欢这种情况（注意，我们在2002年至2007年的牛市中并没有看到毛利率的优势，因为美国新发布的《157号财务会计准则》对其造成了打击）。

表 5.1　毛利率与投资回报

牛市起步时间	牛市上半期年化总回报		牛市下半期年化总回报	
	低 GPM	高 GPM	低 GPM	高 GPM
1982 年 12 月 8 日	32.2%	32.9%	24.7%	36.3%
1987 年 4 月 12 日	35.5%	26.6%	11.3%	22.8%
1990 年 11 月 10 日	18.8%	21.2%	13.8%	26.1%
2002 年 9 月 10 日	32.2%	29.7%	16.6%	15.9%
总计	30.2%	27.6%	16.6%	25.3%

资料来源：慧甚、彭博和Compustat，2015年1月6日。标普500指数日回报率与毛利率，1978年12月31日—2007年12月31日。金融机构没有包括在内，因为传统的毛利率分析不适用于金融公司的商业模式。"低GPM"是指毛利率排名在最后25%的公司；"高GPM"是指毛利率排名在前25%的公司。

当大家在谈论投资收益时，大多数人只会夸夸其谈地说一些公司是"跑赢了"，还是"跑输了"（超过或落后收益预期），仿佛上个季度发生的事情决定了一切。这时没有人通过毛利率来预测未来的走向，所以毛利率就成了你的秘密武器。

对于金融股，很少有人通过研究净利差来了解其核心业务的盈利情况，银行的净利差就相当于它们的毛利率。大多数人研究罚款金额、法律费用、交易和投资业务收入与银行零售业务收入的对比、贷款核销、资产减值等，却忽视了那个简单而真实的数据。这就是他们忽略的"大象"。

当好消息被伪装成坏消息时

当媒体把好事当成坏事时，也是"大象"发挥威力的时候。

在 2014 年，股票回购成了这类"大象"。毋庸置疑，公司回购股票是好事，这几乎是真理。当公司回购自己的股票时，它们减少了股票的市场供应量。高中的经济学课程就教了，供应下降，价格会上涨。对于公司来说，回购也是明智的财务管理手段，他们用低成本贷款购买自己的股票，通过公司盈利率和贷款利率差价赚取另一份收益。对于投资者而言，这也是福音。

但是现在，大众却开始贬低回购。有人认为回购是一种会计伎俩，用来掩盖微薄的营收和利润。还有人认为回购会从本应该用于投资和人才招聘的资金池里吸走资金，对其他人都没有好处。这是将社会问题置于市场问题之上了。但不管怎么说，在其他条件相同的情况下，供应量减少肯定是好事。

也许当你阅读这篇文章时，回购又会重新受到青睐，而其他好事将被迫伪装成坏事。你怎么验证它是真正的坏事，还是"大象"

呢？用研究的态度，一起来验证下吧。

我们先分析回购的影响。首先，我们可以质疑盈余造假理论。回购的确可以提高每股的营收和盈利，因为它们在分子不变的情况下降低了分母。当股份数量下降时，总销售额和总净利润（收益）不会发生变化，这样也就提高了每股收益，增加了每个股东的利润份额。利润份额是人们购买股票的首要原因！

接下来，将剖析确凿的证据。反对回购的人引用了《哈佛商业评论》（Harvard Business Review）里对 2003—2012 年美国大公司支出情况的研究。研究结果显示，标普 500 指数中有 449 家公司在此期间将净收入的 54% 用于回购，37% 用于支付股息。通过简单计算，一些专家得出结论，认为公司只将 9% 的收益用于投资支出（CAPEX）和薪资，因此谴责回购！

说到这里，你可能会问：企业是否借贷？正如我在上面提到的，许多股票回购的资金来自负债和贷款，这是一种简单套利行为。科技巨头苹果公司在 2013 年和 2014 年发行了近 300 亿美元的债券，用于回购和分红。通过回购节省的资金远远超过了借贷的利息。通过回购增加的回报率超过了全部的摊销成本，是即时回报。公司发行债券用于投资设备、产品研发等，也是明智的财务管理手段。只需利用他们强大的资产作为债券的担保，就能使公司有充裕的现金储备以备不时之需，而且不会影响业务增长。

企业发行债券，也是 2009 年企业扩张期间企业现金余额和投资会同步增长的一个重要原因。很少有媒体指出这一点，但在 2014 年第四季度，美国的商业投资连续增长了 15 个季度并达到历史最高水平。不相信的话，你可以自己在美国经济分析局的网站上查到这些信息。你还会发现，自 2010 年以来，美国企业的研发支出一直在创新高。

虽然与媒体的观点不同，但这些都是事实。

关于经济增长的假设不能被证明，也不能被证伪，因为不存在对照实验。正如弗里德里希·哈耶克（Friedrich Hayek）难为情地接受 1974 年诺贝尔经济学奖时说的，经济学的测量和理论并不科学。用他的话说，就是"伪装的知识"。

科学主义是一种有数学支持的宗教信仰，实际上却是过度自信和有偏见的表现。哈耶克反对设立诺贝尔经济学奖，是因为他认为这会固化这种倾向。对投资者来说，从哈耶克演讲中得到的教训是优秀的逆向投资者永远不会只关注数字，而忽视基本逻辑。

例如，对回购持怀疑态度的人指出，在这个回购量很大的周期中，商业投资增长率是近几个周期以来最低的。但是，如果回购减少，我们也无法知道投资增长速度是会更快，还是更慢。我们只能猜测。这就是经济学被认为是一门无法解释的科学的原因之一。就像经济学认可机会成本理论，但没有办法去衡量它一样。

不过，我们可以看看前后的对比情况，回购后的商业投资增长与回购之前相比如何。2014 年 9 月，我在英国的《互动投资者》（*Interactive Investor*）杂志上进行了说明：

"没有证据表明回购会削弱投资支出。如果真是这样，在 1982 年美国证券交易委员会（SEC）放宽回购的限制后，商业投资就会明显变弱。但是，通胀调整后的投资增长率在回购前后没有明显差异。也有人提到 CEO 的薪酬问题，认为以公司股票支付奖金会激励高管通过回购提高股价，这是不正确的。CEO 必须增加盈利和收入，只回购不投资就无法发展业务，CEO 最终还是会被解雇。"

在近代历史上，这类"大象"比比皆是。美国的政治僵局也是一个重要例子，我们将在第六章中讨论。另一个例子你可能想不到会有人讨厌它，就是陡峭的收益率曲线。

收益率曲线的魔力

收益率曲线是指利率随到期日变化的趋势，作为领先经济指标之一，在1913年就出现在学术文献中，有着悠久而光荣的战绩。

在韦斯利·C·米切尔（Wesley C. Mitchell）的重要著作《商业周期》（*Business Cycles*）中，他提供了"现代世界商业繁荣、危机、萧条和复苏等复杂过程的分析"。米切尔利用1890—1911年的大量经济、商业和金融数据，寻找相关关系，判断当时的理论是否正确，并发展出一套关于经济繁荣和萧条原因的理论。这项研究让他为美国经济研究局（NBER）推出LEI奠定了基础。正如我们在第三章中提到的那样，这是一部经典的学术著作，既有很强的学术性，又通俗易懂。我们将在第八章更详细地介绍这一点。

在《商业周期》中，米切尔花了大量时间研究几十年中短期和长期利率的波动，并将它们与整体商业状况进行了对比分析。在一个名为"在1890—1911年的商业繁荣、危机和萧条中，债券投资和短期贷款的利率"的表格中，他将这由"繁荣"到"严重萧条"的21年分成了25个阶段，并列出了不同阶段的平均利率。在这25个阶段中，有两个被标为"危机即将来临"的时期，另外有两个被标为"小危机"时期，每个小危机都发生在"萧条"之前。在这4个时期中，短期利率比长期利率都高出1～5个百分点。这张图在本书后文也有展示。

一个多世纪以来，我们都知道当短期利率超过长期利率时，不好的事情就会发生。鲁本·凯塞尔（Reuben Kessel）在 1965 年指出："在扩张期间，国债和 9 ~ 12 个月期的政府债券之间的利差会扩大；反之，则意味着萎缩。"1978 年 12 月，前旧金山联邦储备银行经济学家拉里·巴特勒（Larry Butler）发表了《衰退？——市场观点》（*Recession?—A Market View*）一文，文中认为倒挂的收益率曲线（短期利率高于长期利率）是"经典的衰退信号"。

到 20 世纪 80 年代，收益率曲线变成了广受欢迎的对象。到 1989 年，经济学家詹姆斯·斯托克（James Stock）和马克·沃森（Mark Watson）都建议应该将其纳入 LEI。

收益率曲线是学术理论和现实经验相结合得出的，这就是它起作用的原因。正如我在第一章中提到的，收益率曲线代表银行的利润率，短期利率是银行的融资成本，长期利率是它们的收入，利差则是它们的毛利率（在行业术语中称为净利差）。当收益率曲线陡峭时，长期利率远高于短期利率，贷款业务盈利更高，银行会放出更多贷款，货币数量增加，就会出现经济增长。当收益率曲线较为平坦时，贷款的盈利性较低，银行收紧贷款，只向最安全的客户放贷，回报率低，风险也低，货币发行和流通减缓，经济增长通常也会减缓。当曲线倒挂时，短期利率超过长期利率，贷款无法盈利，导致信贷停滞，经济增长也变得停滞不前。

所以几十年来，几乎所有人都接受了陡峭的收益率曲线是好的、平坦的收益率曲线无功无过、倒挂的收益率曲线是危险的结论。

然而，在 2013 年春末和夏初，当长期利率上升、收益率曲线由平坦变得变陡时，人们却陷入了恐慌。这一年的 5 月 22 日，从本·伯南克首次警告量化宽松政策（QE）将至年底结束的那天，10 年期国债收益率开始上升，收益率曲线变得越来越陡峭。大多数人居然都害怕这种上涨，太奇怪了！他们忘记了收益率曲线变陡是好事，相反，他们将较高的利率视为风险，担心这会削弱贷款的需求并使货币供应下降。他们甚至没有意识到，他们讨厌的东西正是经济增长的巨大驱动力。这使得收益率曲线成了"大象"。

正如我在2013年的《福布斯》专栏中提醒的那样，如果你忽略头条新闻，坚信收益率曲线，你会看到这头"大象"。在2013年5月22日到年底之间，美国10年期国债收益率上升了1个百分点，收益率曲线变陡。同期标普500指数上涨了13.1%。收益率曲线的真理仍然存在，仍然起着作用，但人们忘记了它。

截至2013年10月，美国10年期国债收益率已经上升了0.7个百分点，头条新闻充斥着焦虑和担忧，觉得这会扼杀增长。许多人称之为"紧缩噩梦"，暗指美联储计划"缩减"每月购买债券的量。我之前在《福布斯》和其他地方发表了关于量化宽松政策（QE）的观点，但也无法缓解这种虚假恐惧。所以，我在2013年10月28日的那期文章《与伯南克对赌》（*Betting Against Bernanke*）中继续抨击这种看法。

在人们开始担心"量化宽松政策"撤销之前，我一直对它的存在表示担忧。事实与其想达到的效果完全相反，这是一种反向刺激。随着量化宽松政策即将结束，相对于市场，我更看好银行对经济恢复的推动力。

为什么呢？银行的核心业务很简单：吸收短期存款，借出长期贷款。短期和长期利率之间的利差很好地反映了银行的毛利率（实际上是成本与收入之间的差额）。在其他条件相同的情况下，利差越大，未来的贷款利润就越高。

结束量化宽松政策，从定义上讲会加大这个利差。因为这样会使美联储停止购买长期债券，从而降低未来的长期债券的价格，推高利率。随着利差上升，银行在新贷款上的盈利能力将会提高，会增加银行放贷的积极性以及总体贷款收入。

所有这些都指向一个重要问题——"大象"就在房间里。

供给侧理论去哪了

收益率曲线从超级明星到"大象"的转变，体现了另一种现象：和供应侧思维相比，需求侧思维似乎更具主导性。

在最基本的层面上，增加供给或者增加需求这两种方式，都可以刺激任何商品或服务的销售量。需求侧经济学家，比如约翰·梅纳德·凯恩斯，主张直接刺激需求是最好的方法。供给侧经济学家，比如米尔顿·弗里德曼，认为让企业生产出更令人着迷的新产品，增加人们未意识到的需求供给，将吸引新的需求。我们不要干涉，让市场自己发展，看看市场经济的魔力如何展开。

需求侧思维推动了新政和其他自上而下的刺激措施，有效地将信心寄托在政府而非个人身上。供给侧思维在20世纪后期不断扩大影响力，弗里德曼和所谓的"芝加哥学派"在蒙代尔-拉弗尔假说的引导下蓬勃发展。他们对美联储的影响力一直延续到了20世纪90年代和21世纪初，艾伦·格林斯潘也曾是拥护者，甚至本·伯南克也是其中的支持者。从20世纪80年代早期的英国和美国到20世纪80年代后期的秘鲁（只是举几个例子），供给侧思维催生了经济奇迹。

学术界针对需求和供给哪一方的方法更有效已经争论了很多年，我不打算介入争论。这是学术界的争论，虽然观看辩论可能非常有趣，但投资者选择哪一方都没有太多好处，定势思维只会让人失去理智。没有办法证明哪一方更优越，也永远无法否认另一方。

然而，2008 年金融危机之后，供给侧思维失去了信誉。评论家和政治家把放松管制、自由市场等供给侧的特征作为此次危机的替罪羊。需求派将危机扭曲为市场失效的证据，将银行过度杠杆化的行为归咎于《格拉斯 - 斯蒂格尔法案》的废除，将房地产泡沫归咎于格林斯潘。无休止地讨论使大众对市场失去了信心。人们寄希望于政府，却忘记了政府在危机管理上的失误只会使事情变得更糟。许多人忘记了最近的历史，忘记了供给侧思维的许多胜利。

美联储也发生了同样灾难性的转变，只是方式不同。在 20世纪的大部分时间里，美联储都采用供给侧货币政策，通过调整收益率曲线来影响贷款供应，最终影响货币供应。美联储控制短期利率，让市场自由驱动长期利率。如果美联储想要减少货币供应，以减缓通胀，它会通过提高短期利率来缩小利差，使银行收紧放贷。如果它想要刺激货币供应和经济增长，就会降低短期利率，扩大利差，即加大收益率曲线的陡峭程度，鼓励银行放贷。大多数情况下，这种方法是有效的。然而，美联储并不是每次都能做出正确的决策。正如我在 2006 年的著作《投资最重要的三个问题》(*The Only Three Questions That Count*) 中所写的，美联储长期以来一直有着一系列愚蠢的决策，但这个理论是行得通的。如果美联储想要经济更快增长，它会让银行增加货币的数量，然后等待资本和市场机制发挥作用。

然而，在 2008 年金融危机开始时，伯南克的美联储放弃了供给派货币政策。伯南克忘记了他的老英雄米尔顿，量化宽松政策是刺激需求侧的，这对供给侧来说是一场灾难。它试图通过保持长期利率，使借款变得更便宜和更具吸引力，来刺激贷款需求。理论上看起来不错，但在银行需要盈利的实际情况下却行不通。较低的长期利率会使贷款方不愿意放贷。能让借款人和贷方双方都满意的媒介就是资本的自由市场。伯南克忽视了这一点。

当贷款增长和经济增长都创下现代历史的最低点时，很少有人能将这两点联系起来。许多人看到了增长乏力，但依然认为，如果没有量化宽松政策，那么市场可能更差，会处于亏损状态。几乎没有人注意到美联储已经打击了贷款供应。大多数人关注的是需求侧，坚持学术理论，忽视了现实世界。

要想真实地看待问题，可以试着把供给侧的长期利率压低到极限，那么就很容易看到问题。比如将长期和短期利率都固定在零的水平上，如果你是一名银行家，你肯定不会借出一分钱。你不可能为了没有利润的事而承担风险。你经营的是一家企业，而不是慈善机构，你必须维持经营的良好状态。

真实的供给侧思维还可以帮助你看到，较高的长期利率相对于对需求的打击更能刺激供应。即使利率略微上升，也会带来巨大的利润增长。例如美国2012年底的长短期利差是1.73个百分点，到2013年结束时利差上升到了2.97个百分点。进行一些简单的计算（2.97÷1.73-1），银行的潜在利润增长了71.7%！这是一个巨大的激励。

关于借款人呢？我在2013年11月的《互动投资者》（*Interactive Investor*）杂志专栏文章中给英国读者提供了一个假设的案例。

假设你是一个潜在的借款人，是一家规模适中的上市公司的董事长，而我是向你汇报的首席执行官。我们的市盈率（P/E）是 14 倍，收益率（即 P/E 的倒数）为 7%。我们拥有投资级信用评级，因此能以 5% 的利率长期借款，税后利率为 3%。

想象一下，我要求你批准一项新的长期业务。预期回报与我们的收益率相匹配，为 7%。如果我们的借款成本从 3% 上升到 3.5%，甚至是 4%，那对你来说有影响吗？即使在利率较高的情况下，你的利润率仍然很高。小幅的成本增加对你的借款意愿影响不大。

量化宽松政策期间最大的"大象"是供给侧思维，只需要观察一下现实世界就可以看出来。是学术界而不是银行家们掌控着美联储，需求侧经济学家主导国际货币基金组织和世界银行。许多专家和学者从未站在银行家或企业家的角度来考虑量化宽松政策。他们缺乏真实世界的经验，因此他们无法理解降低利率对银行的伤害远远大于对借款人的促进。

供给侧思维总有一天会回归。世道轮回，所有事物都有相互交替的时候。需求侧思维也有其智慧，比如凯恩斯所说的"流动性陷阱"危机，当需要人为刺激需求以推动货币流动时，主要是由于有效需求不足，而非大众偏爱储蓄。如果企业和消费者不消费，资金就必须从其他地方流入。政府可能在投资上并不明智，但最终资金会流向需要它的地方。

当供给侧思维不受重视时，它就像一头"大象"。如果你能从供给侧的角度来看待货币政策和经济政策，你将会看到大多数关注需求侧的媒体所忽视的东西。

奇袭的"大象"

我们已经记录了一些友善的"大象",但并非所有"大象"都友善,"大象"也可能是风险!一头凶猛的"大象"甚至比一头熊更可怕。

危险的"大象"与友善的"大象"相呼应,友善的"大象"是每个人都知道但忘记了的好事,而危险的"大象"则是每个人都知道但忘记了的风险。回想一下我们在第四章中讨论的那些长期担忧,只要它们被广泛讨论,市场就会对其进行定价。但是,如果人们随着时间推移忘记了这些担忧,它们就会变成实际的风险,也就成了危险的"大象"!这就是市场版本的"狼来了",过了一段时间每个人都不再相信它,当它最终真的来了,也不会有人注意到。市场也是如此。

例如,对美国国家债务的担忧如今无处不在,而且已经持续很长时间了。通过美国财政部的在线追踪和美国国税局总部外的大屏幕,任何人都可以随时看到精确到 1 美分的美国国家债务总额。它是公开、透明的,并被广泛讨论着。正如我们在第四章中说到的,债务在今天不是一个风险,至少在接下来的 30 个月内不是。只要每个人都担心债务问题,只要它仍然是被广泛讨论的话题,它就已经体现在股市的价格里了。但是,如果人们停止讨论,它就可能会变成一个风险!如果人们忘记了对债务的恐惧,那么会出现什么情况?如果全球最大经济体正在发生一场看不见的债务危机,利率飙升并维持在高位,偿债成本消耗了太多税收,我们无法承受却又没有人注意到这一点呢?这样将对全球市场造成可怕的冲击。

简短的悲剧

被遗忘的历史也会孕育出危险的"大象"。在本章开头时，我们看到了市场波动是如何从记忆中消失的，人们不仅仅忘记了旧的恐慌、调整和熊市，他们还忘记了股票对一些负面事件的反应。

这里有一件事你肯定认为很可怕——总统遇刺。对此，我也不想去想，但是为了战胜大众，我们必须去想那些不愿去想的事。

我们以前听说过总统遇刺事件。每个人都知道这是可能发生的，我还记得里根总统遭遇袭击。我这个年纪的人也很容易回忆起 1963 年 11 月 22 日肯尼迪总统遇刺案。但大多数人认为这种事情并不会再次发生。美国很文明，特勤局也很强大，情报工作也很出色，他们数十年来挫败了每一次谣言。

再次发生暗杀的可能性很低，但并不意味着完全不可能发生。无论你的政治偏见有多深，你都不希望发生这种事情。投资者不想，市场也不想。仅安全漏洞本身就足以破坏信心，更何况这场悲剧还会引发巨大的不确定性。我们知道有副总统，但他只是副总统，通常只负责一些有限的行政职责，也许还会出现一两次滑稽的发言。我们还没有考虑过在他的领导下美国将如何改变，潜在的经济政策和国际关系变化也没有被考虑在内。人们对副总统作为领导者的感受和看法也没有被完全考虑进去。当总统当选时，市场会逐渐发现所有这些事情，并在竞选期间将它们纳入定价，甚至在胜选的候选人就任之前就已经被体现在股市价格上了。在当下的 2014 年，没有人将副总统视为潜在总统人选，这尚未被反映在价格里。一次总统遇刺会让市场对这个情况实时做出反应，产生严重的负面影响。

当然，对于这样的情况，历史经验是有限的。美国历史上只有四位总统遭到过暗杀，其中两位遇刺（林肯和加菲尔德）时间太早，我们还查不到当时可靠的股市数据，剩下两位是肯尼迪和麦金利。

当肯尼迪在 1963 年遭枪击时，市场表现出了强大的韧性。暗杀并不是熊市的触发器，只是众多潜在因素之一。标普 500 指数在枪击事件发生的那一天，即 11 月 22 日下跌了 2.7%。但在下一个交易日，即 11 月 26 日，它上涨了 4.5%，牛市仍然在继续。当时的副总统林登·贝恩斯·约翰逊（Lyndon Baines Johnson）已经是一位著名的政治人物了，自 1937 年以来一直担任国家职务，并在 1960 年的初选中，他的代表票数仅次于肯尼迪。作为参议院多数党领袖，约翰逊是通过达成协议赢得支持的，没有人觉得政策会失控。

然而，当 1901 年麦金利被暗杀时，情况就不同了。在 9 月 6 日他被枪击之前，道琼斯指数已经从 8 月 6 日的触底复苏中回升了 12%。这次复苏在 9 月 6 日发生暗杀时被逆转，随着麦金利的健康状况恶化，股市也在下滑。他于 9 月 14 日去世，道琼斯指数继续下跌，最终变成了熊市。股票在鲜为人知的副总统特迪·罗斯福（Teddy Roosevelt）接任的影响下迅速下跌。他与麦金利相比，有截然不同的政策主张、风格和顾问团。但这段市场历史已经基本被遗忘了，使其成为了"大象"。

道琼斯的数据并不完善，考尔斯委员会没有核实 1926 年之前的数据，所以大多数主流市场的历史分析都是从 1926 年开始的。尽管都比较早，但这两起事件确实提供了先例并表明了风险。

课本上的谎言

还有一个大家都知道，但大多数人都认为不可能发生的可怕事件：第三次世界大战。

每个人都知道，一场大规模的全球冲突将会带来无法形容的灾难，毁灭性武器可能夷平整个城市、造成大规模的人员伤亡等。我们都读过反乌托邦小说、看过类似的电影，从《1984》《美丽新世界》到《饥饿游戏》，我们看到了一场世界大战有多可怕。

但那都是虚构的，虚构不等于现实！世界经济一体化，贸易紧密、外交关系良好，社会进步了，我们相信下一次世界大战不太可能发生。我们可以使用经济手段制裁想要制造麻烦的人，而不是枪炮。各国拥有核武器也是为了威慑，而不是实际使用。

世界大战是极不可能发生的事，但同样，不可能并非一定不会。大多数人在 1914 年也认为，世界已经高度文明和一体化，但第一次世界大战还是发生了。道琼斯指数的数据尽管有局限性，但也能说明问题，从 1914 年 6 月 28 日奥地利大公弗朗茨·费迪南德遇刺到当年年底，道琼斯指数下跌了 31.8%；之后股票市场在 1915—1916 年上涨，但道琼斯指数在 1916 年 11 月 21 日达到峰值正是在索姆河战役之后，也是布列塔尼号被德国水雷击沉的当天；此后，道琼斯指数在欧洲大战的影响下跌幅超 40%，并于 1917 年 12 月 19 日触底反弹。"一场结束一切的战争"并没有发生。

这些过去的道琼斯指数数据并不完全可靠，始终要对其保持谨慎的态度。让我们再来看看第二次世界大战，其间的市场数据经过详细验证，是否也呈现出类似的情况。

1938 年中，德国吞并苏台德地区时，标普 500 指数似乎正在从 1937 年开始的熊市中恢复。但是，希特勒占领捷克领土终止了股市的这一势头，他对领土的无限扩张野心显露出来，迫使股票市场对长期、破坏性的全球冲突进行定价。股票市场在几个月内一直震荡不前，在法国沦陷时，市场彻底崩盘了。

当时每个人都认为法国擅长打阵地战，是克里米亚的战壕专家，马其诺防线的标语是"没有什么能比得上法国的战壕"。但当德国用伞兵和坦克偷袭比利时时，这个战壕就失效了。德国军队绕过马其诺防线，在1940年5月10日侵入了法国，让所有人都非常意外。从1940年5月9日到1942年4月28日，标普500指数下跌了38.4%。法国的沦陷是一个没有人预料到的巨大负面消息。

历史证明，世界大战会终结牛市。然而，许多历史教科书却对此进行了扭曲，声称第二次世界大战有利于美国经济发展。数百万美国人从小就相信"枪炮和面包"经济是我们走出大萧条的唯一原因。美国股市从1942年开始进入牛市，比盟军胜利早了整整3年，但人们忘记了市场对希特勒早期侵略行为的反应。尽管我们知道战争在社会层面上是可怕的，但教科书里的描述让美国人变得自满。

第二次世界大战并没有带来美国的经济复苏，最基础的时间线都对不上。美国的GDP从1939年开始增长，而第二次世界大战的支出在两年后才真正开始，是私营企业在1939年和1940年推动了经济增长。表5.2显示了这一时期的GDP增长情况，以及各个类别对增长的贡献。1939—1940年，美国联邦政府支出的贡献远远低于消费者和私人投资者。

表5.2　1938—1943年美国的真实GDP增长及各类别对实际增长的贡献

	年度变化百分比					
	1938	1939	1940	1941	1942	1943
国内生产总值	−3.3%	8.0%	8.8%	17.7%	18.9%	17.0%
个人消费支出	−1.6%	5.6%	5.2%	7.1%	−2.4%	2.8%
私人国内总投资	−31.2%	25.4%	36.2%	22.4%	−44.3%	−37.6%
政府购买支出和总投资	7.6%	8.7%	3.6%	68.1%	132.1%	50.0%

（续表）

	对真实 GDP 增长的贡献					
	1938	1939	1940	1941	1942	1943
个人消费支出	−1.15	4.11	3.72	4.9	−1.5	1.52
私人国内总投资	−4.13	2.39	3.99	3.13	−6.45	−2.63
政府购买支出和总投资	1.09	1.41	0.57	10.31	28.03	19.31
产品和服务净出口	0.88	0.07	0.52	−0.64	−1.19	−1.16
总计（真实 GDP 增长）	−3.3%	8.0%	8.8%	17.7%	18.9%	17.0%

资料来源：US Bureau of Economic Analysis，2014 年 10 月 16 日。

　　仔细观察 1942 年和 1943 年，你会发现一些有趣的现象。随着政府支出提高，私人投资会迅速下跌。市面上有两种观点：一种认为战争让美国保持了生机，即"枪炮和面包"理论；另一种认为大规模的政府支出会排挤私营企业投资，使企业和人民更加艰难。这也是需求侧与供给侧的观点之争。

　　经济学家、历史学家和理论家们已经就这个问题争论了几十年。你怎么想取决于你自己。但通过逆向思维训练，我们不难发现，需求侧的观点没有反向假设，也就是如果没有战争会发生什么？如果生产没有从消费品转向战争品会怎样？如果美国人从未面临配给制度，他们会如何配置资金？美国经济是否会增长得更快？

　　这些想法并非我的虚构，这种哲学思想至少可以追溯到 1850 年法国经济学家弗雷德里克·巴斯夏（Frédéric Bastiat）出版的《看得见与看不见的》(That Which Is Seen and That Which Is Not Seen)一书，书中探讨了政府支出的看不见的后果。书中第一节"破损的窗户"是一则关于一位店主的儿子打碎了一扇窗户的寓言故事。店主很生气，因为修理窗户要花 6 法郎，但邻居们说："好的一面是这样你会让玻璃师傅有活干了。"

邻居们将打碎的窗户视为积极因素。这种推理很容易理解，因为我们看到了玻璃师傅修理窗户并得到报酬，这确实能刺激玻璃的需求。这就是破损窗户的"可见"效应。

但仅仅看到"可见"的部分是不够的，所以巴斯夏探索了"不可见"的部分。花在修补玻璃上的 6 法郎，店主本可以用来买鞋或买书。如果鞋匠或书商能把这 6 个法郎用得更好呢？

"破损的窗户"也是在反驳一位法国政客。他声称烧毁整个巴黎市将会促进法国经济，因为重建将创造需求和就业机会，这个观点也可以用于第二次世界大战、大规模的自然灾害等。当你看到这些论点时，请记住巴斯夏的结论："社会失去了那些无须被破坏的东西的价值，破坏、糟蹋并不能鼓励国家产生更多的价值。或者更简洁地说，破坏不会产生利润。"无论是物质还是个人机会被破坏，都是如此。不过，为了建设更好的房屋、桥梁等产生的拆除工作另说，更新迭代是能创造更大财富的。

"破损的窗户"也是一头"大象"。这是一个历史悠久而广为人知的观点。如今这种"破窗谬论"已经成为课本上需要学习的内容，但很少有人在灾难发生或政府启动项目时考虑到这一点。大多数人关注的是可见的部分，很少有人能洞察不可见的部分。能洞察不可见的部分，你就拥有了逆向投资的力量。我们将在第六章中更加详细地讨论这个问题。

不可能是"大象"的事

即使某事听起来合理，但如果每个人都在谈论它，那它就不可能是"大象"。记住，我们要找的是那种大家都遗忘了或因为太过熟悉而不在意的事情，而不是那些每个人都在讨论的事。

如果华尔街很关注某件事情，不管逻辑是否正确，它都不可能是一头"大象"。21世纪的流行词——"颠覆性技术"就是这样的例子。这个词是指能够改变或颠覆整个行业、取代旧技术的创新技术，如互联网、个人电脑、手机、智能手机、机器人技术和3D打印。当一家公司推出一项新技术时，专家们会蜂拥而至，告诉投资者要在大事件发生之前抓住机会。

3D打印就是这样的例子。3D打印是一种可以读取CAD三维设计，用树脂或金属"打印"出极薄的横截面，从底部到顶部进行逐层堆叠，并将它们融合在一起形成物体的打印技术。专家们力挺制造这些打印机的公司，认为投资这种企业是最好的选择。你在机器人和无人机上也可以看到类似的情况。

这些并不是"大象"。虽然这项技术可能非常出色，具有改变行业的能力，其创造者和制造商也可能会获得巨额利润，但孤注一掷地投资这些企业并不能创造盈利奇迹。因为这些技术太出名、太受追捧了，与之相对的就是股票价格太高了。

在科技领域，真正的"大象"往往不是技术型公司，而是运用新技术、创造受用户喜爱的产品的公司。比如，玩具制造商和电路设计师合作，设计出孩子们喜欢的玩具；在库比蒂诺的咖啡师无意中听到两位希捷员工讨论他们最新、最小的硬盘产品，然后构思出一台能够思考并给出建议的咖啡机；忧心忡忡的妈妈将微型无人机应用在孩子上学途中，以确保孩子的安全，并将其商业化……

这些人才是真正的颠覆者，他们利用新技术带来行业创新。就像奈飞公司（Netflix）并没有发明DVD或流媒体，它只是想出了如何利用它们打败百视达。就像优步（Uber）和来福车（Lyft）并没有发明智能手机或应用程序，它们只是利用这些现有的技术彻底改变了出租车行业。史蒂夫·乔布斯并没有发明手机，他和苹果公司的工程师们只是将微处理器、触摸屏、钢化玻璃、闪存、摄像头和强大的软件组合，制造出了更好用的手机。在 3D 打印领域，善于创新的是利用 3D 打印来降低生产成本的制造公司，或者是使用 3D 打印心脏瓣膜的医疗器械公司。跳过那些新闻头条报道的技术，寻找那些有创造力的企业，你就能找到一些"大象"。

"大象"可以出现在任何地方。正如我们将在第八章中讲到的，许多"大象"也会出现在历史悠久的书籍中。不过，我们要先讨论一个棘手话题：政治。准备好了吗？请翻到第六章！

第六章　爱恨交加的政治

没有什么像政治那样让人敏感，大多数人都有强烈的政治观点，某个党派的支持者会热爱自己的党派、仇视其他党派。中间派讨厌双方的极端分子，却不关心底层逻辑。极左和极右认为中左翼和中右翼都是优柔寡断的软弱者。每个人都确信自己是正确的。这是一场关乎美国信念的战斗，我们不应该在非正式场合提起。

但是，我们现在已经相互熟悉了，那就一起讨论下这个话题吧。政治充满争议，但它对股票市场很重要。恶劣的法律和法规会导致或加剧熊市。看似微小的规则变化可以扰乱整个行业和资本市场。关于意识形态和党派言论的普遍误解，给了逆向投资者跑赢市场的机会。

你可能不会喜欢这个话题。但不管你偏向哪一方，你都本能地会讨厌本章至少50%的内容，这是人类的本性。对抗这种本能是成长的第一步。无论你是自由派还是保守派，你都不孤单，你的意识形态肯定已经被反映在股市价格里了。这对大多数人来说很难接受。

为了帮助你保持理智，我们将避开纯粹的社会政治因素。我不涉及社会学，那是其他人的领域。正如我在第四章中提到的，对这些问题进行思考并发表意见是可以的，毕竟政治法规影响着我们的日常生活，但日常生活与投资领域无关。市场关注的是一个狭窄的范围，市场并不关心你的邻居鲍勃与谁结婚，也不关心他们是否会在庆典上使用香槟庆祝。市场关心的是法规对资金和资源的流向、利润、贸易、商业的便利程度和对成本的影响，以及这些是否已经体现在股票价格中了，而且只需要关注接下来的 30 个月左右的影响。如果你知道该找出哪些变量，就能训练自己更加客观地看待问题。

你可能已经持怀疑态度了，没关系！如果你想跳到第七章，也没关系。但我希望你不要这样做，因为本章包含了一些逆向投资者重要的思考技巧和待解决的问题。

- 如何消除偏见，这是投资中致命的陷阱之一。
- 政治中最大的问题是什么。
- 新法律什么时候重要，什么时候不重要。
- 为什么国会并不总是股市最大的政治敌人。

摒弃偏见

总统、首相、州长、参议员、国会议员、议会成员、独裁者有一个共同点：他们都是政客，擅长自我营销。高级政客在选举前会组织焦点小组测试竞选纲领，独裁者则靠制造个人崇拜来生存。不论是否在民主国家，政治生活都是一场大型的广告宣传活动。

当然，也有例外情况，也有一些怀揣着理想和价值而进入华盛顿的人。生活可以模仿弗兰克·卡普拉的电影。但大多数高级政客都是狂想症患者，他们身上可以看到很多精神病理特征。

这不是我编造的，几项心理学研究都表明了这一点，其中包括《人格与社会心理学期刑》（*Journal of Personality and Social Psychology*）在 2012 年发表的一篇文章。《洋葱报》（*The Onion*）也挪揄道："全国瞩目，看哪个反社会者这次更讨人喜欢。"这讽刺了2012 年总统辩论的报道，我认为，并非全是讽刺。

我并不是说所有政客都不是好人。如果你喜欢哪位政客，那就随你的喜好，拥有自己的观点是可以的。但再次强调下，社会和政治问题很重要，思考这些问题也很有趣，教育、外交政策、公民自由等都很重要，在这些领域拥有自己的观点很好。但市场并不关心你的观点。所以，当你考虑市场时，最好抛开你的政治观点，政治偏见会使你失去判断力。

在我的经验中，消除偏见最简单的方法是将"他/她只是一个政客"作为你的口头禅。如果你发现自己根据演讲、辩论和竞选广告，相信总统候选人约翰或简·乔德黑德会对股票市场产生积极或消极的影响时，请提醒自己："他只是一个政客。"他们只是在营销自己。他们的目标是激发你的情绪。在投资时，你需要抛开你的情绪。

你越是记住他们都是政客，就越容易客观评估政治对股票的影响。政治对股市有影响，但并不是以"某党对股票有利，某党对股票有害"的方式体现。股票更关心的是实际的法律、规则及政策的看得见和看不见的后果。抛开你的个人观点，反而更容易看清现实。

抛开个人观点

基于观点进行投资是愚蠢的，但很多人都这样做。很多评论家也会鼓动我们这样做。他们把自己的想法当作事实，把刻意挑选出来的片段作为事实。对他们来说没问题，他们是评论家，而不是分析师！他们的工作就是发表观点，吸引注意。但大多数人并没有为你提供有用的事实，逆向投资者要对此保持冷静。

政治观点无处不在，在电视、报纸、互联网、办公室、邻居的餐桌上都被广泛讨论，因此已经预先反映在股票价格里了。这些观点经常相互冲突。一家报纸可能把一位有大规模政府支出计划的候选人称为高福利国家的噩梦。另一家则可能称他为促进增长的梦想家，他将把贫困人口转变为有就业能力的人力资源，并为失业的年轻人带来就业机会。一个有线电视评论员可能称减税的供给侧改革者是市场上闪耀的骑士，另一个则可能称他为痴迷于紧缩政策的灾难制造者。

新法律也是如此。以《平价医疗法案》（ACA）或者你更喜欢的名称"奥巴马医改"为例。在谷歌上搜索"奥巴马医改专栏文章"，会返回超过100万条结果，其中有人叫好，也有人反对，会有上百种不同的理由，但它们都只是观点。

观点并非事实。事实是确凿的、不可辩驳的。观点是模糊的、可变化的，并且因人而异。一些人讨厌某个政客、政党或法律，但一定会有其他人喜欢他们。有人认为提高税收会抑制消费，就一定有人认为这是减少赤字的好方法，可以有更多的资金解决消费者的问题。

市场反映了所有这些情绪。媒体的各种政治噪声，再加上我们拥有超过1.46亿注册美国选民，使得"众人"的观点已经被反映在价格里。无论你对总统、候选人、控制国会的政党或新法律有多少看法，都不新颖。除非你的观点几乎没有人认同，否则你很可能是政治社会学中的"众人"，而不是唯一的个体。你只是群体中的一分子，已经被体现在价格里了。

但股票与政治无关，它们不关心哪个政党掌权。熊市和牛市在两个政党掌权时都可能开始或结束，如表6.1所示。对于市场来说，政党没有本质的好坏之分。

表 6.1　标普 500 指数熊市起止时间和总统竞选

开始时间	总统	结束时间	总统
1929/9/6	胡佛（共和党）	1932/6/1	胡佛（共和党）
1937/3/10	罗斯福（民主党）	1942/4/28	罗斯福（民主党）
1946/5/30	杜鲁门（民主党）	1949/6/13	杜鲁门（民主党）
1956/8/2	艾森豪威尔（共和党）	1957/10/22	艾森豪威尔（共和党）
1961/12/12	肯尼迪（民主党）	1962/6/26	肯尼迪（民主党）
1966/2/9	约翰逊（民主党）	1966/10/7	约翰逊（民主党）
1968/11/29	约翰逊（民主党）	1970/5/26	尼克松（共和党）
1973/1/11	尼克松（共和党）	1974/10/3	福特（共和党）
1980/11/28	卡特（民主党）	1982/8/12	里根（共和党）
1987/8/25	里根（共和党）	1987/12/4	里根（共和党）
1990/7/16	布什（共和党）	1990/10/11	布什（共和党）
2000/3/24	克林顿（民主党）	2002/10/9	小布什（共和党）
2007/10/9	小布什（共和党）	2009/3/9	奥巴马（民主党）

资料来源：慧甚，2014 年 12 月 2 日。1929—2014 年标普 500 指数熊市记录。

观点会影响情绪，尤其是在竞选期间。投资者会根据有可能获胜的候选人的观点进行投资决策，这会反映在股价上。但如果你在选举结束后的第二天，再根据已获胜者的观点进行买卖时，就已经晚了。

我在 2010 年出版的书 *Debunkery* 中讲过这个问题。我提到，人们相信竞选时的营销宣传，大约三分之二的美国投资者倾向于共和党，并认为共和党有利于经济发展。人们相信了民主党的社会公平和大政府，并将民主党视为反市场的财富再分配者。但这两种观点都是错的，人们忘记了他们只是政客！这些观点通常会反映在选举年的回报率上。当总统之位从共和党转向民主党时，股市往往会产生低于平均水平的回报；如果国会也变成了由民主党控制，股市还会进一步下跌。但当总统之位转向共和党时，股市会上涨；如果国会控制权也跟随着转变，股市还会进一步上涨。

但是，当新总统上任后，股市就会发生逆转！历史上，民主党上任的年份股市通常大幅上涨。如果国会也转向民主党，涨幅更大。但在共和党上任的第一年，股市通常会下跌。表 6.2 给出了这些数据。

表 6.2　政党轮替和标普 500 指数的表现

	选举年	就职年
执政党从共和党变成民主党	-2.8%	21.8%
执政党从民主党变成共和党	13.2%	-6.6%
执政党和国会从民主党变成共和党	-8.9%	52.9%
执政党和国会从共和党变成民主党	25.5%	3.0%

资料来源：全球金融数据公司，标普 500 指数总回报，1925 年 12 月 31 日至 2009 年 12 月 31 日。

为什么会这样呢？因为他们都只是政客而已。在投资领域，人们对希望和恐惧的定价往往是感性和极端的。民主党并不像人们担心的那样反市场，共和党也不像人们希望的那样亲市场。这些人通过一场受欢迎的竞选获得了他们的职位，上任的主要目标是在连任竞选中继续受欢迎。而严格遵守竞选承诺反而会使近一半的人疏远自己。人们喜欢或讨厌的承诺通常会被淡化或搁置，所有强烈的观点对未来都并不重要。

观点是对政客所做或可能做的事情的感受。短期内，股市可能会受到这种情绪的影响而波动，但你不能根据它来决定投资决策，因为除此之外还有太多其他变量。当站在政治角度进行思考时，你的关注点应该放在未来可能会发生的事上。哪些条款会成为法律？对商业、贸易、银行业和市场最有可能产生影响是什么？

政治"僵局"

深入地分析政治是一项艰巨的工作，需要想象力和独立思考的勇气，才能辨别出看不见的后果，避免"破窗谬论"。首先我们从最简单的层面开始。

像美国这样高度竞争的发达国家，市场不喜欢活跃的立法机构。股市了解现状、规则，并知道如何应对。每一次变革都需要适应，同时也会产生赢家和输家，而市场讨厌这种情况。如果国会什么都不做，就不会把任何事情搞砸，这对市场来说是一种解脱。

国会通过的法律越多，重划产权、修改监管规定、重新分配财富、资源和机会的概率就越大，所有这些改变对股市都是负面的。前景理论（Prospect theory）认为，损失带来的痛苦感比同等收益带来的喜悦感更强烈，这是行为金融学的重要理论（我们将在第九章详细说明），也同样适用于立法方面。如果一项新法律将资源从 A 组转移到 B 组，A 组对它的讨厌程度会超过 B 组对它的喜爱。这样的负面情绪会给股市带来压力。国会越活跃，风险就越大。政治风险会转移到对市场的风险上。

因此，要了解政治将如何影响股票市场，首先要了解政客们通过一项激进的法律的可能性有多大。

这很简单，也很基础，只是很少有人关注到这一点，因为感性又占据了上风。我们有大量证据表明市场喜欢政治僵局。正如我在2006 年的《投资最重要的三个问题》一书中提到的，总统任期的第三年和第四年股市平均回报率最高，因为这段时期最稳定。总统们知道自己通常会在任职中期失去权力，所以会将重大举措安排在第一年和第二年。奥巴马、布什、克林顿都是这样做的。像 1999 年《美国联邦金融现代化法案》（*Gramm Leach Bliley Act*）这种在总统任职后期出台的变革是罕见的。

市场喜欢政治僵局，但群众不喜欢。我们投票选举是为了让国会解决我们想要解决的问题，而不是让他们在争吵中无所作为。国会通过的法律越少，他们的支持率就越低。2013 年，国会通过了 72 项法案，创历史新低。国会在那年 11 月的支持率也创下历史最低点，仅为 9%。讽刺的是，他们的受关注程度只比埃博拉病毒高出 9 个百分点，但标普 500 指数在那年却上涨了 32.4%。选民对华盛顿的不满迷惑了人们，他们没意识到政治僵局同样会避免出台引发股市恐慌的新法律，他们只关注自己支持的党派提案能否通过。独立思考的人希望两党妥协，减少争吵，和平共处。自由主义者讨厌政治僵局，因为他们也希望发生想要的改变。保守派也是如此。只有市场喜欢政治僵局，因为当政治风险降低时，市场风险也会降低。很少有人相信不做任何事是最好的，因为他们太过相信自己的思维定式。

两党妥协听起来很不错，它意味着会推出中立的法律。但历史上也出现了两党妥协失败的案例。比如，1930 年通过的《斯穆特-霍利法案》是毁灭性的关税法案；1920 年的商船法案即《琼斯法案》，至今仍然对美国原油运输造成瓶颈；1978 年的《汉弗莱-霍金斯法案》创立了美联储的双重使命，将美国货币政策把早已被证伪的通胀和失业之间的关联再次联系起来。这些法案都得到了两党的支持，却没产生好的结果。两党合作并不一定是好事，只能说明这条法案比较受欢迎。

尽管僵局的好处非常明显，但很少有投资者了解它的好处，政治僵局就是"房间里的大象"。僵局意味着激进的新法律没有通过，市场在僵局中蓬勃发展。没有坏消息就是好消息。人人都看到了僵局，只是大多数人都没看到僵局对股市有利。

关于通胀和失业之间存在联系的"坚定信念"来自菲利普斯曲线模型。该模型的先驱者菲利普斯（Phillips）在1861—1957年的数据中发现了英国的工资和就业之间存在反向关系。他提出了一个因果关系：高失业率意味着劳动力过剩，使雇主能够用较低的工资雇用工人；低失业率迫使企业提高工资以留住人才。他的曲线模拟了这一点，表明失业率应会造成一定的通胀率。

米尔顿·弗里德曼（Milton Friedman）在1968年的演讲《货币政策的作用》（*The Role of Monetary Policy*）中质疑了这一观点，埃德蒙·S.菲尔普斯（Edmund S. Phelps）也在1967年提出了质疑。简而言之，他们认为菲利普斯的模型忽视了货币供应，而货币供应才是通胀的真正原因。他们认为企业在决定如何根据劳动力供应调整薪酬时，更关注通胀调整后的实际工资。通胀是他们决策的考虑因素，而不是决策产生的结果。

20世纪70年代的事实证实了弗里德曼和菲尔普斯的观点是正确的，高失业率伴随高通胀一起发生。然而，菲利普斯曲线仍在被使用，学术争论不那么容易有结论。

政治僵局观点不适用的地方

我关于政治僵局的观点主要适用于美国、英国、西欧、澳大利亚和加拿大等竞争性的发达国家及西欧。无论你对美国的经济政策是什么看法，自由市场、资本主义和产权保护都是美国经济政策的强大支柱。美国经济政策是否还有改进的空间？当然有！简单扁平的税收政策、稳定的货币价值就是可以改进的方面，但可能在我有生之年都不会实现。当然，这只是我的个人看法，不用在意我说的这些，因为市场不在意。然而，从实际情况来看，国会通过经济相关的法案，对市场不会造成损害的情况非常少见。

在非竞争性国家，比如一些发展中国家，情况就不同了。这些国家大多产权保护很弱，公共部门庞大，监管效率低下，腐败严重，收入不平等。在这种情况下，积极立法、制定有利于经济增长的政策是有益的。开放封闭行业、私有化国有企业、鼓励私人投资、鼓励创业、加强产权保护、放开自由贸易等政策，都对股票市场和经济长期增长有益。

玛格丽特·撒切尔（Margaret Thatcher）领导下的英国就是最好的例子。在20世纪中期的大部分时间里，英国的经济状况虽然不像法国和大部分欧洲国家那样糟糕，但也足够糟糕了。1979年，国家扶持的矿业和制造业在全球已经没有了竞争优势。英国的GDP在20世纪50—70年代都有增长，但增速远落后于美国。撒切尔于1979年成为英国首相，并在接下来的几年里彻底改革了英国的经济结构，包括私有化国有企业、放宽监管政策、使服务业获得发展空间等。1986年的"金融大爆炸"对资本市场进行了现代化改革，使得英国能够与全球最大的金融中心相竞争，并最终成为世界金融枢纽。这位"铁娘子"的改革从根本上改善了英国的经济结构，在1985年之后的十多年，随着私有化和改革逐步加速，英国股市迅速飙升。

然而，仅进行自由市场的改革还不够。如果自由市场的改革被广泛知晓和讨论，那么很可能已经反映到市场价格里了。如今，墨西哥在自由市场方面取得了巨大进展，在电信和能源领域都打破了国家垄断，银行业和现代化劳动力市场被放宽，这对墨西哥的人民和企业来说是好事。但墨西哥作为美国的邻居，吸引了太多人的关注，那里的改革被广泛讨论，其影响很快就反映在股市上了。

我们经常要问问自己：更广泛的市场对改革的反应如何？

约翰·邓普顿爵士（Sir John Templeton）可以说是第一位伟大的全球投资者，他专注于研究大家都忽视的国家，并从中发现机会，比如战后的日本。我们要像邓普顿一样，在没有人关注的领域寻找自由市场的变革。现在每个人都在关注巴西、俄罗斯、印度、中国或韩国等较大的市场。相比之下，很少有人关注的，像秘鲁和智利这样较小的新兴市场可能隐藏着机会。

但最大的机会可能在更远的前沿市场，比如非洲、中东、缅甸、越南等地区。投资者还不习惯在这些地方寻找机会，许多人甚至没有意识到其中一些国家是有活力、可持续的经济体。像卢旺达 1994 年的种族大屠杀这种事件一直印在我们的脑海中，很少有人注意到这些国家在近几年取得了多大的进步。

同样，只有改革的承诺是不够的，行胜于言，市场需要实际行动。记住，政客们都只是政治家，股票市场已经对政客们所做的承诺进行了定价，如果实际改革效果不符合预期，你会看到一轮由情绪驱动的上涨迅速消退。2009 年的印度就发生过这样的事。曼莫汉·辛格（Manmohan Singh）在承诺将进行自由市场的改革后获得了连任，印度股市迅速上涨。然而，他没有兑现承诺，股市转而下跌了。

日本也发生过这种情况。日本在 20 世纪 80 年代之后经历了一次动荡，原因是其过时的重商主义经济结构导致了高额关税，从而阻碍了贸易。大规模的政府支出排挤了私人投资，35%的企业税税率进一步阻碍了投资，烦琐的劳动法迫使公司膨胀。政治家们不让市场整治管理不善的大型亏损企业，庞大的国有邮政银行为政府提供资金。这些因素导致了日本经济的"失去的十年"，出现了通缩和名义 GDP 缩水。

2012 年末，新首相安倍晋三承诺要解决这个问题。安倍曾在 2006—2007 年担任过一年的首相，他当时失败了，但他承诺第二次当选后会有所不同。他承诺推行一项被媒体称为"安倍经济学"的"三支箭"经济振兴战略。第一支箭是量化宽松；第二支箭是财政刺激；第三支箭是深度结构改革。投资者对此非常乐观，但我不这么认为。

在 2013 年初他实施了前两项政策后，日本股市的表现称冠全球。

然而两年过去了，他仍未实施第三项政策。他一直在许诺，但提出的很多改变政策都没有被通过。他含糊其词地谈论着劳动力市场和移民改革、企业税减免、自由贸易和企业激励措施，但提出的法律条文模糊不清，并且实施得很慢。现实越是令人失望，日本股市的表现就越差。

人们常说，牛市都是建立在担忧之墙上的。而安倍当政之下的日本股市正向着失去希望的斜坡持续下滑。

国会颁布的法案

并不是所有负面的新法律都会影响股票市场。股票市场只是不喜欢快速而激进的改变，这样的调整会迅速产生赢家和输家。但市场发现和消化潜在的负面或正面因素的时间越长，产生的影响往往越温和。股票市场会提前察觉潜在的意外情况，削弱它们的影响力。虽然它们仍然会对市场造成冲击，但冲击会小很多。

当提案进入公众讨论阶段时，市场会开始消化新法律。最初的讨论、草案、多轮辩论和修正，以及所有的媒体报道，都让市场把各种观点和可能的结果体现在价格中了。权威专家发现潜在因素对股票有利，他们能够预估潜在的后果，并为之做好准备。这相比于一个突如其来的意外，更容易处理。

实际上，法律被市场发现的时间越长，影响就越小；相反，发现的时间越短，可能造成的影响越严重。

我们以最近历史上最糟糕的法律之一 ——《萨班斯 - 奥克斯利法案》为例，看看股票市场对其的反应。这是为了确保公司披露信息的准确性和可靠性，从而保护投资者而提出的法案。这个法案听起来不错，但它是国会对安然会计丑闻的过度反应的结果。《萨班斯 - 奥克斯利法案》通过要求 CEO 对会计记录和财务报告的错误承担刑事责任，来改进公司治理和透明度。这对上市公司来说是一个巨大且昂贵的成本，造成了非常恶劣的影响！

《萨班斯 - 奥克斯利法案》的审议进展迅速，草案于 2002 年 2 月 14 日提出，众议院委员会的辩论持续了两个月。按华盛顿特区的历史经验来说，这个时间非常短。最终版本于 4 月 16 日提交至众议院，并于 4 月 24 日通过。参议院于 7 月 15 日通过了更为严格的版本。国会于 7 月 24 日和 25 日着手协调两个法案版本。大多数人认为较为温和的众议院版本将成为法律。然而，由于最后一刻出现的企业向董事会成员提供个人贷款的棘手情况，布什总统突然转向支持参议院版本，也就是我们今天看到的法律文本。而且，在立法过程中，随着世通丑闻被曝光，大多数条款在私下得到了加强。最终，布什总统于 2002 年 7 月 30 日签署了该法律，并于当天生效——没有过渡期，突然之间，立即生效！

美国股票市场在此之前已经处于熊市了，但《萨班斯 - 奥克斯利法案》很可能使情况变得更糟。在 2002 年 4 月 16 日至 7 月 25 日期间，标普 500 指数下跌了 25.4%，熊市又持续了两个半月。尽管《萨班斯 - 奥克斯利法案》的负面影响很大，但周期性因素仍然抵消了这些负面因素，牛市依旧从 2002 年 10 月 9 日开始了。

重要法律的出台并不能阻止股票上涨。市场可以适应，就像适应了《萨班斯 - 奥克斯利法案》一样。最初的冲击会打击市场，然后又会恢复正常。

当国会通过另一项大规模改革的法案《平价医疗法案》时，就很少有人意识到了这一点。《平价医疗法案》对股市的影响并不像《萨班斯 - 奥克斯利法案》那样负面。《萨班斯 - 奥克斯利法案》束缚了美国的所有企业，而《平价医疗法案》虽然涉及的范围很广泛，但影响相对温和。它只在医疗保健领域产生影响，逐步提高了投资税和企业成本。但许多投资者却认为这条法案对股票市场不友好。当它于 2010 年 3 月通过时，人们担心它会打击股票市场。多年来，这种担忧一直反复。然而，尽管人们讨厌这项法案，但股票市场依旧表现得很好，因为它的影响早已经被体现在价格里了。

正如我之前所说，当人们开始讨论某项法案时，股票市场就开始对其定价了。《平价医疗法案》在 2008 年美国总统竞选时就已经被广泛讨论了，当时还不叫这个名字。约翰·麦凯恩和巴拉克·奥巴马都承诺将进行大规模医疗保健制度改革。奥巴马赢得选举后，市场知道奥巴马将兑现承诺。他将这项任务交给国会，国会花了一年多时间撰写、辩论、修改，才最终完成法案初稿。

该法案于 2010 年 3 月 21 日星期日通过，次日开盘，股市上涨。从 2010 年 4 月 15 日到 7 月 5 日期间出现了一次调整，但这与担忧希腊问题引发欧元区经济下跌有很大关系。美国的医疗保健股在 2010—2011 年初都表现不佳，但当一项法律彻底改变了这个行业的基础经营模式时，出现这种情况也很正常。比如经营型医疗机构，不得不改变其商业模式，所以业绩表现不佳很正常。这段时间医疗保健类股票仍有上涨，只是涨幅低于整体市场水平。

对《平价医疗法案》的担忧在接下来的 4 年里反复出现，但股市一直表现不错。在 2012 年美国最高法院做出表决前，市场一直上涨。最高法院在 2012 年 6 月 28 日确认了该法案的大部分内容符合宪法之后，股市继续上涨。2012 年总统选举也被认为是对《平价医疗法案》的投票，奥巴马的胜利使得该法案得到最终确认。选举后两周，股市稍微下跌，然后再次上涨，而且医疗保健类股票跑赢了其他行业。2013 年 7 月，当奥巴马将备受争议的雇主强制令推迟一年时，股票市场无动于衷，这与推迟将导致上涨（或下跌，取决于个人观点）的观点完全相反。

当人们发现奥巴马没有像所承诺的那样按计划进行时，人们的愤怒并没有影响到股票市场。2013 年生效的投资所得税调整政策也没有对市场产生影响。在 2013 年底和 2014 年初，尽管该项政策的推出过程发生了一些问题，但市场仍然上涨。所有这些负面因素都已经反映到价格里了。而且，最重要的是：从 2011 年初开始，在上述引人注目的事件中，美国医疗股票指数击败了标普 500 指数（见图 6.1）。为什么呢？也许是因为《平价医疗法案》的影响比人们最初的担心要小很多，这一点也很少有人注意到。

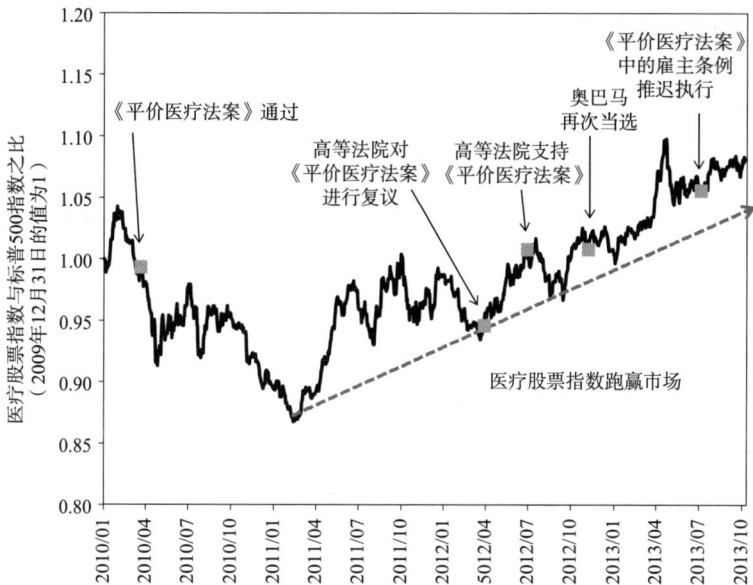

图 6.1　医疗股票指数与标普 500 指数

资料来源：慧甚，2013 年 10 月 9 日。标普 500 医疗指数与标普 500 指数总回报，2009 年 12 月 31 日至 2013 年 10 月 8 日。

在 2008 年总统竞选期间，美国有 4470 万人没有医疗保险，占总人口的 14.9%。奥巴马声称他的医保改革计划将为其中约 3500 万人提供医疗保险。一年后，他的计划并没有达成。据大多数渠道的估算，从 2013 年开始，未参保的人数减少了 700 万～1000 万。私人机构和政府的估算都显示，美国 2014 年的未参保人口只略低于 2008 年。美国卫生部与疾病控制预防中心给出的未参保人数占比为 13.1%；盖洛普民意调查显示为 13.4%。不管使用哪种数据，都没有显示参保人数增长了 3500 万。

为什么这一点很重要呢？在《平价医疗法案》通过后，人们最初担心为 3500 万人提供保险的补贴成本，担心市场无法迅速发现可能会提高的高昂成本。市场最初消化了增加 3500 万人参保的结果，然后逐渐意识到该法案无法按预期发挥作用。最终，它花费的费用只有人们预期的 10% ~ 15%，因为参保人数只增加了 10% ~ 15%，市场在一开始有些小题大做了。

最终，我们经历了这一切复杂的流程，只为了让约占美国总人口 1.1% 的几百万人参保。如果有人在 2008 年说，为了覆盖更多人口的医疗保险，整体保险费将上涨 4%，大家肯定不认同。因为，为 3500 万无保险人群创建一个参保计划，那成本确实是巨大的！市场知道《平价医疗法案》并不像人们担心的那样会影响整个世界。我们只需要为 1.1% 的人口提供补贴，让 98.9% 的人支付 1.1% 的人的补贴，成本要低得多。这一低于预期的结果让市场松了一口气。

《平价医疗法案》中存在一个与市场无关的"大象"。在一片喧嚣中，人们忘记了奥巴马的目标是将 4500 万没有医保的人口数减少到 1000 万。很少有人意识到，政府花费巨大并进行了大规模的推广，但保险覆盖率只有小幅改善。这证明了政府项目很难起到作用，这就是"大象"所在。在当今时代，很少有人能理解，美国政府几乎不可能做成太多事情。因为政府机构错综复杂，想做一件事困难重重。

从一开始，《平价医疗法案》无法完全实施的结果是显而易见。可以这样想：沃尔玛建立全球帝国并非一日之功。山姆·沃尔顿从 1950 年在阿肯色州的一家小店开始，经过几十年的试错和逐步迭代，才建立一个高效、庞大的市场。像沃尔顿这样的天才商人都花了几十年时间，政府怎么能在三年内顺利实施《平价医疗法案》这样庞大的基础变革呢？结果总是前期投入巨大，中期缓慢推出，最终收效甚微。

然而，市场并不担心这件事。美国政府的效率一直很低，这没有什么令人震惊的。这项法案并没有拖垮我们，正如我在第四章中描述的那样，债务不是一个问题。这不是市场风险，只是一个政治问题，使竞选辩论多了几个论据而已。当支持《平价医疗法案》的民主党发现仍有超过4000万人没有医疗保险时，他们想要帮助的人没有得到应有的帮助，之后还会重新发起对全民医疗保险的讨论，无论是在10年、15年以后，还是其他时候。其他团体可能会提出新的计划，说奥巴马是因为过于胆小导致没把事情做好。也许他们会试图通过对富人征税来支付医保，就像为那些二十几岁的瘾君子设立一个类似社会保障的信托基金一样。谁知道呢，这些在接下来的30个月内都不会发生，但这件事不会结束。总统更替，总有人会再提起。

在我小的时候，美国政府曾经做成了很多事情，而且做得很好。比如建造道路系统、桥梁、水坝等各种重要的公共设施。美国的高速公路系统就是一个奇迹。

很多人依然认为，只要政府的计划是好的，就能很好地实施下去。但今时不如往日，很多很好、讨论完善的项目，政府也无法完成。比如1906年旧金山在地震后迅速得到了重建，但在1989年的地震后，修复损坏的道路都花费了数年时间。这是因为政府的机构太多了，组织结构太过烦琐和复杂。

想象一下，任何新的跨州项目，都必须得到联邦政府、州政府、地方当局、工程部门的批准，有的甚至需要通过环境保护署、野生动植物保护局以及林业部门的批准。在项目推进之前，所有这些政府部门都有发言权和否决权，项目想要顺利推进几乎是不可能的。

不管是好是坏，自上而下的政府决策时代已经过去。被选任的上层官员换来换去，但下面的机构却根深蒂固、尾大不掉，他们不一定同意上级的要求。这就是美国的体制，表面上是我们想要的，但它确实阻碍了政府发挥作用。除非他们推翻现有的体制，否则官僚机构一直会成为阻碍。这也是为什么建造一座商业办公楼要比修建一条连接两个城市或州的道路容易得多。

看得见的和看不见的

《平价医疗法案》被大家所熟知，但没有发生预期的影响，因此这个法律对市场无关紧要。但令人意外的是《平价医疗法案》改变了医疗保险的激励机制，增加了保险公司的监管成本，导致保费上涨。许多企业发现支付罚款比遵守法规更划算。

虽然许多企业仍然会给员工提供医疗保险，这样会有利于招聘和留住员工，但也有一些企业削减了员工福利，宁愿被罚款，也不为员工缴纳保费。有一些公司不为健康的员工购买医疗保险，直接为员工支付基础的就诊费用及罚款，只在需要重大医疗服务时才为员工购买医疗保险。这是意料之外的事。

真正影响股票市场的是大家没有意料到的事情，就像巴斯夏的鞋匠店主因儿子打破了一扇窗户而失去了 6 法郎的买卖。出乎意料的后果才让人们感到惊讶。

这些问题可能在法案通过几年后才显现出来，这时候"未来30个月内不会发生"与"现在"相遇。再以《萨班斯 - 奥克斯利法案》为例。正如我们在第一章中探讨的，2008 年的恐慌是因为极端激进的资产减记从美国银行系统中抹去了约 2 万亿美元。盯市会计准则是一项次要的监管变化，却是直接的罪魁祸首。这不是国会的本意，但或许这样更危险。

你想想，如果 CEO 和 CFO 没有涉及《萨班斯 - 奥克斯利法案》中提到的会计造假，也不需要负刑事和民事责任，银行会如此大幅地收缩其资产负债表吗？如果没有坐牢的威胁，还会造成大约 3000 亿美元的实际贷款损失吗？想想吧：1990 年，时任美联储主席艾伦·格林斯潘写信给证券交易委员会（SEC）主席理查德·布里登，认为对于流动性差的银行贷款而言，盯市会计准则是错误的改革方向。因为银行家可能会非理性地对没有交易、只有资产的公司给予过高的估值。当时他也想不到，《萨班斯 - 奥克斯利法案》的颁布改变了贷款的激励机制。

《萨班斯 - 奥克斯利法案》以一种没有人预料到的方式发挥着作用。看穿这些事情需要想象力，也需要你力排众议，进行真正的逆向思考。当涉及法律时，人们关注的是直接可见的后果。比如，《平价医疗法案》会打击经济增长吗？增加税收会打击消费吗？这些都是很好的问题，但这些问题都被广泛讨论过了，对股市影响不大。你需要做的是训练你的大脑去想象别人想不到的事情。

还有一个例子。欧洲议会刚刚限制了银行家的奖金。他们认为给银行家发放过高的奖金鼓励了高风险的贷款，会导致金融系统崩溃，造成金融危机。虽然这不是产生金融危机的原因，但政治家总是需要一只替罪羊，银行家就是一个好靶子，毕竟银行家的口碑一直不太好。因此，政客们通过了一项规定，把银行家的奖金限制在年薪的 100% 以内，如果股东同意，最高可以达到 200%。他们认为这样可以防范风险、避免金融危机，因为银行家们不再为了钱而冒风险。

而这显然是错误的，因为金融危机根本不是贷款导致的，更糟糕的是，它还带来了负面影响。英国向欧洲最高法院提起诉讼，称这一限制将对伦敦银行业造成严重影响，侵蚀整个行业。这也许有点言过其实，但欧洲的银行业确实需要一个枢纽，而英国优势很大。但可预见的是，法院对此并不关心。

这一政策还有另一个潜在的负面影响，可能会在几年后出现。奖金额是由银行自行决定的，是可变成本。支付丰厚的奖金可以让银行保持较低的底薪，从而在艰难时期更具灵活性。但银行如果按照规定让每个人都降低奖金，顶尖人才就会流向其他行业。因此，他们也许会提高底薪，以留住人才。但问题在于底薪是固定成本，当下次遇到危机、收入下降时，削减奖金也无法控制成本。在这种情况下，银行将面临两种选择：大规模裁员或承受巨大亏损后破产。

虽然这在接下来的 30 个月内不会发生，但这对银行来说是一个负面因素，其发生只是时间问题！

比政客更糟糕的是什么

许多负面决定并不来自国会，至少不是直接来自国会。国会在计划推出改革性的新法律时，会将部分起草工作外包出去。

对许多人来说，外包起草规则的工作听起来是明智的。国会议员们不是银行家，也不是金融专家，他们制定的银行监管规则不一定符合市场规律。从这个角度看，让监管机构去做具体工作听起来是合乎逻辑，甚至是非常好的做法。

但问题来了，监管机构往往不知道自己的边界，也没有人管理或监督他们。虽然理论上国会在履行监督职责，但这通常只是名义上的监督，没有起到实质作用。实际上，监管机构既是立法者，也是执法者，还是监督者。

监管机构会在暗中操作。当国会制定法律时，一切都是公开的。

你可以在政府网站上阅读每一份文件，也可以在 C-SPAN 上观看辩论，记者也会观察并报道辩论和谈判的结果。负面因素通常会被发现并提前体现在价格里。但监管机构起草法律时不是这样操作的，他们的很多工作都是非公开的，你看不到详细的讨论过程，只知道有十几个未经选举的人在秘密工作。

当未经限制的监管机构在法律中写入了不好的内容，并且立即生效后，坏事就会迅速发生。在第一章我曾提到最近的巨大灾难，就是盯市会计准则（FAS 157）的发布。

在 2013 年 12 月也有一个例子，当时联邦政府发布了《沃尔克法则》的最终草案。作为《多德 - 弗兰克法案》的一部分，《沃尔克法则》始于美联储前主席保罗·沃尔克（Paul Volcker）的一份 3 页的禁止银行自营交易的提案。自营交易是指银行员工用自己的账户进行证券买卖，这份提案是为了防止 2008 年的危机重演。这又是错误的方案，因为自营交易并没有引发危机。银行是将它们计划持有到期的资产计提减值，而不是划掉其交易账户中的证券（他们已经把这些资产按市值入账了）。根据政府问责办公室的说法，从 2007 年第四季度到 2008 年第四季度，美国六大银行的自营交易仅造成了 158 亿美元的交易亏损。这点损失不值一提，禁止自营交易并不能挽救雷曼兄弟。但是，政治家们永远不会明白这一点。

当国会通过《多德 - 弗兰克法案》时，将《沃尔克法则》的起草工作外包给了美联储、联邦存款保险公司（FDIC）、美国货币监理署（OCC）、商品期货交易委员会（CFTC）和证券交易委员会（SEC）。这些机构在 2011 年发布了一份草案并征求了公众的意见。监管机构收到意见后，审查并修改了部分内容。2013 年 12 月 10 日，他们发布了最终版本，并在 2015 年 7 月生效。他们说这份法案已经完美无缺了。

问题是，最终版本里包含了一些草案中没有写到的有负面影响的条款，其中一条是禁止银行持有由信托优先证券支持的担保债务凭证（CDO，银行人士称之为 TruPS-backed CDOs）。我在这里不会详细介绍这些，简单地说，这些债券是地区性银行长期持有的，过去一直按照可行的会计准则记账和监管，支付不错的利息，且没有出现过任何问题。因此，银行愿意购买并持有至到期。然而，根据修订后的《沃尔克法则》，这是不允许的！这迫使银行将 TruPS-backed CDOs 列入"可供出售"的资产，并根据市值计价。这就麻烦了！

两周内，总部位于犹他州的当地银行 Zions 宣布将有 3.87 亿美元的 TruPS-backed CDOs 被减记，并指责了《沃尔克法则》。美国银行家协会（ABA）对联邦政府提起诉讼，声称地区性银行是无辜的受害者。

公众反感的是大银行，而不是小银行，所以联邦政府妥协了。但他们没有修改另外一条类似的规定：禁止银行持有某些贷款抵押债券。美国银行家协会估计这可能引发 700 亿美元的抛售。虽然这个规模还不足以引发 2008 年那样的减记风暴，但也具有警示意义。

并非所有负面因素都来自立法条款起草工作的外包，还有其他情况。美国财政部在 2014 年打击倒置交易时带来了一些看不见的负面影响。倒置交易是指一家美国公司收购一家较小的外国公司，并将公司总部迁至对方那里以达到避税的目的。美国是为数不多的要求企业的境外收入也需征税的发达国家，企业需要在把境外收益汇回国内时缴纳税金。如果企业将收益留在海外就不需要缴这部分税金了，但企业要想在美国发展又不得不把钱汇回国内。

而倒置交易就是当时的解决方案。企业通过收购成为"外国公司"，公司可以将海外收益以投资的名义带回美国，这样就可以降低税收。这是双赢的做法，但你在媒体上看不到这样的报道。

政客们不喜欢税收减少，所以他们编了一个关于倒置交易会打击商业投资的荒唐故事，有意忽视倒置交易会促进投资的事实。这个说法在媒体上迅速传开。美国财政部试图刺激国会立法禁止倒置交易，甚至上升到爱国主义的高度。但财政部推动的立法陷入了僵局，于是它自己采取了行动。通过"重新解释"税法来加大倒置交易的难度、削减其好处，他们禁止了一些倒置公司将收益转移回美国。这里逻辑开始前后矛盾了，如果你说讨厌倒置交易是因其阻碍了投资，解决方案怎样都不会是让投资变得更加困难。

这件事中，最关键的点还不是倒置交易被打压，而是法律的修改流程发生了变化。通常情况下，是由国会修改法律。但财政部开创了一个先例，在国会不修改时自己做了改动！这个变化虽然微小，但改变了整个游戏规则。公司不得不思考："财政部还能做什么？他们还会修改哪些规则？我该如何应对？如果我不知道他们会做出什么影响我的事，我该怎么办？"

这种不确定性会让企业变得保守。如果其他机构可以毫无征兆地改变规则并削减企业的利润，企业为什么要进行投入大、启动成本高的长期项目呢？

这些都只是小问题，但也说明了初出茅庐的逆向投资者要注意到看不见的意外。训练你的大脑，你会更容易发现看不见的变化，那些可能让全球 GDP 抹掉几万亿美元并结束牛市的变化。

为什么美国政客已经创造了下一次更糟的危机

在结束政治这个话题之前，我们还要告诉你一个看不见的政治风险来源。

　　风险不仅仅来自法律和规则，政客们除了制定法律之外的行动也会产生影响。行动会发出信号，信号有时会变成定时炸弹带来可怕的结果。奥巴马政府在 2008 年危机之后就制造了一个定时炸弹，每个精明的投资者都应该了解并从中汲取教训。

　　政客们一生只有一个目标：当选。在做决策时，他们大多数人不会考虑得太远，只会想"这会给我带来选票吗"。如果选民认为某个企业或行业是不好的，政客们就会乐意将其钉在十字架上。

　　在 2008 年的金融危机之后，人们把这一切归因于银行，认为银行是邪恶的"坏人"，强迫不符合条件的人贷款，故意将不良贷款打包在证券里，欺骗房利美和房地美购买这些证券，在房地产市场崩溃时收回无辜人们的房产，并带走了数千亿美元的纳税人的钱。公众要求讨回公道，奉承选民的政客们则满足了他们的要求。政客们不在乎这件事是否荒谬，他们只在乎公众的选票。从 2010 年到 2014 年 8 月，美国政府对六大银行开出了超过 1250 亿美元的与危机有关的罚单。

　　摩根大通和美国银行的罚款超过 1000 亿美元，占比 80%。问题在于大部分诉讼和指控并不是针对它们的，而是针对摩根大通和美国银行在危机期间收购的那些快要破产的银行的。这些收购帮助了美国政府，但美国政府却以这种方式"感谢"它们。这种做法传递了一个信息：别再帮助我们了。这是一个相当愚蠢的做法。

　　这违背了一个多世纪以来的危机管理传统。运营健康的大型银行一直在金融危机期间给政府提供帮助。它们向濒临破产的银行提供贷款或收购它们，为客户的存款提供担保，防止银行挤兑。虽然这不是慈善行为，它们收购时承担了债务，但也以较低的价格获得了资产和客户。从长远来看，这是有意义的。几乎每次危机时，它们都会这样做。

在 1893 年的金融危机中，摩根大通挺身而出，从外国投资者手中收购黄金提供储备，策划政府发行债券并提供担保。实际上，摩根大通是用自己的资金来拯救美国财政部。在 1907 年的危机中，它再次充当了最后贷款人（那时还没有联邦储备系统）。如果摩根大通确定资金短缺的银行本身是健康的，有可靠的资产和可行的商业模式，那么它就会提供资金支持。摩根大通组建了一个由强大银行组成的联盟，共同出资帮助陷入困境的银行。当经纪公司摩尔斯莱在无法偿还以股票抵押的 600 多万美元的贷款（那时是一大笔钱）而面临破产时，摩根大通安排美国钢铁公司（它控股的公司）购买了该公司的股票，并最终收购了这家公司——摩尔斯莱得以获救。摩根大通还向纽约市伸出过援手，挽救了纽约证券交易所。

北卡罗来纳国民银行（NCNB）是美国历史上臭名昭著的储贷危机中的救世主，当时倒闭的银行比 2007—2009 年还要多。NCNB 在 1988 年收购了破产的第一共和国银行。在接下来的几年里，它还在得克萨斯州和全美国范围内收购了几家要倒闭的贷款机构。你从来没听说过 NCNB？那是因为通过一系列的合并，并于 1998 年收购了美国银行（Bank of America）后，NCNB 更名为了美国银行。从本质上说，今天的美国银行就是那个在 20 世纪 80 年代末和 90 年代初多次帮助联邦存款保险公司（FDIC）渡过难关的机构。

美国银行 2008 年时的首席执行官肯·刘易斯（Ken Lewis）就来自 NCNB。他是 1988 年时 NCNB 的首席执行官休·麦考尔（Hugh McColl Jr.）的得力助手，负责经营 NCNB 下属的得克萨斯州立银行，这家银行收购了第一共和国银行的业务。他了解收购濒临破产银行的门道，并在 2008 年将其应用于收购濒临倒闭的抵押贷款机构和陷入困境的美林证券。与此同时，摩根大通首席执行官杰米·戴蒙（Jamie Dimon）受到了花旗集团早期专家桑迪·威尔的指导，在美联储的要求下于 2008 年 3 月收购了贝尔斯登。当华盛顿互助银行（WaMu）在 9 月出现危机后，摩根大通又将其收购，替联邦存款保险公司解围。

想象一下，如果没有这些收购，金融形势肯定一片混乱。当贝尔斯登快要倒闭时，股票市场开始恐慌，而在摩根大通介入后慢慢稳定下来，并开始反弹。华盛顿互助银行如果破产，估计有 1650 亿美元的存款需要联邦存款保险公司偿付，这可是一笔巨大的开支。美国银行收购美林证券，使该公司获得联邦储备系统紧急贴现窗口的支持，救活了它并避免了巨大的纳税人开支。人们认为问题资产救助计划（TARP）的代价太高，但这个项目花费的 4230 亿美元远小于没有私营部门帮助时联邦存款保险公司需要支付的代价。

这就是这个系统原本的运作的方式。政府希望私营部门来处理这些事情，因为私营部门往往做得比政府好很多。当美联储和财政部促成了摩根大通／贝尔斯登的合并，并有效地将房利美、房地美和美国国际集团（AIG）国有化后，我们看到了这个机制是如何运作的。

摩根大通和美国银行维持了市场稳定，保护了客户，防止了更严重的恐慌。政府本应举办庆典进行嘉奖，但它却转而攻击了那些"救世主"。联邦政府起诉美国银行，指控其收购全国范围的银行时涉嫌抵押贷款欺诈行为。他们对摩根大通收购贝尔斯登和华盛顿互助银行的不正当行为提出指控并罚款。一切都是为了政治利益！政府随意指定赢家和输家，引发了大面积的恐慌。

这里还有一个可怕的讽刺。那些在 2008 年不愿伸出援手的银行并没有受到太大影响。高盛只支付了 9 亿美元的罚款，摩根士丹利只付了 19 亿美元。但是，那些伸出援手的银行支付的罚款却远超这个金额，好人受到了不公平的待遇。

通过伤害那些提供帮助的银行，美国政府发出了一个强烈的信息："别再帮我们救助任何机构了。"好心的机构都听到了吧？我想杰米·戴蒙（摩根大通 CEO）可能会说："让我们把事情搞搞清楚。有人要求我们这么做，我们冒着极大的风险做了，最后却得到这样的结果。如果我事先知道会是这样，我还会收购贝尔斯登吗？还真不一定。"相信美国银行也有同样的感受。富国银行可能在一旁幸灾乐祸地看热闹，它只需支付 90 亿美元的罚款，算是幸运的了。

下一次银行大规模破产时，政府可能会发现自己孤立无援了。我们所有人都会为政客的贪婪和自私付出代价。这虽然不会引发熊市，但会加剧熊市。但这原本是一个完全不必要的政治风险。

政客可能不是美国最危险的人，但他们是投资者最大的敌人。你越了解你的敌人，就越容易战胜他们。

我告诉你这些事情和风险并不是为了吓唬你，只是为了帮助你了解你的敌人。现在你知道他们的诡计和伎俩了，已经为战斗做好了准备！

这也意味着我们准备好了进入更愉快的话题了，看看还有什么好玩的，是时候翻到第七章找出答案了。

第七章 把课本收起来

读 MBA 能帮助你成为更好的投资者吗？考下 CFA 呢？成为金融学教授呢？

在医学、工程和法律等领域，教育至关重要。但投资与众不同，一些伟大的投资者很少甚至没有接受过金融学的高等教育。而往往是那些接受过金融学高等教育的思想家和理论家，投资表现却很糟。

我称之为"彼得·伯恩斯坦效应"。伯恩斯坦是一位投资思想家，他写过一本引人入胜的书《投资革命》（*Capital Ideas*），讲述了华尔街投资理念的演变。其中介绍了许多为投资理论作出贡献的学者，比如标普 500 指数的创始人阿尔弗雷德·考尔斯（Alfred Cowles）、著名的夏普比率创始人威廉·夏普（William Sharpe）、1958 年提出目标导向投资理念的詹姆斯·托宾（James Tobin）、美国第一位诺贝尔经济学奖获得者保罗·萨缪尔森（Paul Samuelson）等。这些伟大的思想家中，很少有人是伟大的投资者，甚至其中一些人的投资表现非常糟糕。他们有很多出色的理论，但缺少真正的实践。

投资需要实践，就像打棒球一样！纽约扬基队的约吉·贝拉在儿时没有上过棒球课，他只是喜欢在街头打球，但不妨碍他成为出色的棒球运动员。如果你愿意，当然可以去学校学习投资，这并不是坏事，但只学教科书的理论不会让你进步，只会让你更远离真实的市场。投资成功来自于从自身失败中学习，了解自己的行为倾向，克服自己的情绪和偏见（第九章会更详细地介绍这一点）。真枪实弹地在现实市场中实践时，你会发现有时理论与现实并不相符。

高等教育是好的，它可以让学生学到批判性思维。但在投资领域获得成功的 MBA、CFA、教授们知道，学生们必须超越课本知识，让批判性思维成为一项技能，而不是把学到的理论当成教条。他们运用所学到的批判性思维，让自己不受理论的束缚。

即使没有金融学位，你可能也了解教科书上的理论和规则。这些理论已经渗透到媒体对市场的报道中，许多专家将它们描绘成"圣经"。因此，这一章适用于 CFA、MBA、金融学位持有者或自学了相关理论的人，无论你是不是市场专家，你都有可能从以下内容中受益。

- 为什么众所周知的理论和规则在真实市场中通常不起作用？
- 你是否应该相信关于估值、小盘股之类的说法？
- 为什么美联储的政策不合理，而且可能一直如此？

学习课本，但要了解其局限性

从本质上说，金融课程是过时的。许多教科书已经使用几十年，每个学习相同课本的人都会形成同样的思考模式，得出相同的分析结论。这些相同的分析很快就会被反映在股票价格里。

金融教科书和课程并非无用，它们教授的是基础知识，这些知识很重要。以金融理论为例，它指出为了获得回报，你必须承担风险，而且你承担的风险越大，长期预期回报就可能越高。如果你了解金融理论，你就能分辨券商行业的销售宣传，比如金融理论告诉我们"资本保值和增值可同时实现"是无稽之谈。如果你想要增长，你必须承担风险。如果你承担风险，你就必须接受风险带来的损失和波动，这和资本保值是矛盾的。如果想要真正的资本保值，你需要一个全现金的投资组合或类似的东西，没有风险，也就没有超额收益。

现代投资组合理论（MPT）是另一个关键理论。MPT 起源于哈里·马科维茨（Harry Markowitz）的研究，他在 1952 年的论文《投资组合选择》（*Portfolio Selection*）中指出，在一个多元化的投资组合中，风险和回报的整体组合（资产配置）对投资回报的影响要远远大于你拥有哪个具体证券。选择投资股票或债券比例的决策，比你最终购买哪个股票和债券更重要。

很少有人这样做，但这是基本的且在统计学上成立的理论。随后的研究表明，如果你进行了多元化投资，资产和资产配置（国家和行业）会直接影响投资回报。而在马科维茨之前，选股是分析师们最看重的，但它的重要性没有选择资产配置高。

MPT 是构建投资组合的良好指南，它有助于缩小你选股的范围。据我所知，全球有超过 50000 家上市公司，如果你试图从中选出最热门的 50 家公司，你不如用投飞镖来决策。如果你从资产配置开始，然后在每个主要地理区域和行业中挑选股票，你会更容易做出选择。这也有助于避免过度集中在某个领域。

有效市场假说也是基本理论。这个理论在 20 世纪 70 年代由尤金·法玛（Eugene Fama）提出，虽然这个理论并不完美，但其基本假设是正确的，即广为人知的信息已经被体现在市场价格中了。这也是本书的基础！法玛的理论并不总是有效，这也是大多数学术理论的缺点。从长期来看，这个理论是有效的，但在短期内可能无效，因为市场有时非常不理性。为什么呢？正如我们在第二章和第六章中所看到的，因为大家的预期和观点也会被反映在价格中，这就是逆向投资者有机会战胜大众的原因！

要看到有效市场假说的不足，需要独立思考和对真实市场的敏锐洞察力。理论非常重要，你需要的不仅是了解理论，而且要正确运用它。你必须超越教科书，进入真实市场。

还有很多其他有用的理论，金融学课程中有数十条甚至数百条，这些理论有时也是正确的。如果它们从未起作用，它们就不会出现在书中，也没有人会遵循它们。

真实情况是大部分人只遵循理论，这些人就很容易成为市场的靶子。正确运用教科书上的理论，需要具有在真实市场实践中得出的智慧和批判思维。

金融领域的大部分学术研究成果都来自 CFA 协会的官方出版物《金融分析师杂志》（*Financial Analysts Journal*），这是 20 世纪中期投资人和分析师海伦·斯莱德（Helen Slade）的智慧结晶。如果本·格雷厄姆是证券分析之父，那么海伦·斯莱德无疑是证券分析之母（她在许多方面也是本·格雷厄姆的导师）。

她是纽约证券分析师协会的秘书长，也是社交达人。她每周三晚上为 40～50 位最杰出的金融人士主持沙龙，格雷厄姆经常参加，年轻的鲁西恩·胡珀、马尔科姆·福布斯偶尔也会出席，我的父亲也是如此。海伦称呼她的客人为"线人"，他们会喝着饮料、吃着三明治，讨论证券和市场的理论，一谈就是数小时。

《金融分析师杂志》于 1945 年创刊，由海伦担任编辑，直到 1958 年去世，她将这些"线人"的理论记录下来并推广到全美国。那时候还没有金融学课程，《金融分析师杂志》将分析、理论和观点聚集在一起，为后代建立了知识的宝库。现在被视为经典的理论在当时并不是经典，这些理论在当时是全新的、突破性的，还没有被反映在市场价格中，在当时的证券投资中确实起到了帮助作用。

> 海伦不仅仅是一个社交达人，也是一位金融作家。她的文章在全球主要金融出版物上被发表，有时以自己的名字，有时用笔名约翰·迪恩（John Dean）。她还是国家工业会议委员会年度经济论坛的常任专家组成员，参与预测未来一年的经济状况。据报道，她甚至预测了 1949 年的经济衰退。
>
> 我个人认为，如果海伦没有连续举办 10 年的沙龙，证券分析不会有今天的成就。是海伦让金融巨鳄们聚在一起，让他们的思想碰撞，产出新的理论和知识。

市盈率无法预测未来

市盈率是一个古老的理论。大多数课程都声称市盈率（PE）高的股票"贵"，因此风险也高。而市盈率低的股票和市场指数则被认为"便宜"，所以大众被吸引去购买。随着牛市的上涨，股价和市盈率上升，越来越多的专家就会开始预言：目前股票过于昂贵，很快就会下跌了。

这听起来很合理，持有股票意味着拥有企业未来的盈利能力，所以高市盈率意味着投资者过于乐观，市场被高估了。然而，借用我在 2006 年出版的《投资最重要的三个问题》一书中的一句话："这种说法是错的，纯属胡扯！"

实际上，并没有任何有效的统计数据证明，高市盈率的市场比低市盈率的市场更加危险。你可以在 multpl 网站 [1] 上亲自查看这

---

[1] multpl 是一个专注于提供金融数据和图表的网站。

一点，该网站展示了耶鲁大学经济学家罗伯特·J.席勒（Robert J. Shiller）整理的标普 500 指数和市盈率的历史数据。当 1962 年 6 月牛市开始时，标普 500 指数 12 个月的市盈率要高于其长期平均值；在 20 世纪 90 年代的大部分牛市中，市盈率也高于长期平均水平；2002—2007 年的牛市开始时，市盈率超过 29 倍，整个牛市期间市盈率都高于长期平均水平；2009 年 3 月牛市开始时，标普 500 指数的市盈率超过 100 倍。遵循"高市盈率意味着风险较高"理论的人，会错过巨大的牛市回报。

低市盈率便宜的说法也不可靠。1980—1982 年的熊市开始时，市盈率仅为 9.19 倍；当 1956—1957 年的熊市开始时，标普 500 指数的市盈率为 13.81 倍，低于长期平均水平。那些相信市盈率神话的人也因此遭受了重创。

市盈率神话也未能通过逻辑检验。首先，它忽视了分母。在经济衰退中，企业的盈利会遭受打击。在复苏过程中，股票价格会首先反弹，市场预先把复苏的增长和盈利体现在价格中了。因此在牛市初期，市盈率通常较高。其次，它在假设过去的回报能够预测未来的情况，这在任何时候、任何地方都是错误的。

最后，声称高市盈率意味着股票被高估，低市盈率意味着被低估，这是在假设股票具有固定公平价值可以来衡量高低，并暗示当市盈率偏离时市场就是错的。在非常短的时期内，这可能偶尔是正确的。正如本·格雷厄姆所说，短期内，市场是一个投票机，人们根据自己的情绪进行买卖，而情绪是非理性的。但从长期来看，市场是一个称重机，是对未来的基本面进行贴现。

1996—1999 年，随着科技繁荣，股价飙升，市盈率一直高于平均水平，市场错了吗？很少有人能理解这一点。但直到 1999 年末或 2000 年初，科技才真正达到泡沫阶段，当时垃圾股首次公开募股

（IPO）的数量达到了顶峰，大多数投资者都痴迷于互联网行业，没有注意到他们正在购买的是那些亏损巨大、迅速消耗手头现金的公司。市场在 1996 年和 1997 年的价格是否不理性？相信你已经能准确判断了。

市盈率可以帮助你了解市场情绪，但就市盈率本身来说并没有过高或过低一说。在牛市阶段，市盈率往往会保持较高水平，这是情绪高涨的正常表现。有人认为长期平均市盈率代表着公平价值，但股票并不总会回归均值。有时会回归，但我认为更多的时候不会回归。如果市场总是回归均值，那市场行为也太容易被理解了。

如果你读过我之前写的书，这个观点你可能很熟悉。几十年来，我一直在抨击市盈率的这种说法。梅尔·斯特曼（Meir Statman）和我在 2000 年为《投资组合管理杂志》（*The Journal of Portfolio Management*）撰写的文章"市场预测中的认知偏见"（*Cognitive Biases in Market Forecasts*）中，研究了从 1872 年到 1999 年共 128 年的市盈率和投资回报的数据（同样来自席勒的数据集），研究发现：每年 1 月 1 日的市盈率与全年回报之间没有统计学上的显著关系。这说明市盈率不是一个可靠的预测指标。

这篇论文还有一个有趣的发现。

许多投资者特别担心高市盈率的短期影响，担心这会带来灾难性下跌。然而，这种担忧从来没有发生过。例如，市盈率超过 19 倍的下一年，从未发生过跌超 10% 的情况。尽管高市盈率从未导致过灾难性下跌，但讽刺的是，投资者们相信这才是股市历史上的真实表现。

他们为什么相信这一点？因为媒体和教科上都是这样说的。这告诉我们，我们必须对所有规则保持质疑的态度。

周期调整市盈率也不是超级英雄

席勒和他的研究伙伴约翰·Y. 坎贝尔（John Y. Campbell）承认经济衰退会扭曲盈利数据，但他们的"解决方案"似乎和通常的市盈率一样对预测毫无作用。他们将多年的盈利数据合并在一起，创造了一个声称可以预测未来 10 年回报的数据——周期调整市盈率。

这是一个愚蠢的假设，买股票的人谁会在意一只股票坚守 10 年后的投资回报？

席勒在他 1996 年的论文《市盈率作为回报预测因子：1996 年股市展望》中记录了他们早期的研究成果。在那篇论文中，他对过去 30 年的市盈率移动平均值进行了比较。我没有写错，是 30 年！他的逻辑是本·格雷厄姆和戴维·多德（David Dodd）在 1934 年的经典之作《证券分析》中告诉投资者"衡量平均收益的时间不能少于 5 年，最好是 7 ~ 10 年"。如果 10 年比较好，那么 30 年肯定更好！

根据席勒的观点，1996 年 1 月，过去 30 年的平均市盈率为 29.72 倍，非常高！所以，他的预测和建议是市场在接下来的 10 年内很可能大幅下跌，长期投资者应该在接下来的 10 年内远离市场。

你没看错，就是这么写的。

基于这个分析，席勒在 1996 年 12 月 3 日向艾伦·格林斯潘递交了一份报告，声称市场已经达到泡沫状态。两天后，格林斯潘发表了著名的"非理性狂热"演讲，但牛市却依旧持续了 3 年 3 个月零 3 周。

席勒和坎贝尔在 1998 年改进了他们的方法，将市盈率的平均盈利计算时间缩短至 10 年。这就是现在的"席勒市盈率"或"周期调整市盈率"，简称 CAPE。CAPE 的预测与席勒在 1996 年的发现是一致的："未来 10 年股价会大幅下跌，回报将接近于零。"读者应该对他们的结论持怀疑态度。

正如你在下文中将要看到的（摘自《投资最重要的三个问题》），CAPE 之所以会流行，是因为它契合了人们相信的长期神话，而且似乎用数据证明了这一点！但这些数据都经过了反复处理，才印证了这个假设。盈利数据被平均了 10 年，并使用过时的价格指数进行通胀调整，才得出这个结论。

尽管在 20 世纪 90 年代 CAPE 是错误的，但它的受欢迎程度一直经久不衰。部分原因是它在 1998—2008 年预测得非常正确，即使在 1996—2006 年或 1997—2007 年错得离谱，它的受欢迎程度也一直不减。一个坏掉的时钟一天也会有几次碰对时间的情况，不是吗？在它创立以来的大多数 10 年期间，包括最近的 10 年（2004—2014 年），CAPE 都是错误的，但是专家总是用它警告大众股票存在泡沫了。尤其是席勒在 2013 年获得了诺贝尔奖，这更使其拥有了学术上的认证。

然而，你只需要 30 秒就可以用历史和逻辑测试来反驳它。你甚至不需要使用我们在 2000 年的论文中用到的复杂统计分析，你只需要在网站上直接查看长期数据情况，就可以发现当 CAPE 比较高时，牛市大多时候都会继续下去。这就是历史的检验。

至于逻辑测试呢？就像我之前提到的，仅凭过去的表现无法预测未来的回报，无论是过去的股价还是过去 10 年的盈利！任何经营企业的人都明白这一点，CEO 和 CFO 不会用过去 10 年的利润推断未来长期的商业计划表现。他们也不会假设过去 10 年高利润或低利润的业绩会因均值回归的情况而出现反转。任何试图这样做的 CFO 都会因懒惰和愚蠢而被解雇。他们正确的做法是权衡新项目的盈利情况，需要考虑当前的经济形势、市场对未来的预期、利率及劳动力成本等。近期的时间可以帮助他们做一些短期预测，但他们不会

（也不应该）假设过去的情况可以代表未来。

另外，席勒和坎贝尔从来没有用 CAPE 来预测过周期转折点，但媒体经常这样用。席勒本人曾说过，2013 年和 2014 年的高 CAPE 是股市崩盘的信号，这表明投资者将再次兴奋且高估值不会一直持续。然而仅仅三周后，他却又说因为人们的情绪是非理性的负面情绪，这种情绪不会导致市场崩盘和高估值。

CAPE 起初的目标是预测未来 10 年的回报，但 10 年远远超出了接下来 30 个月的范畴！即使 CAPE 有效，并且高 CAPE 值后面跟随着疲弱的 10 年，这也并不意味着 10 年内的所有时间段都是糟糕的。

即使是历史上最糟糕的 10 年，其间也有大牛市。标普 500 指数在席勒和坎贝尔发表论文后的 10 年期间（1998—2008 年）确实下跌了 13%。但这仅仅是因为这段时间内出现了两次大规模熊市。1998 年没有人能预料到盯式会计准则将在 2007 年成为现实，并引发了熊市。此外，即使股市在 10 年期间收益下降，你仍然可以参与到 2002—2007 年的牛市中。尤其是增长型投资者，必须参与牛市。

让我们暂时假设 CAPE 在某个时期确实有效，席勒和坎贝尔并没有将这个工具藏起来、悄悄赚钱。那么会有两个问题：他们为什么没有这样做？这对市场是否一直有效？前者你可以自己回答，我来回答后者。这对市场可能有效，但不会永远有效。这就是为什么我在 20 世纪 80 年代初推崇的市销率，在一段时间内有效之后又失效的原因。

一旦有效的观点变得流行起来，其他人都意识到这一点之后，它基本上就失效了。你无法通过大多数华尔街人士都知道甚至迷恋的工具，来获得投资市场上的优势。

[以下内容摘自《投资中最重要的三个问题》（2006年）]

坎贝尔和席勒构建的市盈率结论与社会的普遍认知一致，即高市盈率意味着低回报、高风险。大家都接受这一观点。

在统计学中，有一种被称为"R-平方"的计算方法，用于显示两个变量之间的相关性程度，即一个变量的变动多大概率是由另一个变量引起的。对于他们的研究，坎贝尔和席勒把P和E进行回归分析得出了R-平方值为0.40。0.40意味着有40%的概率与被比较因素相关。从统计学角度来看，虽然这并不是非常强的相关关系，但这一发现仍然支持了他们的假设。

注意：不管坎贝尔和席勒的研究是否有统计学上的支持，它都非常受欢迎，因为它迎合了社会的长期认知，即高市盈率市场更具风险、有更大下跌空间。如果你呈现违背大众认知的数据，这些数据不会受大众欢迎。这也很好，因为当你发现真理时，世界不会急于将其从你手中夺走。

0.40的R-平方值也意味着，预测回报的60%来自其他因素。对于投资者来说，60%重要还是40%重要呢？

小市值股票比其他股票好吗

另一条教科书的理论是小市值股票有更好的回报。历史似乎证明了这一点：1926—2013年，美国股市小市值股票年化平均回报率为11.5%，而大市值股票为10%。许多研究声称证实了这一结论，包括尤金·法玛和肯尼斯·弗伦奇里程碑式的三因子模型论文。专家们也热爱这一观点，他们宣称小市值股票永远是最好的。学术界普遍认为较小的企业天生风险更高，因此它们的回报自然而然地更高。

历史验证和逻辑检查看起来都没问题。然而，如果小市值股票真的如此出色，为什么人们还会投资大市值股票呢？

给你一个提示：当这样的问题浮现在你的脑海中时，那就是你独立思考的逆向思维正在发挥作用。不要忽略它，顺着这个点想下去！

小市值股票的长期平均回报确实超过大市值股票，这一点无可争议！但平均值并没有排除极端情况，小市值股票只是在少数几年里超过大市值股票。每个类别的股票都有它的光芒时刻，大市值股票也经常独占舞台。

现实情况是在1926—2013年的大多数年份里，大市值股票跑赢了小市值股票。小公司通常在牛市前三分之一的时间段表现领先，而大市值股票则在剩下的时间里领先。

小市值股票的长期溢价来自几次牛市的早期行情。表7.1是我在1999年为《研究》（Research）杂志制作的一张图表，它展示了过去13个标普500指数的牛市中，第一年内大市值股票和小市值股票的回报率。一开始，你会看到小市值股票在1932年和1942年疯涨。但如果我们排除这些年会发生什么？小市值股票的年化平均回报率会降至9.8%，大市值股票为9.4%。差距缩小到不到半个百分点了。

如果排除四次最大的早期牛市行情中小市值股票的超高回报，天平就会稍微倾向于大市值股票。比如排除1932年、1942年、1974年、2002年和2003年，小市值股票的年化平均回报率会降至7.6%，大市值股票为7.9%。

在过去大部分时间里，大市值股票略胜于小市值股票。

表 7.1　牛市初期小市值股溢价情况

牛市初期时间	小市值股票	大市值股票
1932 年 6 月 1 日	316.45%	160.58%
1942 年 4 月 28 日	147.29%	61.35%
1949 年 6 月 13 日	35.41%	33.74%
1957 年 10 月 22 日	46.63%	30.04%
1962 年 6 月 26 日	31.12%	31.06%
1966 年 10 月 7 日	74.74%	20.94%
1970 年 5 月 26 日	42.83%	34.84%
1974 年 10 月 3 日	33.04%	25.95%
1982 年 8 月 12 日	73.43%	44.11%
1987 年 12 月 4 日	25.02%	16.61%
1990 年 10 月 11 日	50.39%	33.59%
2002 年 10 月 9 日	61.64%	36.16%
2009 年 3 月 9 日	97.90%	72.29%
牛市初期合计	**小市值股票**	**大市值股票**
累积	92 756.61%	10 264.98%
平均年化	69.16%	42.90%
年化溢价	26.25ppts	
剩余时期	**小市值股票**	**大市值股票**
累积	1 423.57%	3 978.15%
平均年化	3.70%	5.07%
年化差值	−1.37 个百分点	

资料来源：晨星公司、慧甚公司、全球金融数据公司，2014 年 6 月 2 日。小市值股回报率数据来自 1926 年 1 月 1 日—1978 年 12 月 31 日发布的 Ibbotson 小市值股总回报综合指数（数据来源：晨星公司），以及 1979 年 1 月 1 日—2013 年 12 月 31 日发布的罗素 2000 指数（数据来源：辉盛公司）。大市值股回报率数据来自全球金融数据公司提供的 1926 年 1 月 1 日—2013 年 12 月 31 日的标普 500 指数总回报数据。

单独看牛市的第一年，小市值股票看起来非常出色，年化回报率为 69.16%，远超大市值股票的 42.9%。但在其他 75 年中，大市值股票胜出，年化回报率为 5.07%，而小市值股票为 3.7%。

到底哪种好？是偶尔表现出色的小市值股票，还是大部分时间表现比较好的大市值股票？这可能取决于每个人的选择和投资策略。

然而，对于大多数人来说，这都不是答案。没有哪个类型的股票更好，无论是按国家、地区、行业、规模、风格，还是其他任何分类方式。表现的好坏经常不规律地交替发生。如果你擅长把握时机，那对你来说非常有利。但历史非常清楚地展示了，大多数投资者都想高抛低吸，但往往把握时机的能力都不太好。

小市值股票的突出表现只是因为其在熊市底部会有一个杠杆效应而已。它们在大型熊市中会受到过度的严重打击，因此在复苏时会出现过度反弹。小市值股票的黄金时期有时可能会持续几年，有时可能会很快结束。如果你每次都能完美地把握这一点，你将赚取巨额利润，也完全不需要阅读这本书了。

然而，对于大多数无法完美把握时机的人来说，小市值股票诱人的长期回报在真实市场中无法实现，它们只存在于理论层面。如果要实现，你必须在 1926 年购买并一直持有至今，然后避开期间的所有熊市，并在熊市触底时再加仓买入。比如 1929 年的股市崩盘和大萧条、第二次世界大战、尼克松的物价管制、科技泡沫的余波、2008 年金融危机以及其他所有大波动和重大事件。这一顿操作下来，你可能已经超过百岁了。这看起来不太可能实现，更何况在熊市底部时期，大多数人都不敢购买小市值股票。

花哨难懂的数学公式

如果你对数学理论不感兴趣，可以只记住下面这个观点，然后直接跳到下一节——花哨的数学模型无法预测长期回报。

大多数人了解数学模型，只是为了在饭后闲谈时向别人炫耀。但如果你真的热衷于花哨的数学公式，那么这一节很适合你。

数学模型晦涩而复杂，理论家们花了几十年的时间研究、讨论。不过不用担心，你不需要学习数学模型。大多数模型与市盈率和其他估值方法一样，都有相同的缺点。如果你对这类东西感兴趣，简单了解是好事，但在现实生活中大概率用不上。

模型的好坏取决于输入数据的好坏，而在数据上你只有两个选择：过去的数据和假设的数据，但这两者都无法预测未来。

资本资产定价模型（CAPM）是一个历史悠久且非常流行的模型，但它依然未能通过输入错误检测[1]。它兴起于20世纪60年代初，用于计算股票的未来回报。其理论依据是：假设波动性更大的股票会给投资者带来更多回报，以此弥补大波动带来的额外风险。这听起来不错，直觉告诉你这应该是对的。但你在真实市场的经验也会告诉你，这样的股票也可能会大幅下跌。

标准的 CAPM 方程式如下。

$$E(R) = R_f + \beta(R_{market} - R_f)$$

公式中，$E(R)$ 表示预期回报率；R_f 是市场"无风险利率"；β 用来衡量波动性，表示个股每日的价格波动相对于整个市场的幅度；R_{market} 是市场预期回报率。

看完这个公式是不是要吐啦？开个玩笑，我才不会讲这么枯燥

---

[1] 输入错误检测是指对输入到模型中的数据进行检查，以确定这些数据是否符合模型的要求。——译者注

的方程式呢。逐个来看，我们很容易看出其中的缺陷。

R_f 通常是当前 10 年期美国国债收益率，即对未来货币价值的合理预期值，这个数据用来当作风险和回报的基准都没有问题。

但 β 就不太对了，β 只能用过去的波动性来计算。而过去的波动性只是表现过去的衡量值，它无法告诉你股票未来的波动性。

R_{market} 也存在不足，这本质上就是一个猜测。许多分析师会基于市场收益和股息收益率做出假设，然后再次假设过去可以预测未来。

CAPM 确实有助于设定超长期平均年化回报的合理预期值，但它并没有考虑到未来的增长和生产力情况，因此它不能帮助你预测。在这个背景下，它基本上是无用的。

CAPM 还衍生出另一个经典模型，即权益风险溢价模型（ERP），它用于估算有多少股票在一定时期内会跑赢债券。

ERP 有很多计算方法，但大多数方法与 CAPM 具有相同的缺点：它们几乎都是建立于假设和市场回归均值的理论之上，无论这个均值是平均收益率、股息收益率、盈利增长率、股息增长率，还是其他均值指标。

我对股票长期会跑赢债券的观点没有异议（尽管过去也经常出现跑输的情况），但你永远无法精确到确切的数字。

这是一个坏消息，但好消息是你不需要计算精确的数字。为什么要计算股票未来 10 年、20 年或 30 年内跑赢债券的收益差呢？是为了构建投资组合吗？存在更好的、限制更少的、数学上更稳健的方法，可以用来找到股票和债券的最佳组合，以满足你的长期目标。

我们公司使用的是蒙特卡罗模拟，这是一个计算机模型，基于真实的历史情况模拟成千上万个随机组合，然后加总起来评估各种结果的概率。正如我在 2013 年出版的《规划你的繁荣》（*Plan Your Prosperity*）一书中说到的，我们使用的模型可以输入客户的目标、时间范围和年度现金流需求，然后计算出不同资产配置下的存续时间和增长的概率。

蒙特卡罗模拟并不完美（市场上没有完美的方法），但它是科学的。现在流行的是斯坦尼斯拉夫·乌尔姆（Stanislaw Ullum）在20世纪40年代提出的版本，当时他参与了曼哈顿计划（Manhattan Project），试图计算需要多厚的防护服可以保护科学家的安全。

蒙特卡罗模拟是如何运用在投资上的？

就像你有1068个橡胶球和一个投资组合模拟电子表。你在每一个橡胶球上分别写下1926—2014年的标普500指数的每月回报率，然后把所有球都扔进游泳池里，蒙住眼睛用网兜随机捞起一个球；打开投资组合模拟电子表，在第1个月的格子里输入球上的数字，然后将球扔回去，如此重复操作，直到数字填满全部的时间格子；最后从第1个月起始的时间开始计算这些回报率的复合增长率。这就是一个虚构的回报序列。

你还需要重复这个过程约2500次，最终计算出达到目标回报率的比例。这能告诉你，一个100%的股票投资组合达到目标回报率的可能性有多大。你也可以用同样的方法计算债券，并测试不同的资产组合情况（70/30、60/40、50/50）。

我个人建议选用在线工具去做这件事（或请精通Excel的人帮你制作一个），这样可以避免你在泳池旁弄湿。哈哈哈，开个玩笑。

蒙特卡罗模拟能提供给你的信息远比ERP或任何其他假设模型要多。是的，它们使用的都是过去的回报率，并不具有预测性。但是，蒙特卡罗模拟中的庞大数据样本能让你计算出合理的概率。

我们预测不到未来回报的确切数字，也无法知道。我们只是试图找到最有可能实现客户目标的资产配置，蒙特卡罗模拟可以做到这一点，而不是猜测。

"尽管去做"不只是营销口号

为什么学术理论的结论是错的，却能长期存在？为什么它的错误经常被掩盖？我的猜测是，现在的人们更喜欢光鲜的学术履历，而不是成功的实战经验。

如果没有机会阅读完最近50年的报纸，你会认为美国的企业是糟糕的。如果你阅读完了最近50年的报纸，你会发现没那么糟糕，而那些学术界专家的预测似乎并不准确。

但我们生活在一个崇尚学术、崇尚诺贝尔奖得主的世界里。

在我写作的时候，象牙塔的学术精英们占据了美国所有重要的经济职位，并且已经掌握了几十年。当珍妮特·耶伦在2013年被任命为美联储主席时，专家们称赞她的耶鲁大学博士学位，就像他们在2006年赞扬普林斯顿大学毕业的本·伯南克一样。他们都被认为是优秀的、非常出色的人选，仅仅因为他们发表的论文和学术地位。在选举时，简历、理论和研究成果都很管用。

自里根开始，每一位美国总统都来自哈佛或耶鲁。最高法院的9位大法官中有8位也是如此。只有埃琳娜·卡根（Elena Kagan）不是，虽然她在耶鲁上了大部分的课程，但是她在完成学业之前跟着丈夫搬家，转学到了哥伦比亚大学，她是唯一打破这条规则的人。也许你未来读到这篇文章时，情况会有所不同。

然而，真实的市场中，学术背景并不重要。市场不在乎你的学校背景，甚至不在乎是否上过学，市场只在乎你是否正确。你需要聪明才智和实战经验。想成为一个伟大的投资者吗？你并不需要主修投资。虽然在生物学、化学、工程学或计算机这类科学学科中，学校教育和书本知识很重要，但投资不是。最成功的投资者都是从实践中磨炼出来的。

大多数人并不重视实践经验。但请这样想象一下：你要去野生动物园，是想要一位拥有动物学博士学位、从未使用过3.0口径半自动步枪、从未有过任何实践经验的向导，还是想要一位在非洲大草原上长大、曾经受过一些伤、拍摄过一本野生动物照片集，但从未上过大学的人？我敢打赌，你肯定想要后者。经验来自实践，而不是学习。

你可以将相同的逻辑应用于许多行业。假设你是一支棒球队的总经理，你正在招聘下一任教练。你会选择一个拥有耶鲁大学棒球学博士学位的人吗？大概率不会。你会选择那些打过棒球的人！他是否拥有高中毕业证、大学学位证并不重要，这些证书在球场上都不重要！当然，人们对红雀队的经理托尼·拉鲁萨非常崇拜，他既拥有法学学位，也是伟大的棒球教练。但没有人会认为是他的法律学位使他成为了伟大的人。他的伟大是因为他的球队赢得了世界冠军和超高的胜率。

几十年来，媒体一直对刚刚去世的乔·麦克纳马拉大加赞赏，他是唯一拥有博士学位（来自哈佛大学）的大城市警察局局长。他对手下的警察要求严格，受人们喜爱，但几乎没有证据表明他比同行更优秀。但我们喜欢博士学位，即使这个学位没派上什么用场。

这一点在音乐界更明显。美国最负盛名的大学和艺术学校有音乐理论和作曲专业。理论上，任何人都可以学习如何成为一位伟大的作曲家。但你能否说出任何拥有音乐理论学位的伟大作曲家的名字？布莱恩·威尔逊没有音乐学位，海滩男孩乐队的任何成员也没有。威尔逊和迈克·洛夫在他们十几岁时，在一次即兴演奏会上仅用两个小时就写出了他们的第一支热门单曲《冲浪》，这时他们的其他成员甚至还不会弹奏乐器。正如威尔逊后来回忆所说的："我们真正开始学演奏是在我们制作唱片之后。"他们通过自学和不断尝试来学习音乐，而不是通过书本。

　　莫扎特也是自学成才的。索恩·豪斯、罗伯特·约翰逊和一些蓝调音乐大师也是如此。巴迪·霍利、披头士乐队、米克·贾格尔、基思·理查兹、吉米·佩奇都没有音乐学位。欧文·柏林、乔治·格什温、维克多·赫伯特，等等，也是如此。他们只是通过不断演奏，尽管去做而已。

理论不等于现实

　　学习和了解投资理论是好的，但仅凭理论并不能让你的投资生涯走得很远。理论在真实市场中往往不起作用。

　　以经济学为例。许多经济理论只在"其他条件不变"的情况下才成立。但在现实生活中，没有任何事物是不变的，其他条件也永远会变化。真实的市场永远在不断变化。

　　美联储就是一个典型的例子。在美联储成立的头 60 年里，主导美联储的是银行家们，他们在真实的市场下工作，从事有盈利的贷款业务，了解收益曲线与货币数量之间的关系，也了解激励银行的机制。但是在格林斯潘之后，就一直是象牙塔里的经济学家主导美联储。他们聪明、拥有好的教育背景，就是没有实践经验。他们的论文很出色，但他们过于沉浸在理论和模型中，不知道在真实的市场中，其他条件永远不是恒定的。因为他们从未在真实的市场中工作过！他们的政策不起作用，是因为这些政策是基于理论而不是市场真实情况推出的。珍妮特·耶伦没有任何实践经验，中央银行里也都是这样的人。他们就像是一个拳击学博士，却没有上过拳击赛场。

我们在第五章中举的一个例子——量化宽松政策（QE）。QE 直接源自需求侧的学术理论，假设降低长期利率将刺激贷款的需求，从而推动贷款。这是个很好的理论，但它是基于供应保持恒定的假设下产出的，而忽略了这个政策影响供应的变量——银行的资金成本和贷款收入。

QE 忽略了利润动机。

美联储从未考虑过在短期利率接近零的情况下，降低长期利率会使贷款利润减少，导致贷款业务对银行家不再具有吸引力。他们从未考虑过利润不足是否会阻碍银行放贷，无论借款人多么渴望贷款，都会扼杀信贷增长。但本·伯南克从未当过银行家，所以不了解这些。而真正的银行家想成为中央银行行长的可能性又太低了。

伯南克的象牙塔局限性在 2008 年也显露了出来。在学术界，他以研究大萧条而闻名。专家们确信，当危机来临时，懂得大萧条的伯南克会非常可靠。但事实正好相反！他放弃了美联储经过现实考验的危机管理工具。因为作为一个没有实践的专家，他认为这些工具不会起作用。作为大萧条的研究学者，他知道什么有效，什么无效。但他跳过了真实有效的部分，直接采取了非常规的方式。他野心勃勃地想在实践中测试自己的理论，这就是典型的拿着锤子找钉子的做法。

回想起来，这并不令人惊讶。伯南克一直钦佩罗斯福应对大萧条的做法，正如他在 1999 年所写的："我认为罗斯福的具体政策和行动不那么重要，重要的是他愿意积极主动地去做。简而言之，不惜一切代价使国家重新振作起来。虽然他的许多政策并没有达到预期的效果，但他有勇气承认并放弃失败的做法，然后继续做需要做的事，并因此受到赞誉。"换句话说，怎么做不重要，先做起来才是最重要的。

因此，伯南克按照罗斯福的做法进行实验，并展现出积极主动的意愿，但没有取得实际效果。他没有使用经得起考验的方法，而是推出了一系列流动性工具，最终实施了量化宽松政策。尽管大量资金在金融系统中流动，但信贷却处于冻结状态，贷款基本降为零，并未创造出广义货币。

为什么会这样呢？因为他放弃了历史验证过的有效方法！

美联储控制着两个利率：贴现率，用于银行向美联储借贷；联邦基金目标利率，用于银行之间的借贷。在大部分历史中，当美联储在危机期间需要向金融系统注入流动性时，会将贴现率降至联邦基金利率之下。这样，银行可以从美联储以低利率借款，再以稍高的利率互相借贷，并获得利差。这种小额的稳定利润可以激励银行注入流动资金。但在 2008 年，伯南克的美联储颠覆了历史。他们做了完全相反的事情！他们将贴现率设为高于联邦基金利率 25 个基点，并一直保持这个水平。他们无法理解这种做法所带来的危害，因为他们缺乏对真实金融市场运作方式的简单了解，他们只是理论专家。我并不是说他们是坏人，只是他们大多数人从未经营过银行或企业。

虽然其中也有例外，伊丽莎白·杜克（Elizabeth Duke）是危机期间联邦公开市场委员会（FOMC）理事，在 2007 年布什总统任命她担任美联储委员之前，她有 30 多年的银行从业经验，并担任高级职务超过 20 年。她从银行家的角度提出了真实市场的担忧，并解释了计划中的举措为何会削弱银行的利润并导致信贷冻结。她还质疑并反对盯市会计准则（尽管 2008 年 12 月才提出）。然而，其他人都是从学术界进入中央银行的。虽然美联储各地区主席从他们所在地的银行和企业中收集了一些反馈，但他们依然无法站在企业主或银行家的角度考虑。

我们在 2014 年得到了更多的证据，当时本·伯南克低调地透露，他无法再为抵押贷款提供融资，因为银行拒绝了他。即使他是本·伯南克，控制着天文数字量级的交易，出场费高达 6 位数，也无济于事。虽然他承担了责任，承认是他对抵押贷款进行更严格的监管导致信贷紧缩，但是他依然没有提到银行的收益曲线，他似乎没有意识到银行的决策点是风险与回报。

没有银行会做利润微薄的事情，这是真实市场的真实表现，而不是理论。

该去哪里学习

如果不是在学校学习，那去哪里学习呢？有一个好办法是找一个导师。

在教育领域，导师是一个被忽视的重要因素。找一个成功的导师，你就可以直接从有执行和实践经验的人那里学习。乔治·格什温就有三位导师，约基·贝拉也有街头少年导师。

动物界很早就是这样做的，母狮不会把幼崽送到学校去学习狩猎，母狮只是亲自带它们去狩猎。幼狮会观察母狮如何潜伏并击杀猎物，然后模仿。如果你有机会观察这种训练过程，你会看到幼狮在前面，母狮远远地跟着观察，让它们边做边学。母狮会观察它们的错误，如果发现它们没学会，母狮会再次向它们展示。这是非常了不起的过程。

动物在模仿的基础上还会创新。这就是黑熊在人口增长、传统食物来源变得稀缺的情况下依旧能生存下去的原因。比如加利福尼亚黑熊通过试错，发现了树汁是补充碳水化合物的含糖美味。然后，它们爬到 30 多米高的次生红杉树顶部，将树皮从上剥到底，舔食渗出的美味树汁。对于熊来说，这是自制枫糖浆。它们自己摸索出一套方法，并教给了它们的幼崽。现在加利福尼亚北部的红杉林中，到处都是攀爬树顶、大口喝树汁的黑熊。这是一对一的训练。如今，黑熊对红杉的威胁比人类还大。这就是真实的自然界。

不喜欢大自然的例子？那举一个体育界的例子：拳王穆罕默德·阿里（Muhammad Ali）。他从来没有受过专业训练，只是跟着导师安杰洛·邓迪（Angelo Dundee）在拳击比赛中进行学习。他没做过任何学术研究，也没有写过论文，他只是在比赛中把对方击倒！他像黑熊一样自己创新，使用绳索击败了强大的乔治·福尔曼，在真实的"丛林之战"中取得了胜利。他没有花哨的拳击学位或认证，只有练习和一对一的指导。这也是他被称为最伟大拳王的原因。

这一切都可以应用到投资中。沃伦·巴菲特曾就读于哥伦比亚大学，但他会告诉你，他的大部分投资知识都是从导师格雷厄姆那里学到的。公司估值，寻找好的、被忽视的机会等，所有这些都来自"证券分析之父"格雷厄姆。格雷厄姆做到了，也教会了巴菲特如何做到。

格雷厄姆于 1976 年去世，但你仍然可以向他和其他已故的伟大投资者一起学习。怎么做呢？读他们写的书。他们写的书，经典、易读。经典的投资著作中隐藏着许多重要观点，想知道去哪里找这些书吗？是时候翻到第八章了！

第八章 抛开这本书吧

这一章的标题并不是真的建议你把它抛开，毕竟我花了这么多时间和心思来写它！但是，如果你在 2015 年读这本书的话，它确实有一个缺点：太新了。很少有新书包含击败大众的可行建议，大多是夸夸其谈。而且，新书出版时受到的过多关注可能会导致书中说的策略都已反映在了市场价格里。你可以先把这本书用来垫旧沙发缺了一截的后腿，当 10 年或 20 年后准备扔掉这张沙发时再把它拿出来，那时也许是最好的阅读时机。

不过也可能不会这样。毕竟我写《投资最重要的三个问题》这本书的一个原因是想测试我公开发表后，里面的方法是否会被打折扣、是否仍然有效。结果证明，即使这本书更新了两个版本，也登上了《纽约时报》畅销书排行榜，里面的大多数方法仍然有效。也许，现在这本书里的内容也会一直有效，只有时间能解答。

然而，在你等待的过程中，还有很多其他精彩而有用的投资书籍可以阅读。有些教授具体的操作技巧，有些展示了华尔街的运作方式，有些会告诉你哪些地方会让你误入歧途。还有些书籍仅仅教你如何思考（当然不是意识形态上的思考）。经济理论类型的经典著作，也会展示市场经济的美妙，这可以帮助你分析当今的经济政策。历史类书籍会提醒我们历史总是惊人的相似，并帮助我们理解当前事件和媒体情绪。

在这个奇特的章节中，我们将讨论所有这些问题。我喜欢把它看作一个线上读书交流会。当然，这是一个单方面的交流会，因为你只能看到我推荐的书，但是你随时可以参与其中。

本章讨论将讨论一些金融著作，会包含如下内容。

- 为什么你不应该期望从流行的新书中获得太多投资方面的帮助。
- 被遗忘的经典著作、杰出传记和有用的历史书籍有哪些。
- 如何学会应对媒体关于末日话题的炒作。

像贾斯汀·比伯一样流行的明星经济学家

新书不会成为房间里的"大象"，因为它们是人们谈论的焦点。它们的理论、预测、观点和结论通常会迅速反映在价格上，尤其是当它们很受欢迎时。即使它们的结论是正确的，可能也并不适合照搬操作。

我们稍后会看到一些新书出版后就很流行，但这些书大多被分为两类：当前事件类或长期预测类。

当前事件类的书籍可能阅读起来很有趣。但这些书籍和对应主题通常有太多闲言碎语，作者的观点和偏见也会掺入其中。就像我这本书里说的，大众很难将事实与观点区分开来，甚至真实和虚构也会被混为一谈。一些非常有趣、易读的书籍也会陷入这个陷阱，想想真人秀或迈克尔·刘易斯的作品。这类畅销的金融新闻报道看着会很有趣，但读者需要区分是事实还是虚构，这并不容易。

大多数关注最近趋势和事件的书籍，只有很短的流行期。它们在图书界就像麦莉·赛勒斯和贾斯汀·比伯（如果你是"婴儿潮"一代，不知道麦莉和贾斯汀，可以想想大卫·卡西迪或唐纳文），他们在一段时间内很流行，但很快会被新的潮流所取代。除非这些书籍里教授了长期有效的经验教训，否则在一两年后就会被淘汰。

> 在市场长久生存的关键是要正确做决策，不要由着个人喜好来行动，就像我的减肥建议一样。多年前，我减掉了50多千克，并通过我自己的神奇饮食方法保持了体重。问我如何减肥的？答案就是不要吃自己喜欢的食物，这样你就不会过量进食，体重自然会减下来！但这种方法永远不会流行，就像不会被打折的市场技巧一样。几乎没有人会这样做，也没有人会买一本书去了解这种方法。

2008年金融危机之后出版的书籍就属于这类，大多缺乏可行的投资建议。其中一些书抓住了投资者的末日情绪，预测危机何时会回归。多年后，"大萧条"和"末日"之类的词仍然是书名常客。另一些是危机生存指南，看起来就像《末日杂牌军》（*Doomsday Preppers*）里的一集内容。

它们都犯了一个基本错误，就是假设"这次和以往都不同"，正如约翰·邓普顿爵士所说的那样，这是投资中最危险的一句话。它们忽视了周期性因素，即使在市场和经济明显好转之后也是如此。也有些书籍被多次修订，试图在多年后找到历史的相关性。

阅读这些书籍可以帮助你了解当时的市场情绪，但不能帮助你了解真实的情况。甚至从书名中你就可以得知情绪，无须浪费时间阅读。这些观点和悲观的预期已经反映在股票价格中。这是逆向投资者与大众博弈的好方法。

而那些长期预测类的书籍通常也没有太多用处——在接下来的30个月内没有用处就等于现在没用。这个类别几乎包括了哈里·登特（Harry Dent）写的所有内容，他利用人口变化来预测长期股票回报率，并以此广为人知。你可能还记得他在 1999 年预测道琼斯指数会在 2009 年达到 35000 点，或者他在 2012 年预测到 2022 年道琼斯指数会达到 3300 点。这些说法骇人听闻、引人注目，但很明显对投资者来说并没有太多价值。

其他一些长期预测类的书籍在学术上更为严谨，但对投资者来说同样没有太多用处。很多书甚至并不是为投资者而写，而是被包装后的长期经济展望和政策建议。

卡门·莱因哈特（Carmen Reinhart）和肯尼斯·罗戈夫（Kenneth Rogoff）于 2009 年在普林斯顿大学出版社出版的《这次不一样》（*This Time It's Different*）是他们早期关于债务和经济危机的研究成果，它也是将政策建议作为经济分析的书籍。它声称高债务会导致经济增长缓慢（后来被发现数据有误），为欧元区危机时期的紧缩政策提供了理论基础。阅读这类书籍可以帮助你了解经济政策背后的观点和理念。如果你对这类事情感兴趣，你可能会喜欢这些书。只是要记住，它们是社会学书籍，很可能存在偏见，不能作为投资指南。

经典著作必有经典之处

那些无益的书就不多说了。你应该读什么书来寻找有用的、可行的投资建议呢？

从经典著作开始吧！

在旧书中，你更有可能发现"客厅里的大象"。这些经典著作很多人都读过，但大家认为它们太过陈旧，已经过时了。但是，市场和人性从根本上并没有改变，旧的方式仍然重要。这使旧书里隐藏着长期有用的概念和方法。并且，传奇投资者有其成功的原因，经典著作可以让我们直接向他们学习。

接下来，我会给大家一个书单。但首先要致歉，这个书单并不完整。值得一读的经典著作有很多，但由于本书篇幅有限，不得不剔除一部分。想要获得更完整的书单，可以查阅谢尔顿·泽登（Sheldon Zerden）在 1972 年出版的《股市最佳书籍》，它里面介绍了 100 多本书，每本书大致有一页的介绍，大部分都是必读之作。其中包含了市场基础知识、金融历史、投资者心理、逆向思维等方面的宝贵智慧。只是由于它出版时间较早，一些现代经典著作没有包含在内，但它依然是投资者必读的参考书目清单。

《聪明的投资者》（*The Intelligent Investor, Ben Graham,* 1949）

这本书历史悠久，蕴含了很多智慧。格雷厄姆的另一部巨作是 1934 年他与大卫·多德合著的《证券分析》，被称为投资界的"圣经"，也是一本宝藏。但《聪明的投资者》对我们更为有用，特别是自 1973 年修订之后。

《证券分析》是关于如何选股的书，引人入胜，值得一读，但对于多元化的投资组合反而用处较小。《聪明的投资者》更聚焦于市场先生。"市场先生"就是大家所说的股市，也是格雷厄姆关于波动性论述的主角。"市场先生"反复无常，某天过度热情，隔天就惊慌失措。正如格雷厄姆的名言：市场短期看是投票机。这种非理性行为在一个高效市场中，为我们创造了逆向投资机会。

"市场先生"是这本书中最著名的部分，但格雷厄姆还写了很多精彩内容。他有关风险的讨论提醒我们，短期波动率和实际风险是不同的概念。他对道氏理论的责问，向我们展示了本书第七章讨论的学术理论公式的局限性，以及为什么这些已经预先被反映在价格里了。

他强调了一个真理：没有所谓的好股票或坏股票，只有好公司或坏公司。股票只是股票。格雷厄姆教授的这些经验教训可以帮助你避免大多数常见的错误。

如果你想阅读格雷厄姆的《证券分析》，请选择1934年出版的原版，这是最经典的版本。虽然后来出版的修订版也不错，但较现代的修订版本掺杂了太多鱼龙混杂的现代理论，与格雷厄姆最初的观点不太一样了。

《怎样选择成长股》（*Common Stocks and Uncommon Profits, Phil Fisher*, 1958）

沃伦·巴菲特曾经将自己的投资理念描述为"85%来自本杰明·格雷厄姆，15%来自费雪"。这里说的"费雪"就是我的父亲菲利普·费雪。

我父亲是一个彻头彻尾的批判性思考者，他教会了我如何思考。这本书展示了他的思维方式，也会帮助你像他一样思考。这是第一本进入《纽约时报》畅销书榜单的投资书籍，如今在亚马逊上仍卖得很好。

《怎样选择成长股》大部分内容是讨论公司的。我父亲认为多元化投资的好处被高估了，他对于市场周期并不关心。无论如何，这本书值得一读，它篇幅不长，一个下午就能读完。看完你将明白为什么股票评估应该是定性的，而不仅是定量的。

你会一遍又一遍地看到，自己可能会犯的错和从错误中吸取教训的重要性，不要让自尊心在犯错时蒙蔽了你的双眼。你会看到群体心理是如何使投资者误入歧途的，比如1949年的经济衰退带来的末日情绪。你会看到情绪影响决策的危险性，以及遵守投资纪律的好处，不因历史价格趋势或近期价格走势而做出买卖的决策。

我父亲给投资者的建议是永恒不变的。不要被公司的营销宣传所欺骗；无论是长期还是短期，不要根据过去的业绩或收益来决策是否买卖股票。父亲应该不喜欢罗伯特·席勒的周期调整市盈率理论。如果你不相信，请阅读下面方框内的文字。

正如我们在第七章中看到的，席勒的周期调整市盈率（CAPE）将当前价格与过去 10 年通胀调整后的公司盈利进行比较，声称高的 CAPE 意味着未来 10 年的回报率将低于平均水平；反之亦然。

我父亲在席勒构想 CAPE 的几十年前就已经反驳了这一观点。以下是来自《怎样选择成长股》一书中第九章的一小节，标题非常有趣，叫作"别忘了你的吉尔伯特和沙利文"。

> 同样地，许多投资者会非常关注过去 5 年的每股盈利，试图以此决定是否应该购买某只股票。
>
> 仅看每股盈利，并对四五年前的盈利赋予意义，就好像试图从一个没有动力的引擎中获得能量一样。仅知道一家公司四五年前的每股盈利，不管是今年盈利的 4 倍还是四分之一，都不足以决定是否应该购买或出售这只股票。而真正重要的是，了解接下来几年可能发生的事。
>
> 投资者不断地被那些关于过去 5 年价格的报告和所谓的分析所影响。他应该记住，对他来说，最重要的是未来 5 年的盈利，而不是过去 5 年的盈利。

还有另一个很好的建议："不要害怕在战争恐慌时买入。"最重

要的是"不要随波逐流"。用他自己的话说："看穿大多数人的观点，并找出事实，是在股票投资中获利的一种特质。然而，要培养这种特质并不容易，我们所接触的人，他们的各种观点会对我们的思考产生重要影响。"

《股票大作手回忆录》(*Reminiscences of a Stock Operator, Edwin Lefèvre*, 1923)

这是我一直都很喜欢的书。我在自己 1993 年的作品《影响美国金融市场的 100 人》(*100 Minds That Made the Market*) 中说过，任何人在做出重要投资决策前都应该阅读这本书。几十年过去了，这本书依然很实用。

这本书相当于杰西·利弗莫尔的"传记"，作者尝试深入他的内心、挖掘他的思考方式，并展示了短期买卖这种投机行为的荒谬之处。举个例子，就像每个人都可以从利弗莫尔在 1901 年恐慌期间所犯的错误中吸取教训一样（稍后详述）。

实际上，利弗莫尔出版过自己的书，即 1940 年 3 月出版的《股票大作手操盘术》(*How to Trade in Stocks*)。这本书也值得一读，但它更像一本"不去做什么"的指南。他从价格波动中赚取巨额收益后变得狂妄自大，并在一场豪赌后破产，于 1940 年 11 月结束了自己的生命。这位天才交易员没有守住自己的财富，曾四次申请破产，一次次赚取巨额财富后又全盘亏掉。这些事都记录在 2001 年理查德·斯密特（Richard Smitten）出版的传记《杰西·利弗莫尔：世界上最伟大的股票交易员》(*Jesse Livermore: World's Greatest Stock Trader*) 中。

但我对《股票大作手回忆录》这本书情有独钟。我们可以从中看到，年轻的利弗莫尔初中毕业后直接进入股市，从一开始的记录股票价格的小职员到日内交易员，再到传奇的"豪赌小子"和华尔街之王。这本书刻画了他一生的崛起和低谷，作者也在本书中分享了他从中学到的经验和教训。这是充满智慧的一本书！

不过，具有讽刺意味的是最重要的教训在早期就显现出来了：

> "虽然我的交易计划很合理，但我并不总是赚钱，只是胜多于败。如果按计划执行，也许十次中七次有胜算。实际上，我只在确信能赚钱时才会进入市场，对于那些一开始就很确定的股票，我总能赚到钱。然而，真正打败我的是没有足够清醒的头脑坚定地执行我的计划。万事皆有最佳时机，我无法在最佳时机入场，其间什么事都有可能发生，然后打乱我的计划。这也正是华尔街大多数人失败的原因。也有一些傻瓜，他在任何时间、任何地点，随随便便就能做出买卖股票的决定。也有华尔街的傻瓜认为自己必须一直交易才能保证收益。没有人每天都有充足的理由或足够多的智慧进行股票买卖。"

利弗莫尔的整个职业生涯都在重复学习这个教训，与这种人性的本能作斗争。炒股赚钱，购买土地房产；再赚钱，然后赔钱。泡沫吹起又破灭，周而复始。最后，他在遗书上道出了一切："我厌倦了与命运抗争。"

但《股票大作手回忆录》刻画了一位更快乐的利弗莫尔，更加轻松地分享了他的成功和错误，虽然书中偶尔有吹嘘的内容，但总是能教给你一些知识。

《逆向投资策略》（*Contrarian Investment Strategy: The Psychology of Stock-Market Success, David Dreman*, 1980）

这是另一本我非常喜爱且对我产生巨大影响的书。它讨论了20

世纪 70 年代后期的市场情绪，当时人们正在美国经济滞胀和其他经济问题中苦苦挣扎，展示了其时代特点。

这是一本讨论投资中群体思维和从众行为的优秀著作，有些部分就像本书的前传。比如其中一章展示了专业预测者的糟糕预测记录，可以追溯到 20 世纪 60 年代（甚至更早）；其中也展示了技术分析师和基本面分析师如何形成他们自己的群体。就像我们在第一章中讨论的那样，他们使用相同的模型、理论和假设。

作者通过记录投资者在旧时代的从众行为，如密西西比计划和 1962 年牛市高点，直接展示了从众行为的危险。虽然书中关于估值的说法已广为人知，没有太多应用价值，但这只是本书中的小缺点。总的来说，这本书展示了如何在行动中用逆向思维的方法获利，教授了可以用于当下问题和情境的思维方式。

作者在我之前，也在《福布斯》杂志上开设了一档专栏，叫作"逆向派"。过去的几十年来，他和我的专栏经常轮流在杂志中出现。他现在仍在更新，只是频率很低。我非常怀念之前隔空相交的日子，偶尔对立但大多时候一拍即合。当然，《福布斯》杂志一直是逆向投资者的重要知识来源。

《客户的游艇在哪里》（*Where Are the Customers' Yachts?*, *Fred Schwed*），1940

这是另一本篇幅短却非常经典的著作，大字号排版只有 150 页，一个下午就能轻松看完。

它写于 1940 年《投资顾问法案》颁布之前，在某些方面也显露出了其时代特点。本书假设在大萧条之后，股票进入了一个永久牛市，用简单的语言向我们传达了一些非常基础的知识，比如过去的表现永远无法预测未来的回报、每个买家背后都有一个卖家、声称能够预测超短期回报的人都只是猜测。

本书也展示了一些错误行为。比如错误地认为趋势是你的朋友，也就是所谓的动量投资。本书还提醒我们，抨击华尔街和银行家的错误行为永远存在，其实这是大众在为自己的错误找理由。大众被市场打败时，宁愿责怪别人，也不愿意承认自己犯了错误。这剥夺了他们吸取教训的机会，是一个危险的陷阱。

《顾客的人》（*Customers' Man, Boyden Sparkes*, 1931）

这部独具匠心而小巧的作品，更多是关于华尔街的结构的，而不是投资，这对于市场参与者来说同样重要。

《顾客的人》也是一部虚构的寓言，时间背景是 1929 年股市崩盘，旨在让股票经纪人（当时被称为"顾客的人"）了解新的监管法规。

主人公是一位音乐家，他为了赚钱迎娶心上人而去华尔街闯荡。但他是一位正直的人，对行业中的利益冲突和同事的不道德行为感到厌恶。这个故事展示了将金融产品销售与咨询服务分隔开的规则为什么至关重要。近几十年来，这条界线变得模糊，对投资者造成了损害。政治家、监管机构和投资者都需要重新了解，为什么金融产品销售和咨询服务融为一体是危险的，这会引发怎样的利益冲突。

经济理论

实在不忍现在转换话题，因为在上节我删减了很多精彩的内容。但本书篇幅有限，纯投资类书籍并不是投资智慧的唯一来源。投资智慧还来自政治学、经济学，我们已经看到这两者在市场上如何影响到经济兴衰。这方面的经典著作也可以给予我们帮助。

《看得见的与看不见的》(*That Which Is Seen and That Which Is Not Seen, Frédéric Bastiat*, 1850)

我们在第五章中探讨了巴斯夏的破窗悖论，那段内容就是来源于这本书。《看得见的与看不见的》由 12 篇文章组成，用以警示 19 世纪法国政治家干预自由市场会有多危险。作为法国自由学派的一员，巴斯夏认为繁荣源于自由的人民和自由的商业活动，政府干预只会让经济变糟。法国人开始对此置之不理，但时间证明巴斯夏是正确的。

这本书是关于意外后果法则的一堂简短而精彩的课。用正常大小的纸张印刷大约只有 40 页。这本书在 19 世纪中期被译成了英语出版，虽然语言会有些生硬，但逻辑简单明了，里面讨论的话题也永不过时。

例如，国家应该保持庞大的军队以促进就业吗？高税收和公共投资是否能刺激经济增长？没有政府支持，艺术会消亡吗？公共基础设施支出真的能刺激经济发展吗？自动化制造会取代人工并导致社会的崩溃吗？政府能比银行更好地分配信贷吗？

我们的政治家和大众仍然在这些问题上纠结，这些一直都是热议的话题。了解巴斯夏的思想和缘由会帮助你在美国国会试图"解决"某些事情时权衡风险。

《国富论》(*The Wealth of Nations, Adam Smith*, 1776)

1776 年是一个重要的年份，那一年，美国宣布独立，亚当·斯密发布了市场经济体制原理。你可以自己判断两者哪个对美国的自由和繁荣更重要。但请阅读完《国富论》之后再做决定。

这位优秀的苏格兰人致力于研究国家富强的本质原因，并写下了《国富论》。此书发表时，英国正在经济崩溃边缘。殖民地在声讨国王乔治是一个暴君，在经历几个世纪的重商主义君主统治下的英国人开始了个人主义的观念觉醒。斯密提出了一个简单而激进的观点：如果允许的话，在市场竞争这个"看不见的手"的推动下，每个人追求财富的自私行为会为社会创造财富和进步。这也成为苏格兰启蒙运动的中心。自私的卖家会不断创造更新、更好的商品、服务和技术，因为他们在不断地互相竞争，想让自己的商品和服务更受人喜欢。而自私的买家只选择最好的产品，通过讨价还价将价格拉低到自然水平，让自己以最低的价格购买更好的商品或服务。在这种模式下，每个人都是赢家。

《国富论》在长达数十万字的篇幅中反复强调了这一点。亚当·斯密展示了自主决策将如何推动殖民地的繁荣，以及皇室放任自流的政策将如何让殖民地蓬勃发展；也展示了庞大的政府和高税收将如何削弱经济活力；还展示了专业化和精细的劳动分工将如何推动生产力飙升——他没有活到工业革命的全盛时期，但他确实想象到了。他还展示了只要人们对银行家有信心，法定货币就能够发挥作用，而不需要金本位。

亚当·斯密了解自己的读者，他为大众而写，这是全球最易读的一本经济理论巨著。它不会让你读得昏昏欲睡，反而会特别吸引你。读完这本书会让你变得更加聪明，帮助你理解为什么自由经济体表现最佳，以及为什么市场讨厌政府干预。

《新激进主义者的经济指南》(A New Radical's Guide to Economic Reality, Angus Black, 1970)

作者用的是笔名，他的真名是罗杰·勒罗伊·米勒（Roger Leroy Miller）。我在洪堡州立大学读书时遇到了他，之后他改变了我的生活。

　　在遇见米勒之前，我几乎学了洪堡州立大学全部的经济学课程。成绩很好，但我仍然没有理解经济学的全局。就好像我研究了一辆车的所有零件，了解了每个零件以及它们如何配合，但我依然无法理解它们如何使车辆跑起来的。

　　然后有一天米勒来我的学校做演讲，推广这本简单而生动的自由市场宣言。初见他时，我坐在听众席上，他走进会场，那时他是一位年轻的芝加哥大学的经济学家，一头飘逸的长发、穿着黑靴子，新潮得不像一位经济学家！洪堡州立大学位于遥远的加利福尼亚州北部的乡村森林地区，那里是吸大麻的自由派嬉皮士的天堂，米勒与他们看起来几乎一样。

　　米勒从嘉宾席站起来说："如果你持自由派观点，并认为自由派政策对你关心的所有领域都有效，那这本书将向你展示你想象不到的真相。"我当时是一位19岁的自由派思想者，心想："天啊，我的老师会在学术上把他撕碎的。"并期待着这一刻发生。但是，当开始问答环节时，我的老师都只问些无关紧要的问题。米勒比他们更了解经济学这个领域，他们也知道这一点，所以不希望和他在公开场合产生冲突，以免难堪。

　　就在那45分钟内，我脑海里思绪万千，我突然懂得了经济这辆汽车是如何运作的，我变成了一个自由市场主义者。米勒通过事实、理论和常识证明，政府过多的干预只会产生问题，而不是解决问题，自由市场可以发挥比政客和严格监管更大的作用。

　　当我回到家时，我的新婚妻子谢瑞林也为我的巨大变化感到震惊。米勒书中的论点改变了我对所有事物的看法，让我了解了新古典主义经济学以及整个学术界是如何运作的。但最重要的是，我学会了在有限的情况下将新古典主义经济学模型应用于市场预测。

　　这本书也可以帮到你，它是学习新古典主义经济学的绝佳途径，可以让你获得全新的信息并自由选择你认可的观点。这本书里的有些观点确实是激进的，偶尔会有粗俗的语言和政治不正确的内容，但这些都是那个时代的特色。这也许可以解释，为什么本书如此默默无闻。但我不在意这些瑕疵，希望你也一样。这本书是必要且永恒的。

《积累财富过程的商业指标》（*Business Barometers Used in the Accumulation of Money, Roger W. Babson,* 1905—1930）

因为巴布森在 20 多年中对本书进行了多次修订，所以你选择任何一版都行，也不必全部阅读，因为核心内容变化不大。修订版很容易找到，你可以在网上找到免费的资源。

该书是长期投资者进行基础经济分析的早期著作之一。巴布森知道无法判断股市短期走势，但如牛市和熊市，或者是"衰退期"和"繁荣期"这种较长的周期，是可以被识别和预测的。他书中列出的商业指标可以教我们如何做。

这部书的每一版都以标题为"两类统计数据"的简短章节开始，它区分了"比较统计数据"（如收益和营收）与"基本统计数据"（显示潜在的经济状况）。他解释说，比较统计数据是有用的，但并不具有预测能力。他主张投资者应该基于基本面情况来预测周期，这在当时是一个革命性的新概念。他当时推荐的一些指标，如铁路企业收益等已经过时，但有可替代的指标，如航空货运量和联运陆运量，这类统计指标也在发展。而其他一些指标，如广义货币供应量，是永远适用的。只是度量货币数量的计算方式在演变，现在增加了"类货币"，如信用卡等。

巴布森称这本书是每个投资者都应该读的应用经济学教材，但这样说显得有些枯燥。实际上这本书并不枯燥，比如它会用寓言故事来说明为什么按照经纪人的建议购买股票是徒劳的。它为这种深入的经济分析带来了很多有趣的内容。

《商业周期》（*Business Cycles, Wesley Clair Mitchell*, 1913）

我在第五章中提到过米切尔的这部巨作。我非常喜欢这本书，所以这里再次提及它，真的写得很好！在我看来，米切尔是经济学、统计学、周期和预测方面的大师。

当米切尔在 1913 年写下《商业周期》时，大多数人认为繁荣和萧条只是自然发生的，有点像气候变化。很少有人想到它们可能只是周期的一部分，这个周期是市场经济伴随的偶尔过度的行为引起的。很少有人能想到，萧条只是"看不见的手"自动纠正这些过度行为的方式。实际上，这些周期会让市场向繁荣之路前进。

米切尔想到了这一点，这本书就是他的理论和证明。他收集了大量的数据，观察、分析、测试和推断，没有夸夸其谈，只有科学的论证方法。本书富有趣味，带领我们穿越整个经济周期，在每一步都解释了如何做和为什么。

我们看到企业会倾向于过度扩张，高估潜在利润，一旦无法控制成本就会遭受经营的挤压。随着银行和市场萎缩，我们会看到信贷成本上升。然后，当企业无法偿还债务时，恐慌就会来临。我们看到恐慌达到峰值时，信贷会被冻结，接着，对流动性的需求让美联储在这本书出版的同年应运而生。然后，我们看到价格恢复，商业好转，重新开始新一轮的扩张。

本书展示了华尔街和"主街"是如何交织在一起的，没有对立，只有协同。今天，它就如一个世纪前一样重要。在读完本书后，你可以尝试阅读他在 1927 年为美国经济研究局出版的《商业周期：问题及其背景》（*Business Cycles: the Problem and Its Setting*），这是深入探究全球经济预测起源的另一部杰作。

《统计数据会撒谎》（*How to Lie With Statistics, Darrell Huff*, 1954）

正如马克·吐温曾经引用本杰明·迪斯雷利所说的："谎言有三种：谎言、糟糕的谎言和统计数据。"哈夫这本书以有趣的形式向我们展示了这是怎么回事以及为什么是这样。书中还配了有趣的插图。

这本书篇幅不长，我不会过多地赘述，也没必要，书的标题已经说明了核心思想。哈夫展示了统计数据如何被扭曲，以产生预期的结果，支持某种偏见，或执行作者希望执行的邪恶小任务。任何人都能让数据说谎。

为什么要阅读这本书？想想那些关于经济、市场和政策的疯狂言论，都是以数据为依据的。正如我们在皮克提和赛斯的著作中看到的那样，其中很多观点都是假的。如果你知道如何检验和剖析，它就很容易被揭穿，哈夫正好告诉了我们如何做到这一点。

如果你没有读过这本书，你就无法摆脱群体思维。所有认为自己受过教育的人都应该读一读，即使你和我一样在学校里学习了统计学。这本书很好理解，你不需要学习统计学课程就可以从哈夫的书中得到收获。

向传奇人物学习

并非每位传奇的投资者都写过书，大多人都忙于工作而没时间写书。幸运的是传记作家替他们完成了这项工作，我们可以通过传记作家写的书阅读他们的生平故事，了解他们的做法，并从他们的成功和失败中吸取经验和教训。

《罗斯柴尔德家族》(*The Rothschilds, Frederic Morton*, 1961)

根据金融界的说法，内森·梅耶尔·罗斯柴尔德（Nathan Mayer Rothschild）是第一个提出"市场血流成河时就是买入时机"的人。不管是否第一个提出，《罗斯柴尔德家族》还是值得一读。即使内森没有说过那句名言，他的行动也说明了他的确是那么干的。

正如标题所示，这是一本讲述罗斯柴尔德家族 200 年传奇历史的书，故事从 18 世纪 60 年代法兰克福犹太隔离区的梅耶·罗斯柴尔德开始。这本书大约 300 页，篇幅不长却很精彩。

罗斯柴尔德家族开设了世界上第一家私人银行，实际上也是当时全世界的中央银行，为政府、战争和工业发展提供资金支持。罗斯柴尔德的家族成员都各尽其力，而内森是领袖，也是天才投机者。他在拿破仑战争期间大赚一笔，确实是在血流成河时进行买入。他在 1826 年挽救了英格兰银行，1893 年 J·P. 摩根也做了类似的事情。他开创了国际信贷，引入了纸质单据作为存款证明，为借款人省去了实物抵押品作为存款证明的麻烦。

你会从他们的故事中学到很多东西。最有价值的教训之一是从这个家族在拿破仑战争期间的冒险行为中得出的。内森当时的投机行为很传奇，他从一开始就知道，战争不会阻碍商业和正常生活。人们仍然需要吃饭和购物，而罗斯柴尔德家族对此非常确信，并采取行动从中大赚了一笔。记住，下次你听到有战争爆发的时候，肯定是经济下行时，那就是买入的好时机。

我在读完这本书之后，给我的第二个儿子取名为内森·罗斯柴尔德，可想而知这本书对我有多重要。

《摩根财团》(*The House of Morgan: An American Banking Dynasty and the Rise of Modern Finance, Ron Chernow*, 1990)

这本书讲的既是有关 J·P. 摩根这家银行的故事，也是有关摩根这个传奇人物的故事。如果没有约翰·皮尔庞特·摩根这位传奇金融家，现代银行和资本市场可能还不存在。也许美国也不存在了，毕竟摩根在 1893 年的恐慌中挽救了美国。如今再也找不到像摩根这样的人了：坚韧不拔、富有远见、具有多面性、残酷却又善良，他是独一无二的存在。

这本书超过 800 页，需要一些耐心才能读完。它讲述了美国金融体系和摩根家族四代人吸引人的历史。摩根家族是 19 世纪后期在美国等同于罗斯柴尔德家族的存在，也为政府提供过紧急援助资金。你将在书中目睹机智的摩根如何操作和交易，最终终结了 1893 年和 1907 年的金融市场恐慌。你将作为旁观者参与到神秘的杰基尔岛国会听证会上，见证美联储的诞生。你将看到在大萧条期间，费迪南德·佩科拉和其他政客如何对银行家进行抨击，最终导致了《格拉斯 - 斯蒂格尔法案》和零售银行与投资银行的分离。

纵观摩根家族 150 年的历史，你将看到金融市场所经历的一切，这是一个扣人心弦的故事。

《詹姆斯·J. 希尔与西北部开发》(*James J. Hill and the Opening of the Northwest, Albro Martin*, 1991)

罗斯柴尔德家族和摩根家族是我另一本书《影响美国金融市场的 100 人》中的关键角色。接下来要说的三位人物也一样，首先是伟大的西北铁路巨头詹姆斯·J. 希尔。

罗杰·巴布森称詹姆斯·J. 希尔为"统计学的伟大学者"。这位 19 世纪的铁路大亨是一位伟大的思想家、商业领袖和投资家。他也是一位典型的靠自己努力白手起家的巨头，在没有土地补助、征用权、政策优惠以及任何政府补助的条件下，他通过建设铁路帝国推动了美国整个西北部地区的增长和产业发展。

希尔晚年才涉足华尔街，因此本书的大部分内容记录的都是他建设铁路帝国的过程。但是，他的商业决策对投资者也具有参考意义，他对经济形势的分析和对利润的关注也直接影响了今天的证券分析方法。尽管如此，他在华尔街的表现才是本书真正精彩的地方。当希尔进入华尔街时，他已经是一个野心勃勃的人，他试图将他的北方铁路打造成一个横贯美国大陆的铁路帝国。

他表现出了强烈的逆向投资思维。在 1893 年的恐慌中，他买下了北太平洋铁路。他对芝加哥、伯灵顿和昆西铁路的竞标让竞争对手埃德·哈里曼嫉妒不已，也为 1901 年的恐慌埋下了伏笔。通过北方铁路的盈利，他在 1898 年花费 400 万美元购买了明尼苏达州梅萨比山脉一块含铁矿的土地，安静等待了 8 年，才与美国钢铁公司签订了采矿合同。专家们开始不理解其中的深意，但在 1906 年这 400 万美元变成 4.25 亿美元时，才发现这对希尔及其股东来说是一个巨大的胜利。当时他设法让他的雇员以半价购买股票（他也是员工股票期权的先驱），使他的雇员也享受到了这场胜利，这种创新精妙绝伦。

希尔的壮举也对证券法和反垄断法的发展做出了贡献。这本书针对这一部分只有简单的概述，但不用担心，在后面我会推荐另一个本相关的论述更详细的书。

《华尔街黑暗天才》（*Dark Genius of Wall Street: The Misunderstood Life of Jay Gould, King of the Robber Barons, Edward J. Renehan Jr.,* 2005）

如果你想看一个充满戏剧性的故事放松一下，杰伊·古尔德是很好的选择。古尔德令人憎恨，他让镀金时代的其他人看起来像小猫一样任他摆布。除非你与他有血缘关系，否则他确实挺遭人讨厌的。

但不得不说，他也是美国最具创新精神和创造力的金融家之一。我一直都喜欢他的不羁，显然作者也很喜欢。这是一部逆势而行的引人入胜的故事。

虽然我不建议大家模仿古尔德操纵公司财务数据来推高股价，因为这会让你坐牢，但他独特的技巧和严格的纪律性至今仍然可取。他被憎恨是因为他冷酷无情，这迫使他不受待见。也许他本来就希望这样，这样的环境和本能使他成了一个逆向投资者。

古尔德越成功，社会就越抵触他。范德比尔特和阿斯特家族无法容忍这位通过投机而获得名声和财富的新富豪，他们说他是通过错误手段致富的，他不配拥有这些财富！1892年《纽约时报》的一篇报道称，他的财富约为7000万美元（相当于今天的12亿美元），然后愤怒地谴责了他的自私手段，称他不像阿斯特或范德比尔特那样为城市发展创造繁荣。在这些人眼里，古尔德是一个寄生虫和游走在犯罪边缘的人。

事实是，古尔德并不是寄生虫。虽然他压低价格收购公司，但他并没有掠夺和破坏。他收购并经营这些公司，改善经营状况，同样创造了繁荣。他只是开创了今天私募股权投资机构所做的事情，更何况他还没有收管理费。你将从这本书中了解这一切。

但古尔德也确实引发过恐慌。具体来说，古尔德引发了1869年的恐慌。他试图垄断黄金市场，并差点成功。他还试图胁迫他合作伙伴的妹夫格兰特总统提高黄金的价格。格兰特拒绝了，并且还抛售了美国财政部5%的黄金储备，因此导致黄金价格暴跌。投机者被击垮了，但古尔德没有。他从格兰特的妻子那里得到了内幕消息，并在高价卖出躲过了这次危机（就像我说的，你不应该模仿他所做的一切）。

书中还有许多有趣的故事，我先不给你剧透了，留着你自己来探索吧。

《海蒂·格林：爱钱的女人》（*Hetty Green: A Woman Who Loved Money, Boyden Sparkes and Samuel Taylor Moore*, 1930）

海蒂·格林被称为"华尔街女巫"，她的传记已经上市了几本，但没有一本能像这本书一样完美地展现了她的市场头脑和投资方法。其他传记更多在描述她的怪癖和小道消息，但海蒂讨厌八卦。这本书在她去世14年后出版，描述了她传奇天才的一生。

海蒂打破了19世纪华尔街只是老男孩俱乐部的惯例，是古尔德、希尔和摩根时代唯一的女性金融大亨。她智胜投机者，至少两次挽救了纽约市。传说当竞争对手铁路大亨科利斯·亨廷顿拿她儿子威胁她时，她果敢地拿起枪指向亨廷顿，警告他最好不要这么做。她讨厌亏钱，当她的丈夫在一笔银行交易中亏掉了她的资金后，她一怒之下抛弃了她的丈夫。

对海蒂来说，感情用事是软弱的表现，通过购买消费品或服务来享受财富是挥霍无度的行为。

她的节俭几乎到了疯狂的地步，为了省钱和避税，她带着孩子们住在布鲁克林和曼哈顿的廉租公寓里，过着近乎流浪的生活。她为了财富成倍增长，基本拒绝花钱。到去世的时候，她已将600万美元本金增值到1亿美元，相当于每年以6%的收益率进行复利增长。

她喜欢购买债券和抵押贷款。如果贷款违约，她就保留房产。她从不错过买入便宜股票的机会，尤其是铁路股。在1873年的恐慌中，她的策略很简单："当物价低迷、没有人想要购买时，我就买入。我会持有它们，就像保留相当数量的钻石一样，直到它们升值并且人们渴望购买时才卖出。这就是商业成功的秘诀。我从不投机，我购买的股票都是投资，并且从不使用杠杆。"

海蒂像弹钢琴一样控制着市场的情绪周期。她总是在恐慌的最低点买入，并在价格接近高点时卖出。她在 1907 年卖出了纽约尼克博克信托，因为那里的员工"打扮得太好看了"，一定是狂热情绪的表现！然后，她转向购买陷入困境的银行和金融机构，就像一位更加低调、谦逊的 J·P. 摩根。

海蒂知道如何权衡风险，也不追逐虚幻的利润率。我们要学习这位了不起的女士，不必像她那样节俭，但可以从她的纪律严明、跑赢大众的方式和对复利增长的热爱中学到受益的知识。

《约翰·邓普顿的投资之道》（*Templeton's Way With Money, Jonathan Davis and Alasdair Nairn*, 2012）

约翰·邓普顿爵士自己写过传记，但大部分是关于他的信仰、科学和个人理念的。本书刚好填补了空白，展示了这位有史以来最伟大的共同基金经理的崛起和交易策略。

正如我在第六章中提到的，邓普顿是第一位开创了全球投资的人。第二次世界大战结束后不久，当大多数外国人因为日本的资本管制而感到恐惧时，他开始投资日本。他研究了这个国家和它的文化，了解了它的经济和政治体制，并做出了自己的决策。在 20 世纪 80 年代初，他也是最早关注韩国的投资者之一，当时韩国经济在朴正熙的军事独裁倒台后仍受到严格管制，但结果证明他的决策是明智的。你将从他的这些全球冒险中学到很多。

大多数人都熟知的邓普顿的名言："牛市在悲观中诞生，在怀疑中成长，在乐观中成熟，在狂热中死亡。"这本书中还有很多这样的名言，比如："如果你想在二三十年内取得最佳结果，就得保持灵活性。灵活性是指避免人类固有的天性，即购买你过去希望购买的东西，或者继续购买过去为你产生收益的东西。"

还有一条是"永远不要随波逐流。"他喜欢在市场"最绝望"时买入。他避开头条新闻，自己独立思考、探索事实。储贷危机最严重时，每个人都在卖出，但他通过逐一审查银行的资产负债表后开始买入。购买初期也下跌了一些，但他知道无法准确把握最低点（和顶部），所以他坚持下来了，这是十分正确的决定。你可以从他的策略和思维方式中学到很多。我曾见过他几次，他是一个了不起的人，有远见、谦逊、勇敢、节俭，有敏锐和灵活的商业头脑。

正如我在这本书的推荐语中所说，这是一本关于伟人的伟大著作。投资者无论资历深浅，业余还是专业，阅读此书都会受益匪浅。它也属于投资前的必读书目

《美林的传奇：百年兴衰录》（*Catching Lightning in a Bottle, Winthrop H. Smith Jr.,* 2013）

这是一本公司的传记，记录了美林证券完整的历史，讲述了该公司的许多创新之处。

美林是20世纪投资银行和经纪业务的先驱者，在查理·美林将华尔街融入主流经济的愿景驱动下发展壮大。他们是首家将投资者教育作为宣传工具、教导普通人如何进行投资的证券公司，也是首家意识到要重视女性投资者并向散户示好的机构。他们也最早使用计算机，最早发布上市公司年度报告的机构。他们还是最早提供现金账户服务的公司，包括支票和信用卡，这使客户可以将交易收益直接投入市场，免去了银行转账的麻烦。美林也是首家一站式金

融服务商（可惜它是第二家上市的投资银行，不过也不能总是首家是吧）。

美林的历史实际上就是美国金融服务业的历史，该书的副标题并非言过其实。在海伦·斯莱德大摆宴席时，美林以惊人之势席卷了华尔街。美林当时首创的每件事都成为今天被普及的做法，作者亲历了历史的演变。作者的父亲，老温斯洛普1916年大学毕业时就加入了美林，到1940年开始掌权。作者从小耳濡目染，并于1974年也加入了美林。他在公司任职28年，其中大部分时间担任高管职务。没有人能比他更好地讲述这个故事了。

不过，我对这本书的后三分之一的内容有一些保留：后面有太多篇幅都在批判斯坦·奥尼尔。奥尼尔确实导致了美林2008年的衰落，这是事实，并且已经被反复报道过了，书中没有必要花太多笔墨去描述这件事。

不管怎么说，这本书的前三分之二非常棒，足以使其成为一本非凡、丰富、富有智慧的书。

谨防自传

你会注意到这里漏掉了一类书目——自传！特别是经济政策制定者的回忆录，比如美联储成员、财政部部长、总统顾问。他们一般都会在离职后立即签约出版协议，所以市面上有很多这类书籍。

其中很少有人是出色的作家，他们有很多有趣的故事可以分享（大多数会找写手来完成），但作为投资者，这些事对你并没有太多价值。

因为这些人不会告诉你事情的真相，只有极少数例外。他们告诉你的事，是他们希望你相信的东西。他们写自传更多是为了美化他们的职业生涯，而不是告诉你实情。无论是反思整个职业生涯，还是回忆一段时期发生的事（比如经济危机），都如此。你唯一能从自传里了解的是他们做某些事的逻辑和思维过程，但仅此而已。

自传只是事后自己的文字描述，他们在执政期间所做事情的历史记录反而能让你找到更多有用的真相，比如美联储会议记录。

美联储会在 5 年后公布当时每次会议的记录，这样有好有坏。好的方面是我们终于可以了解全部真相了，了解他们知道什么、什么时候知道的，以及在什么时候向我们撒谎了。不好的方面是，5 年时间太长了，时效很重要。如果 2008 年的会议记录早一点公布的话，珍妮特·耶伦也许就不会被选为美联储主席了！这些记录在参议院确认她担任主席的仅仅几周后公布。如果参议员和公众提前知道了这份会议记录，他们很可能会提出更难的问题来评估她的能力，而不是只看她的履历。他们可能会问为什么在金融体系岌岌可危的时候，她会嘲笑那些艰难求生的牙医和乡村俱乐部成员？为什么在 2008 年秋天市场已经跌入深渊后，还没有任何行动去改善？他们可能还会问她，为什么在雷曼兄弟公司破产后的那一天投票反对降息。

2008 年的美联储会议记录有 1000 多页，其中蕴藏玄机。这些记录也与美国财政部前部长汉克·保尔森和蒂姆·盖特纳的回忆录有很大出入。会议记录显示，保尔森和盖特纳在对待雷曼兄弟公司的问题上撒了谎。保尔森自己声称英国监管机构不允许巴克莱银行像摩根大通收购贝尔斯登那样收购雷曼兄弟公司。但会议记录显示，是财政部和美联储拒绝为雷曼兄弟公司提供潜在的资金援助。尽管在几乎完全相同的情况下，他们帮助了摩根大通收购贝尔斯登。做完这些之后，政客们互相夸奖工作做得不错，政客们几乎总是认为他们做得很出色。

盖特纳书中描述的也与会议记录相矛盾，书中说他支持巴克莱银行这样的机构收购雷曼兄弟公司。如果是这样，为什么他在会议上没有这么做呢？为什么他在事后的庆贺中也没有发表不同意见？为什么他没有反驳说"雷曼兄弟公司破产不是一次胜利"？

你可以在美联储的网站上看到这些内容。你会看到美联储的行长和各地区主席互相祝贺他们推动了雷曼兄弟公司破产。你还会看到伯南克在那次会议的政策声明中，对宣传口径比对银行体系更关心。你也会清楚地看到，他们当中没有人认为使雷曼兄弟公司破产造成了任何损害。这很能说明问题了！这告诉你监管机构是无知的，他们搞砸了这件事并引发了更大的问题。

这才是有用的知识，但这是你无法从美化过的回忆录中获得的。

那些忘记历史的人

历史书籍会带我们回顾那些我们忘记的市场波动和恐慌，了解历史有助于我们正确看待现在的市场。

历史也能让你免受媒体炒作的影响。2008 年，大多数金融记者都太年轻，没经历过 1929 年的大萧条，无法理解这场危机本质就是一场典型的银行恐慌。而这种情况在 19 世纪和 20 世纪初经常发生，只是被大众遗忘了。对记者们来说，这是如末日般的前所未有的事。大多数人不了解历次恐慌，所以他们也不知道复苏的过程有多快。

记者们的情绪影响了大众的情绪，华尔街尸横遍野，但这反而创造了绝佳的逆向投资机会。

你越了解历史上的复苏、熊市、崩盘和银行挤兑，就会越明白太阳底下几乎没有什么新鲜事，也不会再因为未知的事物而恐惧了。市场几乎已经见识过，也经历过一切了，并且最终一定会以更强、更好的姿态走出来。

有太多精彩的金融历史书籍，每一场重大经济事件发生后都至少有一本相关的书籍，难以一一列举。抱歉的是我只列出了其中 5 本，只是抛砖引玉而已，还有更多好书等待你去发掘。

《大癫狂》（*Extraordinary Popular Delusions and the Madness of Crowds, Charles Mackay*, 1841）

截至 1841 年，金融泡沫的历史已经存在了几个世纪。作者麦基在这本书中记录了这些事，比如密西西比泡沫、南海泡沫、荷兰郁金香狂热以及许多让我们又爱又恨的工业化之前的经济泡沫。

为什么要担心呢？因为经济泡沫普遍会被误解，专家总是在没有泡沫时看到它们，并在泡沫存在时忽视它们。我们经常在牛市开始时听到，这是泡沫开始了。就像美国上涨的债券、黄金、白银、房地产等，在过去的 20 年一直被误认为是泡沫。而真正的经济泡沫是罕见的，通常也会被忽视。

经济泡沫是群体心理事件。当我们身处其中时，几乎每个人都会迷失自我（希望你在读完这本书后不会）。哪怕是世界上最聪明的人——牛顿爵士也在南海泡沫中损失了一大笔财富。他一开始看起来很聪明，早早进场，在几乎翻倍后退出。但后来他看到朋友们获得了更加巨大的收益，就变得贪婪、嫉妒起来，几乎在泡沫的高峰时冲进市场。结果损失了 2 万英镑，按照现在的汇率相当于 300 多万美元，这几乎使他破产。传说他曾说过："我可以计算出天体运动的轨迹，但无法计算人们的疯狂。"

在真正的泡沫中，聪明的人也会把理性抛到一边，试图去解释为什么这一次会与众不同，供需也变得不再重要。现在当互联网公司初次公开募股（IPO）时，利润也无关紧要了。那些能够识别泡沫的少数人，甚至不被欢迎、受到嘲笑。

这就是这本书想向我们展示的，人们在泡沫膨胀时会陷入认知和思维陷阱。他描述的现象很容易与 1929 年的股市崩盘、20 世纪 80 年代的黄金泡沫以及 1999—2000 年的科技股泡沫相对应。这本书是讨论泡沫的经典著作。

虽然时代不同，但故事从未改变。媒体告诉我们这一次不同，但正如我 1985 年在《福布斯》杂志总结麦基的书时写道的："不管媒体说什么，金融市场几个世纪以来并没有发生真正重大的变化。"这句话依然有效，也依然经常被遗忘。

《美国货币史（1867—1960）》（*A Monetary History of the United States, 1867–1960 or The Great Contraction, Milton Friedman and Anna Jacobson Schwartz*, 1963）

这是有史以来最伟大、最全面且最重要的经济史书籍之一。如果它的篇幅让你产生了畏难情绪，那么你可以从《大收缩》（*The Great Contraction*）开始阅读，这本书是《美国货币史（1967—1960）》中关于大萧条那一章的单行本。这本书详细展示了美联储不明智的政策如何推动了经济下行。它非常引人入胜，在阅读时你甚至不会注意到弗里德曼和施瓦茨在脚注中也写了很多内容。

如果《大收缩》是任何想要了解大萧条读者的必读书目，那么《美国货币史（1867—1960）》对于任何想要了解美国的人来说都至关重要。它跨越了一个世纪，从美国南北战争后的绿背纸币时代，到货币稳定供应和增长的 20 世纪 40 年代末和 50 年代初。其中每一次冲击、恐慌、繁荣、银行挤兑、经济衰退、大萧条和扩张，都从货币主义的角度分析并给出了解释。弗里德曼和施瓦茨还讲述了银行、银行家、政策、政治家以及债务等方面的故事。

你在书中将会看到很多富有个性的人物，比如威廉·詹宁斯·布赖恩，他是自由白银运动的领导者等，这些都在我 2006 年出版的书《投资最重要的三个问题》中有详细描述；还将了解美联储的早期情况，了解塑造它的人们，也会了解到为什么新政并不像宣传的那样完美。

当你读完时，你会希望作者在去世前出版第二版，并在其中增加尼克松对价格管制的内容。

《美国过去的增长与福利》（*Growth and Welfare in the American Past, Douglass North*, 1966）

这本书是《美国货币史 1867—1960》的亲兄弟，篇幅大概少650 页，但信息量丝毫不减！

诺斯通过研究殖民时期以来的美国经济数据，重新审视过去的流行观点，并用当前数据核验这些观点是否正确。例如，英国在1763 年之后真的阻碍了我们的发展吗？铁路真的是 19 世纪上半叶爆发式增长的原因吗？工业革命后，所谓的"掠夺性资本家"是否真的以无法生存的工资和难以言喻的工作条件剥削工人？在此过程中，他展示了我们的市场经济、技术知识、竞争驱动和强大的教育（学校和工作中）如何相互碰撞，从而创造了美国经济几个世纪的增长和民众更高的生活水平。

虽然这段历史是伟大的，但对我们来说最有用的是一些主流历史观点被辟谣。为什么呢？诺斯是这样说的："经济史学家面临许多重大问题，其中一个是某个社会群体收入到底是改善了还是恶化了。工业革命期间工人的生活水平、19 世纪末农民的收入，或现代的反贫困运动，都是这类问题的衍生问题。我们需要准确地用定量数据来衡量某个社会群体的实际收入和变化，而经济分析可以给这类问题提供解释。"

这在今天仍然适用！虽然具体情况不同，但我们仍然被有关经济增长的原因、过程，以及为谁而发展的说法所困扰。只要市场经济还存在，诺斯的方法和思维过程就仍然适用。他希望找到历史观点和实际现实之间的偏差。这是我们在本书中探索所能得到的认知！

《华尔街铁路之战》(*Harriman vs. Hill: Wall Street's Great Railroad War, Larry Haeg*, 2013)

我在前几页中提到了詹姆斯·J. 希尔，他在这本书里再次出现了，成为 1901 年恐慌故事中的重要角色。而他的传记里只花了一章的篇幅概述这个事件。

1901 年的恐慌基本上是由希尔和他的主要竞争对手埃德·哈里曼之间的恶意商战引发的。他们都是野心勃勃的铁路大亨，每个人都想将自己的铁路线路打造成横跨北美大陆的铁路帝国。

哈里曼拥有太平洋联合公司，希尔拥有大北公司和北太平洋公司，他们竞相接管美国各区域的铁路线路。希尔在芝加哥、伯灵顿和昆西的铁路线路争夺战中获胜。哈里曼则试图恶意收购北太平洋公司，对希尔进行回击——通过库恩·洛布，他试图购买价值 9000 万美元的北太平洋公司股票。希尔得知消息后也疯狂购买股票进行阻止。在短短几天内，他们几乎垄断了该股票，并将股价从每股 110 美元推到高达每股 1000 美元，这个过程也顺带拉动了其他铁路公司的股票和大盘。

随着空头被左右挤压，恐慌情绪开始出现。当股票经纪公司无法偿还股票时空头开始陆续爆仓。股市遭受重创，纽约证券交易所首次崩盘，并创下当时的最大跌幅，随后市场又迅速反弹。

故事并没有就此结束。在共同垄断北太平洋公司之后，希尔和哈里曼都陷入了困境。为了渡过难关，他们共同组建了一个联合控股公司——北方证券公司，有效地合并了双方的线路资产（尽管他们仍然势不两立）。西奥多·罗斯福不喜欢他们的这种做法，联邦政府以《谢尔曼反托拉斯法》对其提起诉讼。虽然北方证券一直上诉到最高法院，但他们还是败诉了。在判决过程中，奥利弗·温德尔·霍姆斯法官提出了异议，他认为捍卫财产所有权是一种道义。这个反对的声音压制了罗斯福对企业进行过度干预的做法，至今也一直对美国的产权法和垄断法持续产生着影响。

以上是这本书的简要概述，是一个关于市场混乱、阴谋和资本家的故事。请务必亲自阅读。

《杰克逊时代的经济》(*The Jacksonian Economy, Peter Tremin,* 1969)

做个小测验：当我们的第 7 任总统摧毁了中央银行，大力推行硬通货并偿还了全部国债时，发生了什么？

按照今天许多专家的说法，会出现一片繁荣的景象，犹如天堂降临。但实际情况恰恰相反。随之而来的西部土地销售和财政浩劫，直接导致了 1837 年的恐慌和长达 6 年的经济衰退，这是有史以来美国经济最长且最糟糕的一次衰退。我们很难找到一本真实叙述当时情况的历史书。

杰克逊的传记大多聚焦于和老希科里的传说，基本上忽略了他所造成的经济浩劫。那本传奇的《菲利普·霍恩日记（1828—1851

年）》（*Diary of Philip Hone 1828–1851*），并没有给出全面的视角和准确的细节，但它强烈地抨击了杰克逊和他疯狂的行为。诺斯、弗里德曼与施瓦茨曾客观地提到这些事件，但篇幅较短。如你有空也可以读读这本霍恩的日记，它立场鲜明而尖锐。

如果你想要客观、详尽地了解那个时期的情况，我推荐的这本书可能是你更好的选择。它客观地描述了双方的观点，并让读者自行判断。就个人而言，我认为事实才是不言自明的。

21 世纪的经典之作

当下出版的投资书籍，在 20 年后很少还能被称为经典之作，每 10 年或许会出现一两本。冒着错误做出长期预测的风险，我在这里推荐两本现代必读书目。

《理性乐观派》（*The Rational Optimist, Matt Ridley*, 2010）

这本书被称作"历史"书，但实际上并非一本纯粹的历史书。作者带领我们回顾了人类文明的崛起，展示了市场经济激发的创造力如何一次又一次地解决问题、克服短缺，并在这一过程中催生了无数新的产业和技术。它以事实和实证为基础讲述故事，展示了那些沉迷于马尔萨斯的悲观主义者错得如何离谱。

正如我所说，这并不是一本历史书。它反击了媒体末日般的悲观狭隘视野，利用历史来告诉大家为何那些末日预测肯定是错误的，对未来的乐观才是合乎理性的。在人类历史上，只要自由市场蓬勃发展，各种观念就会以令人惊讶的方式碰撞，带来无数想象不到的、充满创造力的、可营利的解决方案，用于解决短缺、疾病及其他糟糕的情况。而且是在它们成为问题之前就解决了！

　　当市场获得某种程度的自由时，它会在适应和克服看似严峻的问题上表现出惊人的能力。就像页岩气扭转了石油价格的观点一样，思想的碰撞将解决无法想象的困境。正如柏拉图很久以前所说，需求是发明之母。

　　这本书是一剂良药，专治媒体每天轰炸我们的悲观言论。它将使你保持理智，对我们的长期前景保持乐观，对股票也是如此。毕竟，股票就是神奇的市场经济产生的。

　　另外，你还将从书中了解为什么自由贸易和全球化对未来如此重要。当人们聚在一起时，想法也会汇聚，世界连接越紧密，交换的思想、商品和服务就越多，创造的奇迹也就越多。贸易保护主义的专家们无法理解这一点，因为他们将世界视为一个固定大小的饼，将全球化视为扼杀就业的威胁。这本的作者会告诉你为什么这些都是胡说八道。

《无意义的恐慌》（*Senseless Panic, William M. Isaac*, 2010）

　　读了书里的第一句话你就能看出，这是一本以非主流视角讲述2008 年全球金融危机历史的书，它称："2008 年的金融恐慌和随之而来的衰退不一定会发生，我对为应对衰退而产生的巨大财务、人力和政治付出感到震惊。"

　　许多人认为，2008 年恐慌是房地产泡沫、放松监管、银行贪婪和金融失控产生的自然结果。这也是媒体一直以来在渲染的说法，但这种说法是荒谬的。作者艾萨克在 20 世纪 80 年代储贷危机期间担任联邦存款保险公司（FDIC）的主席，他也许是唯一适合指出问题的人——盯式会计准则才是罪魁祸首。作者在 2008 年 9 月是最早公开主张废除盯式会计准则的人之一。如果美国证券交易委员会（SEC）和财务会计准则委员会（FASB）倾听他的意见，市场可能会比实际情况好很多。

作者通过回顾 20 世纪 80 年代银行遭遇的困境，说明了监管机构的过度干预如何直接引发了 2008 年的金融危机，并以此反驳盯式会计准则。在 20 世纪 90 年代和 21 世纪初出现了一系列所谓的改革，旨在防止 1989—1992 年的储蓄贷款危机重演，但这些改革实际上是为发生更严重的危机埋下了伏笔。

作者指出 SEC 和 FASB 错误地认为，不完善的会计准则导致了 20 世纪 80 年代的问题，并错误地使用了盯式会计准则作为"解决方案"。他展示了"快速纠正"的条款如何对小资本银行施加严厉的惩罚，从而使问题刚出现苗头时，银行就开始疯狂抛售风险资产。他还展示了这些因素如何发生连锁反应，导致了 2008 年 9 月美国各家银行的资产减记和抛售的恶性循环。

我们通过事实和数据看到，3000 亿美元的贷款损失如何演变成 1.8 万亿美元的损失，从而榨取了流动性。当一切开始滚雪球时，我们看到财政部和美联储采取了有政治色彩的危机管理干预手段，最终导致了 2008 年 9 月的市场毁灭性事件。我们仍然不知道财政部和美联储的选择标准，为什么救助某些机构，为什么放弃另一些机构。我们只知道当他们这样做时，一切都失控了。

这本书是一个以事实为导向，严厉批评盯式会计准则和危机管理失控的书。作者的观点独特而正确，正如我们在第六章中所描述的那样，它充分展示了监管机构是如何创造风险的。了解书中关于 2008 年金融危机的描述，不仅可以帮助你更加了解这一重要的金融事件，还可以帮助你知道下一次发生类似的事情时该如何防范。

我们的读书会到此结束了。你的图书清单是不是已经很长了？但请确保你还留有一些空间，因为我们还有一个话题没谈到，就是——行为金融学。

这是我最喜欢的话题之一，准备好了吗，翻到第九章吧！

第九章　行为金融学，当流行遇见经典

在前面八章中，我们一直在训练自己的思维方式，现在能感觉到你的想法开始与众不同了吗？

如果发现有改变，也别太兴奋。世界上所有的聪明才智往往都敌不过一个最大的敌人，就是我们自己。个人的情绪和偏见会影响我们，让我们在错误的时间做出错误的决定。

恰好有一门学科研究这个话题，就是行为金融学，这也是我最喜欢研究的领域之一。正确应用行为金融学，可以找出我们的大脑和情绪是如何误导我们的，帮助我们控制情绪冲动和偏见，以免做出糟糕的投资决策。行为金融学是我们对抗"内心的杰西·利弗莫尔"的武器。

但近年来，这个领域的研究从"如何控制自己"转变为了"如何击败市场"。"行为金融学基金"声称可以通过识别和利用群体的行为错误来获得投资优势，并以此收取更高的管理费。但这不是行为金融学！行为金融学应该用于识别自己的偏见、控制自己的情绪冲动以免犯错，而不是利用别人的心理错误让自己获得成功。假设"别人是愚蠢的"这个行为本身是傲慢的，也是愚蠢的。

近年来流行的行为金融学噱头可能听起来有帮助，但噱头从未帮助过任何人更好地投资。也许自我控制听起来不够吸引人，但金融行为学的自我控制将比现在流行的识别群体错误带给你更多帮助。

在这一章，我们将看到以下内容。

- 谁曲解了行为金融学，他们是如何错误地使用它的。
- 行为金融学可以给你提供哪些战术上的优势，以及它提供的哪些东西并不会给你带来优势。
- 如何正确地应用行为金融学。

行为金融学的起源

研究人员对投资者心理的研究已经进行了几十年，但直到2002年，丹尼尔·卡尼曼（Daniel Kahneman）因其1979年的开创性论文《前景理论：风险下的决策分析》（与心理学家阿莫斯·特沃斯基共同撰写）获得诺贝尔经济学奖后，行为金融学才真正成为主流理论。

这两位心理学家挑战了很多人长期以来一直认可的一个假设，即人们在做决策时是理性的——仅在冷静地权衡后才做出选择，这被称为"效用理论"。为了印证这个假设，他们向来自以色列、瑞典和美国的人们提出了一系列问题进行实验，要求被调查者权衡确定性、可能性和风险性，最后在各种选项之间做出选择。

第一次实验是按照高风险带来高收益的原则，向被调查者提供两个选择，一是有50%的概率得到1000美元；二是有100%的概率赢取450美元。为了使实验更精准，以色列版本的选项金额换成了以色列公民年收入中位数的三分之一。

然后，他们把这个设定反过来再进行第二次实验：把赢钱换成输钱，看人们面对损失时如何抉择——是选择有90%的概率损失1000美元，还是选择100%地损失900美元？

根据效用理论，理性的人会选择明确的 450 美元的收益和更小的 900 美元的损失。但是，卡尼曼和特沃斯基的实验结果显示，人们在面对损失时并不理性！大多数人在第一个实验中选择了 100% 确定的 450 美元，这与效用理论一致。但在第二个实验中，大多数人选择了第一种情况，即有 90% 的风险全额损失。损失的痛苦如此之大，人们宁愿冒着极高可能全额损失，也想换取不失去任何东西的微弱可能。相反，赢得收益的喜悦也不足以让人冒险面对全盘皆输的风险。

因此，当你听到那个古老的格言——"第一条规则：不要亏钱。第二条规则：不要忘记第一条"时，可以思考一下，虽然它不满足"效用理论"，但它是对的。

我们可以用"前景理论"来解释这一点，它的含义是资者感受到的损失带来的痛苦程度是他们对等价收益开心程度的两倍半左右，这也被称为"损失厌恶"。损失令人更痛苦，所以损失带来的感受更真实。

这是大多数投资行为出错的核心。前景理论解释了为什么人们会对股市波动做出非理性的卖出行为。在市场下跌后，人们希望避免进一步的损失，这导致他们在低位出售持仓进行止损，因为止损的感觉比坚守并等待可能的反弹收益更好，尽管后者可能是更好的选择。我们所有人都倾向于更加努力地避免损失，而不是赚取更多收益。

卡尼曼和特沃斯基的研究解释了各种糟糕决策背后的心理动因，以帮助投资者战胜他们内心的人性本能。因此，一个新的研究领域应运而生。

行为金融学的偏离

在最初的 10 年左右，行为金融学并没有被投资者用于击败市场，而是用于控制自己的本能、避免错误。

但很快，另一种想法开始悄然兴起。那些不认同尤金·法玛理论（即由于市场高度有效，打败市场是不可能的）的人，在行为金融学中反复展示的投资者的非理性行为中找到了"证据"。法玛虽然声称市场是完全理性的，但行为金融学展示了投资者本质上是非理性的，因此市场一定可以被打败！

对行为金融学的研究，很快转向了探索行为上的错误如何影响股市价格，并演变成试图用模型预测非理性行为，而且还将这些模型融入市场预测。这种想法在近 10 年成为主流，一系列宣传行为金融学战胜市场的技巧书变得非常受欢迎，并超过了有关自控力的畅销书。自我控制的理念被抛到了一边，取而代之的是"利用他人的行为偏见"，识别和预测大众心理何时以及如何影响市场价格，然后利用这个机会跑赢大众。

然而，这些对你并无帮助。即使他们的理论是正确的，市场在短期内确实是非理性的，但这些方法也不会给你带来投资上的优势。

首先，它们很符合我们在第八章中提到的——畅销书现象，或者说麦莉·塞勒斯效应（Miley Cyrus effec），这些热门的概念已经提前反映到价格里了。其次，你找不出任何一位使用这一理论取得投资成功的人。

当学术遇上营销

对行为金融学的曲解不仅仅只在学术研究中，还有一些"行为金融学基金"将其付诸实践。你可以购买它们（我并不建议你这么做），这类基金的分析方法各有不同，但总的来说，大多数都试图找到由大规模行为错误导致的价格波动，提前预测，并以此获得收益。

这类基金，有一些是通过寻找羊群效应，找到大众追捧的热门股票或行业，将价格推高到远远超过基本面所能支持的程度，或者高出市场真正有效时能达到的水平。

另一些会寻找锚定效应，诱导大众反复基于某些（通常是无关紧要的）数据来做出决策。例如，一些人会认为股票价格创出新高时会有自我强化的效应，因此这时出现的任何下跌都是买入的机会。一些基金试图发现大众的过度反应或反应不足带来的价差，并以此获利。这是锚定效应的另一种表现（后文有更多描述）。

令人惊奇的是，这类基金基本使用量化交易模型来发现这些错误。从理论角度看，使用量化模型来寻找定性的东西似乎是滑稽的，何况这些模型中的基础假设都存疑。因为许多模型依赖于我们在第七章中讨论的一些过时的、有缺陷的公式，比如资本资产定价模型，或者市盈率（PE）和其他估值总会回归平均值的假定。没有证据表明这些方法有用，这些基金在业绩上也没有体现出任何优势。《投资杂志》的一篇文章提到，他们更像价值基金，业绩也和价值基金差不多，但是投资这类基金的成本却要高很多。

因为"行为金融学"已经成为市场的热词。你不得不服，基于心理学的投资策略来战胜大众，这类基金是有市场的。由于需求很大，提供者数量有限，所以市场能够接受更高的管理费，人们认为这物有所值。

不管怎么说，行为金融学不应该是一个营销工具，它只是一个自我控制的工具。这些基金并未真正应用行为金融学。他们没有做任何事情来帮助投资者控制自己的大脑或情绪冲动，反而会驱使投资者错误地购买或卖出这些基金。

这些基金中，有一些可能是很好的产品，业绩表现也不错。如果是这样的基金，那很好。但是，"行为金融学"这个标签在很大程度上确实只起到了营销的作用。

这些基金寻找的"锚定效应"，是一种避免自己陷入后悔情绪的人性本能，几乎所有人都会这样，专家们更是如此。人们讨厌犯错，我们天生就有积累自豪感和回避后悔感的倾向。

当专家们犯错时，他们只当作是意外。他们会忽视所有新的信息，说服自己，相信自己的预测模型没有任何问题，收益最终会回到均值。他们将自己固守在使用历史数据推导出的模型上，而不考虑实际变化，也不寻找可能存在的有前瞻性的、新的驱动因素。

专家们可能需要一年或更长时间地连续出错，才会改变方向。如我在第二章所说：专业人士犯错的概率更大、持续时间更长。

行为金融学的战术定位

行为金融学可以帮助你在投资组合的配置上取得优势，如选择哪些板块、国家、公司、风格和规模，甚至是否要持有某只股票。虽然这并不是新的行为主义者所主张的方式。

例如，一些人声称，行为主义理论能证明价值投资本质上优于其他投资策略，他们认为错误行为（贪婪/恐惧）将导致价格偏离公司的实际价值，这就使这些基金变成了价值投资基金。这就是那些"行为金融学"基金的走势和表现像价值投资基金一样的原因。主张行为主义能增加收益的人群常说，他们的基金经理能够识别大规模的认知错误，创造成熟的逆向投资机会。因此，我们都应该发挥内心的本杰明·格雷厄姆精神，购买低估值股票，避开成长股，然后等待奇迹的发生。

历史表明，这种理论显然是有缺陷的。价值股有时表现得很好，但并非所有时间都表现得很好。没有一种类型的股票适合所有时间。领先的股票类型总是会有变动。图 9.1 显示了罗素（Russell）3000 价值股指数和成长股指数的月度回报率差异，数轴的上半部分表示成长股领先的月份，下半部分代表价值股领先的月份。看到有多不规律了吧？它们总在无规律地翻转！自从这些指数在 1979 年 1 月诞生以来，价值股在 50.7% 的月份里击败了成长股。这就像是抛硬币一样随机。

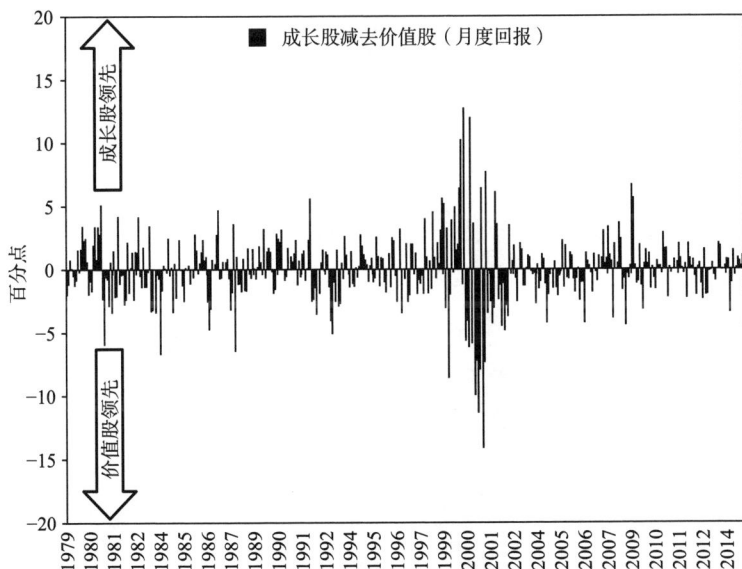

图 9.1　成长股与价值股指数月度回报差异

资料来源：慧甚，2015 年 1 月 5 日。1978 年 12 月 31 日至 2014 年 12 月 31 日发布的罗素 3000 成长股指数和罗素 3000 价值股指数总回报率。

结果太过随机了，这对你毫无帮助。稳定的长期趋势才有价值。我们再来看看成长股和价值股指数的年度回报差异。图 9.2 显示了自1979 年以来两者的年度回报差异，这时你会看到这两种类型的股票都有相对持久的领先期。在这 36 年中，有 16 年是成长股领先。

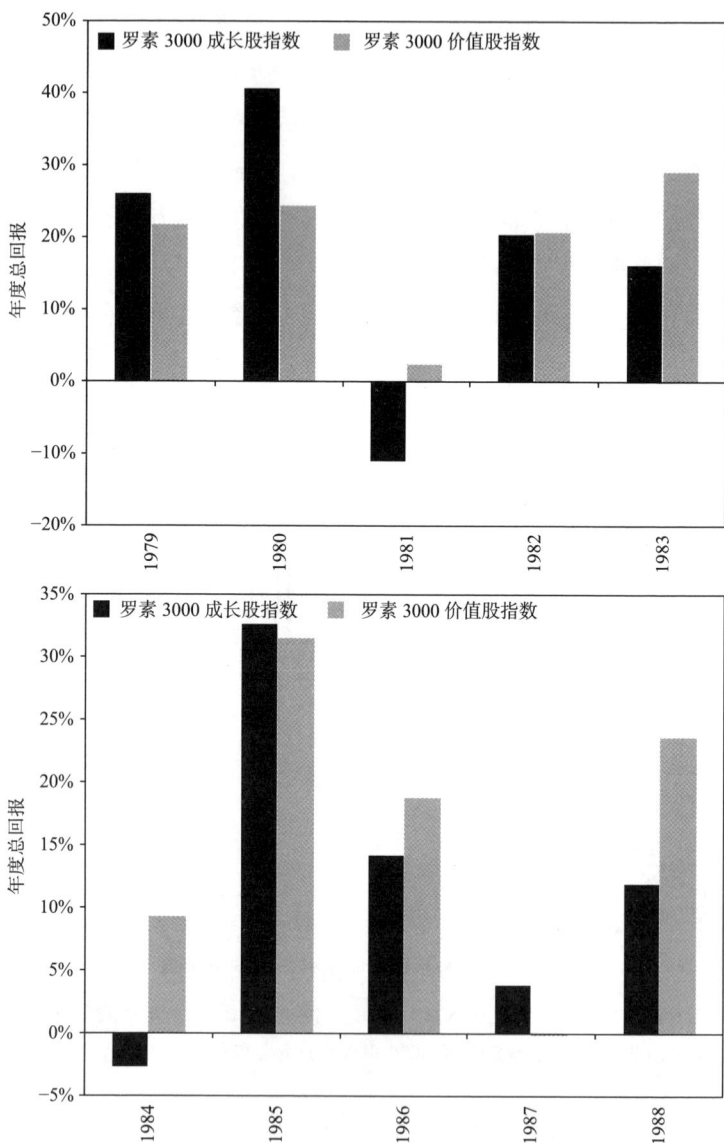

图 9.2　成长股与价值股指数年度回报差异

资料来源：慧甚，2015 年 1 月 5 日。1978 年 12 月 31 日至 2014 年 12 月 31 日罗素 3000 成长股指数和罗素 3000 价值股指数总回报。

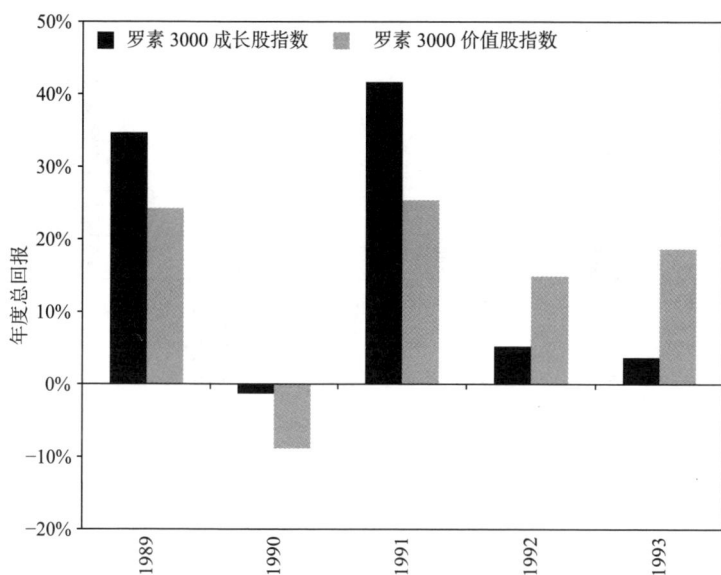

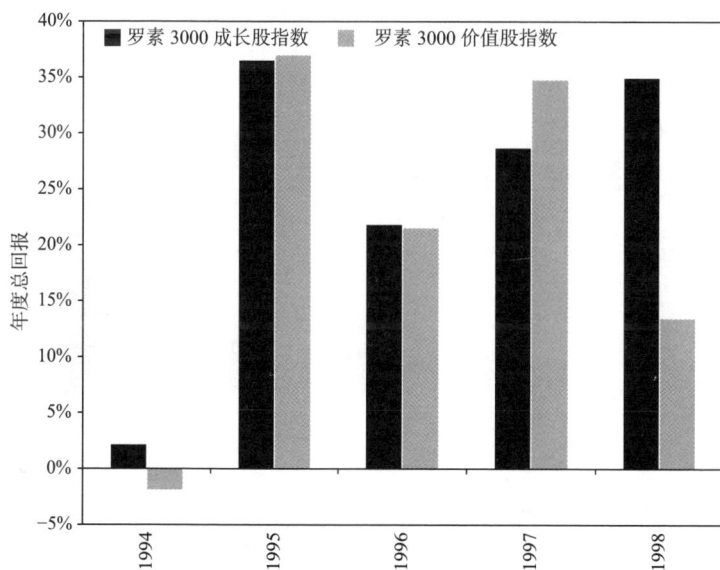

图 9.2　成长股与价值股指数年度回报差异（续）

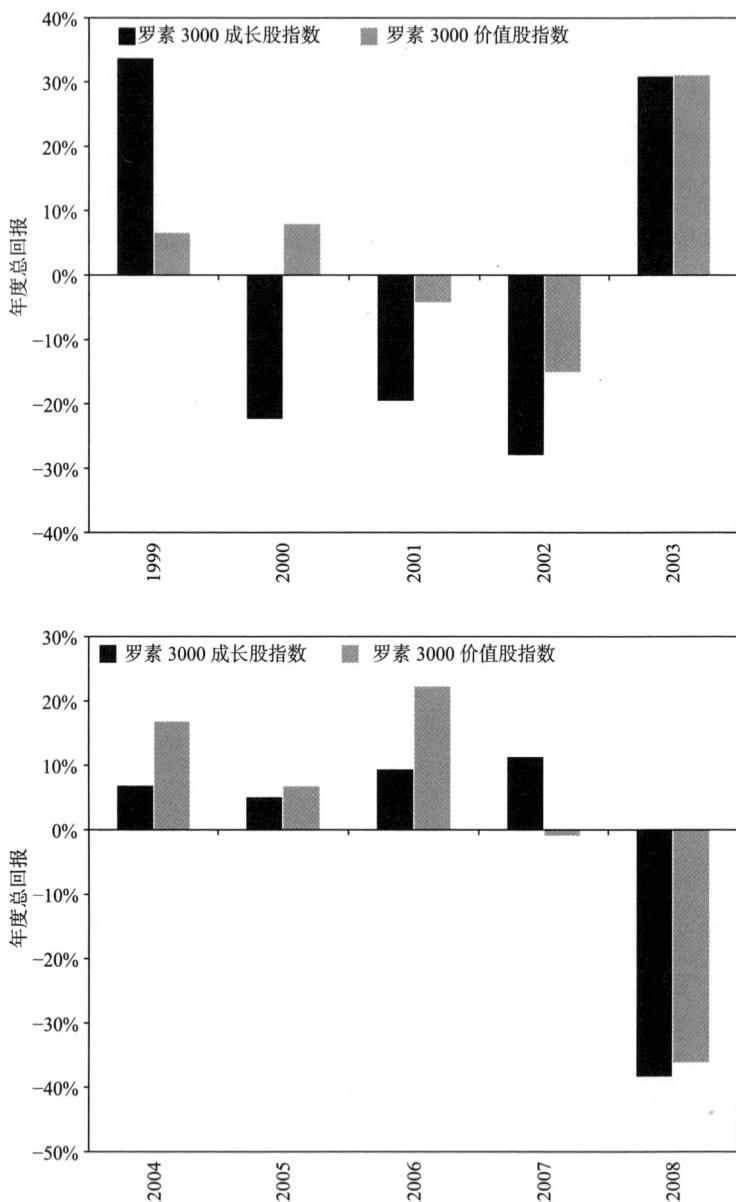

图 9.2　成长股与价值股指数年度回报差异（续）

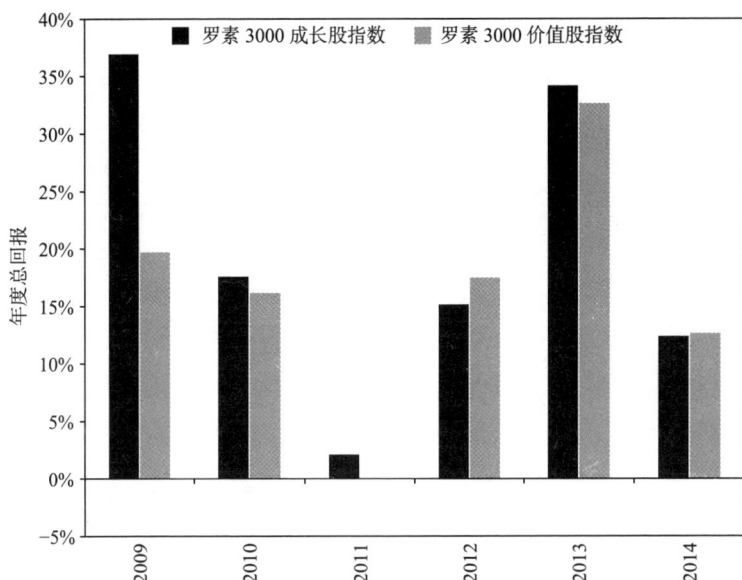

图 9.2　成长股与价值股指数年度回报差异（续）

那么，价值投资什么时候会领先呢？可能就在你不想进行价值投资的时候！我们可以用不同的角度来看待价值股。图 9.3 显示了在过去 4 个完整的熊市—牛市周期中，价值股相对于成长股的回报差异。曲线上升时，证明价值股跑赢了成长股，并不一定是绝对值上的上升，只是相对跑赢。

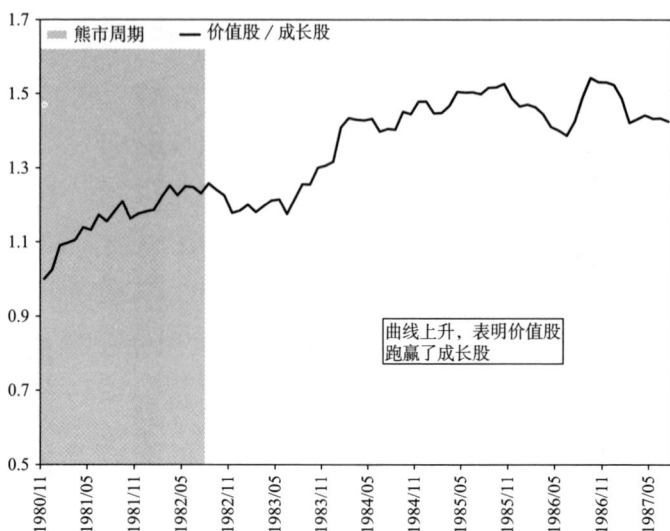

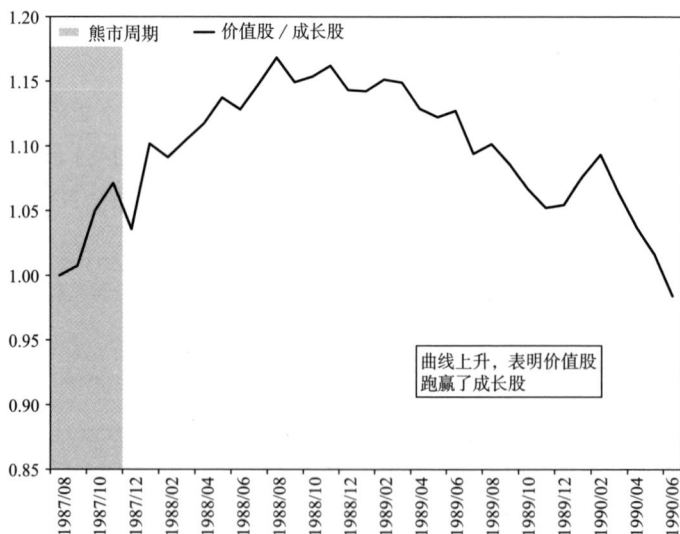

图9.3 过去四个熊牛周期的价值股相对回报

资料来源：慧甚，2014年12月12日。1980年11月28日至2007年10月9日
罗素3000成长股指数和罗素3000价值股指数总回报。由于数据可得性，2000
年2月之前的回报为月度数据，之后为日度数据。

曲线上升，表明价值股
跑赢了成长股

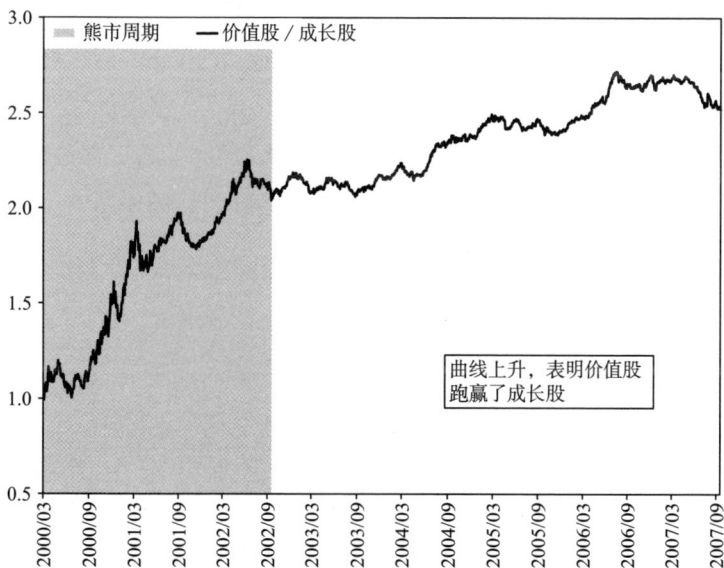

曲线上升，表明价值股
跑赢了成长股

图 9.3　过去四个熊牛周期的价值股相对回报（续）

从图中可以看出，价值股通常是在熊市期间跑赢成长股，那时所有人都在熊市恐惧氛围的笼罩下逃离股市。价值股还会在牛市的三分之一到一半的时间里保持领先，此时大多数人仍然因为熊市的恐慌而谨慎行事。接下来，会由成长股接棒，并一直跑赢至牛市结束。2002—2007 年的牛市是个例外，价值股一直领先至牛市的最后 14 个月，这次成长股没有发挥出优势的原因主要是盯市会计准则的出台，提前结束了牛市（我们在第一章中提到过的）。

行为金融学可以帮你识别这个转折点，这个拐点通常出现在价值股开始流行的时候。价值股价格越高，人们的关注就越多，这就是近因效应（Recency bias），即人们会假定热门的东西会持续保持热门，冷门的东西会持续保持冷门，这使人们忘记了领先者会轮换的历史。贪婪导致人们追捧热点，专家们开始推动"下一次的价值投资浪潮"，坚信找到低估值公司是牛市末期成功的关键。当这种情况开始发生时，就是优势开始转向成长股的时候了。坚信价值投资的人认为，那些被忽视、不受欢迎的成长股永远不会上涨，那些热门、上涨的价值股永远会继续上涨。许多人陷入了自己的偏见中，没有看到其他更好的机会。

近因效应与情绪

从上一节发现，趋势变化始于一个简单的问题：这个板块、国家、风格是否过度热门，或过度被忽视？

为了弄清楚这个问题，我先提出一个略微不同的问题：为什么它热门或为什么被忽视？这种理由是理性的、真实的吗？还是大众受到了近因效应的影响？

近因效应，指用近期的情况推断未来也会一直这样，这样大概率会出错。近因效应使大众在 2000 年相信科技股会一直暴涨，也使大众在 2009 年 3 月的恐惧中相信股票会归零。图 9.4 和图 9.5 显示了这是如何起作用的。近因效应使投资者的大脑欺骗自己，相信 2000 年股票将沿着虚线直线上升，或 2009 年会沿着虚线下降。这种偏见蒙蔽了大众，这让他们不去思考自己的情绪是对还是错，使他们想不到股票实际上是会朝相反的方向波动的。

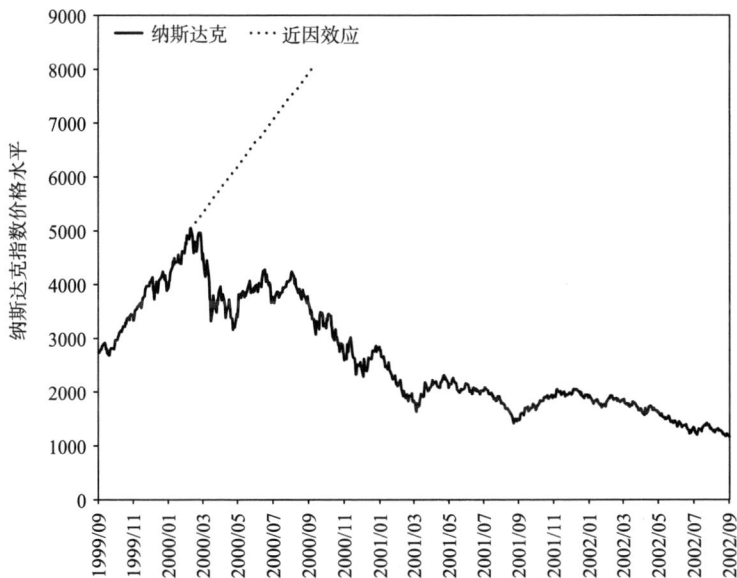

图 9.4 2000 年的近因效应

资料来源：慧甚，2014 年 1 月 31 日。1999 年 9 月 30 日至 2002 年 9 月 30 日纳斯达克价格指数。假设线是对 1999 年 9 月 30 日至 2000 年 3 月 10 日平均每日涨幅的外推线。

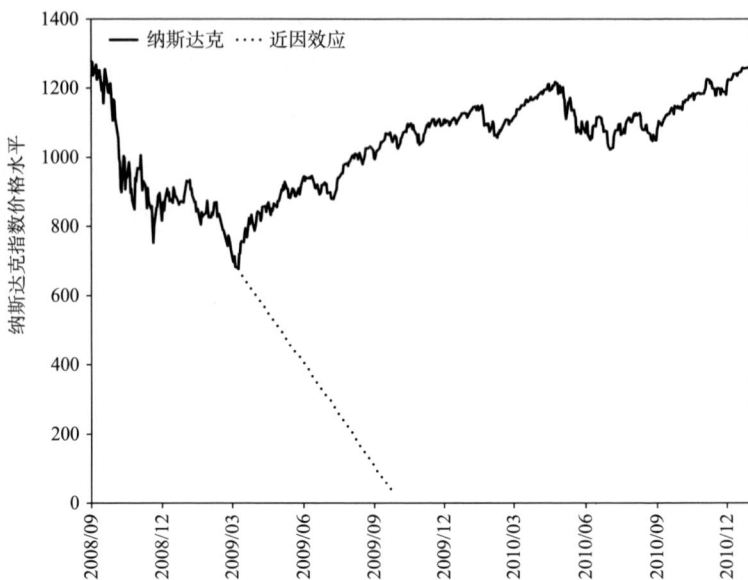

图 9.5 2009 年的近因效应

资料来源：慧甚，2014 年 1 月 31 日。2008 年 9 月 30 日至 2010 年 12 月 31 日标普 500 价格指数。假设线是对 2008 年 9 月 30 日至 2009 年 3 月 9 日平均每日跌幅的外推线。

2000 年 1 月是一个标志，表明需要离开市场的时间临近了；2009 年 3 月也是一个标志，表明在 2008 年暴跌之后，是时候选择进入市场了。

现在，让我们将近因效应应用于风格选择。回到第七章探讨过的"小市值股最好"的说法。这个说法在 2009 年初开始的牛市中流行起来，当小市值股在 2010—2013 年击败大盘股、获得更高收益时，这个观点渐渐得到了更多的支持。直到 2014 年初的牛市下半场，媒体还在炒作热门的、投机的小市值股。我们从第七章的历史分析中知道，小市值股并不优越，它只是在牛市初期反弹得较高而已，由几个好年份抬高了平均收益。这很容易看到和计算，但是近因效应使大多数人无法理解这一点。

　　大多数人简单地将近期的回报率向前推导，假设小市值股指数（罗素 2000）会沿着图 9.6 中的虚线走，这样让小市值股变得非常受欢迎，但这是近因效应造成的，这意味着小市值股是出于错误的原因而受到欢迎，这就必然会出现问题。果然，小市值股并没有按着虚线走。

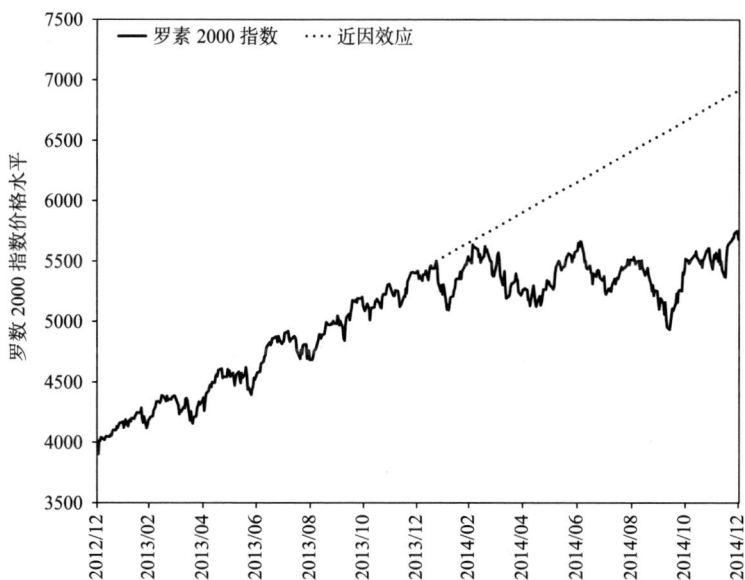

图 9.6　2014 年的近因效应和小市值股票

资料来源：慧甚，2015 年 1 月 5 日。2012 年 12 月 31 日至 2014 年 12 月 31 日，罗素 2000 指数总回报。假设线是对 2012 年 12 月 31 日至 2014 年 1 月 22 日平均每日涨幅的外推线。

　　事实证明，如图 9.7 所示，大市值股在大部分时间跑赢了小市值股。但近因效应使人们误以为趋势会延伸下去，并阻止了他们的大脑思考大市值股的实际情况。

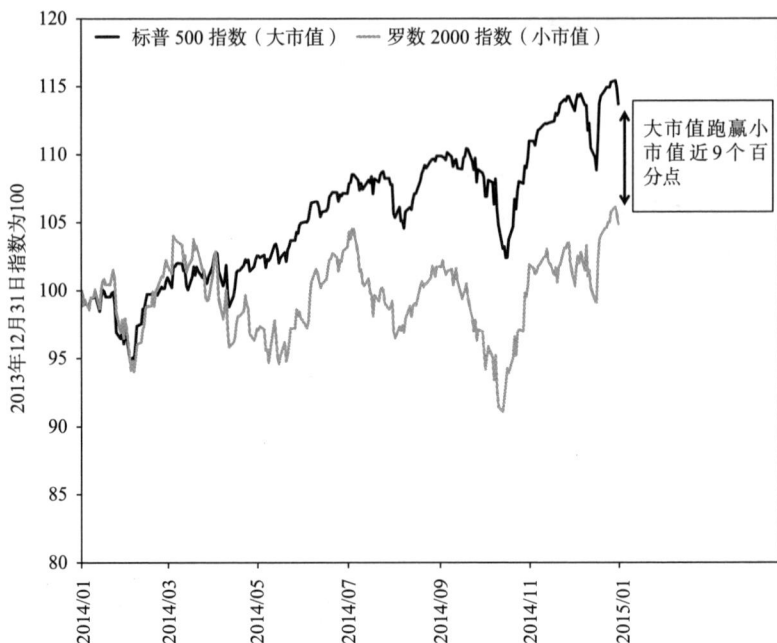

图 9.7　2014 年小市值股票和大市值股票

资料来源：慧甚，2015 年 1 月 5 日。2013 年 12 月 31 日至 2014 年 12 月 31 日，标普 500 指数和罗素 2000 指数总回报。

　　坦白说，在 2012 年，我们公司已经提出了小市值股过于流行的研究结论。当时看起来牛市正在进入下半场，市场情绪变得乐观起来，在 2008 年被股市吓跑的散户也开始重返市场。他们更可能购买他们知道的大公司股票，而不是他们不知道的小公司股票。所以我们在 2012 年就转向投资了大市值股票。事后看来，我们的这个判断下早了，市场在 18 个月后才开始真正转向。

　　市场有时会让每个人看起来都是错的，有时也会让错误持续很长时间，习惯并接受它就好。当这种情况发生时，关键是保持你的纪律性，寻找证据来判断你的推断是否正确。如果确实错了，就纠正方向。如果不是，只需耐心等待。市场会试图引诱你做出反应，然后再杀个回马枪。

如何获得战术优势

你可以利用近因效应和其他认知错误，来识别不同国家、板块、风格和规模的股票存在的机会与风险，或者评估某些股票是过热还是被过度忽略。虽然基本面很重要，但行为金融学不是用来衡量基本面的，它更多是用于确定情绪是否利好经济和政治。简单地说，就是判断人们对某一类的股票是过于悲观，还是过于乐观。

接下来的内容不是告诉你如何跑赢市场，而是告诉你如何避免犯明显的错误。不要被最近的趋势所迷惑，请训练你的大脑清晰地看到过度热门和被忽视的机会。

过度热门的板块是什么样子？ 2000 年的科技股和 1980 年的能源股就是众所周知的例子，它们直接导致了大熊市。但这里有一个更典型的例子，即 2010 年之后的原材料行业的股票，特别是金属和采矿股。

从 2000 年 9 月到 2010 年底，MSCI 全球金属和采矿指数大涨，超过了 MSCI 全球指数 455 个百分点。但从那时起，它的表现就开始下滑，到 2013 年年中，落后全球指数超过 60 个百分点。大多数投资者习惯了该板块随着市场上涨，他们认为这种落后是暂时的，金属和采矿股将很快反弹到高位。这个预期过于乐观了！历史和基本面都没有表明它在短期内会出现持续的反弹。

过度热衷的金属迷们错在哪里了？他们忘记了这个行业往往是周期性的，是大起大落的。有色金属行业的股票长期上涨后，接踵而来的是长期的下跌（参见图9.8）。这种模式有基本面的因果关系。

大宗商品的周期通常始于供应增长受限、需求激增，从而导致价格飙升。生产商因价格飙升而提高产量，直到产量不可避免地超过需求。金属和采矿行业尤其明显，因为它有资本密集、价格敏感和资产生命周期长的属性，这使得生产很难在外部条件发生变化时即刻停止和开始。当价格下降时，收入就会骤减，再加上高昂的固定成本严重打击了利润。之后行业承诺再也不会过度建设，从而再次限制供应，最终为下一个周期奠定基础。

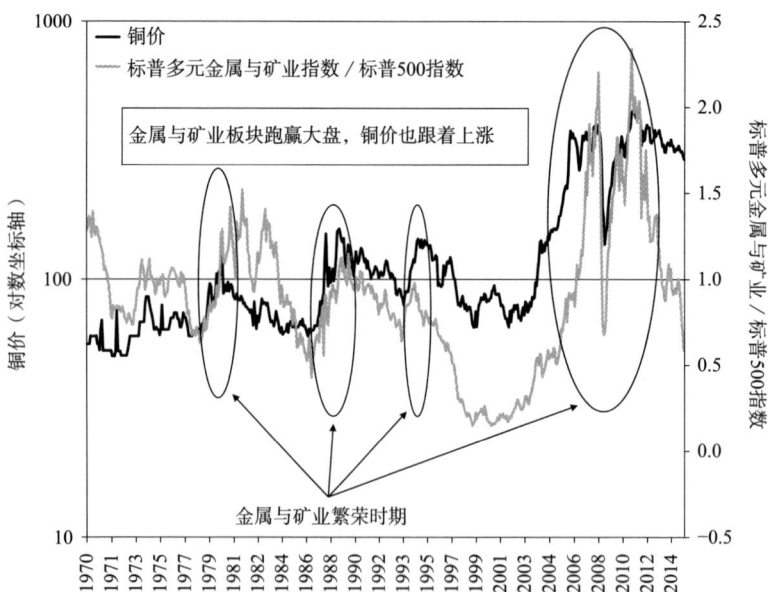

图9.8 金属与矿业板块与铜价的表现

资料来源：全球金融数据（GlobalFinancialData），2015年1月7日。1970-2014年铜电解线价格（以美分/磅计），标普多元化金属与矿业价格指数回报除以标普500价格指数回报，以1963年1月31日为基准，指数化为1。

　　这就是我们自 2010 年以来在金属和采矿行业看到的。过去 10 年的价格飙升推动了大量的资金投入新矿项目，随着多年的大规模资本投入，项目完成后供应显著增长，导致金属价格在全线下跌。正如图 9.9 所示，金属和采矿以及所有与金属相关的股票（图 9.10），表现得都比价格严重滞后。出于同样的基本面原因，能源往往与材料同时交易。在这个周期中，页岩气的繁荣大幅增加了供应，也拉低了能源股的价格、收入和盈利。

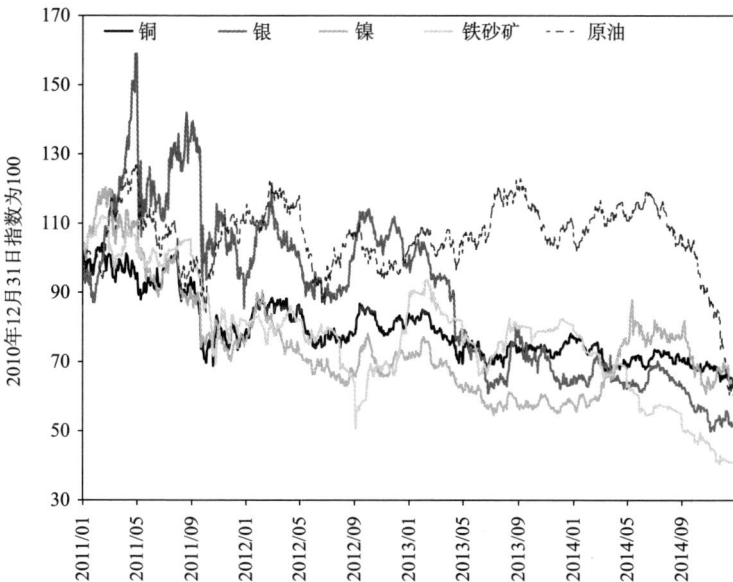

图 9.9　部分大宗商品价格指数

资料来源：慧甚，2015 年 1 月 5 日。2010 年 12 月 31 日至 2014 年 12 月 31 日基准商品价格指数。以 2010 年 12 月 31 日为基准，指数化为 100。

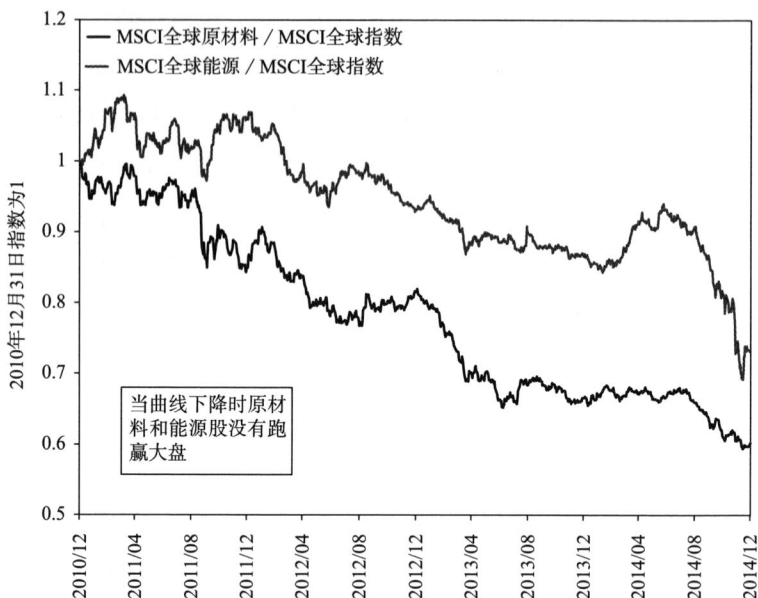

图 9.10　能源与原材料的表现

资料来源：慧甚，2015 年 1 月 5 日。MSCI 世界原材料价格指数除以 MSCI 世界指数、MSCI 世界能源指数除以 MSCI 世界指数。以 2010 年 12 月 31 日为基准，指数化为 1，数据时间至 2014 年 12 月 31 日，回报包含净股息。

这就是过度热门的情况。那么过度冷门又是什么样子呢？让我们来看看 2012 年的金融股。

比如 2000 年的科技行业和 2008 年的金融行业，当某个板块曾引发过大熊市时，投资者通常会在熊市结束很久之后还在讨厌它们，以为自己还在打上一场战役。他们太害怕重蹈覆辙，因此对该行业的每一个潜在负面因素都高度敏感，无论这些负面因素有多小。这种负面情绪在下一轮牛市初期，可能会严重影响这个板块的回报。最终它会达到一个转折点，讨厌损失的情绪使人们忽视了这个板块的基本面正在改善。

2012 年的金融业就是这样的例子，特别是美国的金融业。在那之前，人们对金融业的质疑是合理的。全球的监管机构都在建立新规则打压这个行业，造成了这个行业的高度不确定性。例如，与2008年金融危机相关的诉讼和伦敦银行同业拆借率（Libor）丑闻等违法行为，迫使这些公司不得不为可能出现的巨额罚款早做准备。这对银行的准备金要求不断上升，迫使银行减少贷款、囤积现金。再加上量化宽松（QE）政策缩小了收益曲线利差，降低了贷款业务的盈利能力，进一步影响了贷款业务增长。

但到2012年中期，情况开始好转。大部分新法律已经制定完成，《多德-弗兰克法案》中的条款慢慢明晰，最终版本与早期草案相比明显宽松了很多。监管机构已经明确表示，他们将实施新的全球资本充足率标准（也被称为《巴塞尔协议Ⅲ》），允许银行提前做出规划。这些条款对金融业并不那么好，但也不像之前人们担心的那样糟糕，这就是一个乐观的信号。在美国和全球范围内，经济和资本市场活动正在回暖，这为投资银行和多元化金融服务公司创造了新的增长机会。

投资者们仍然普遍讨厌金融业，但该行业正在逐渐恢复元气，之后的多年都大幅跑赢了市场（如图9.11所示）。等市场情绪反应过来时，从2013年7月至2014年8月中旬，相对回报开始提升，然后再次翻转。这使美国金融股再次变得冷门，开始为下一个周期积蓄力量。

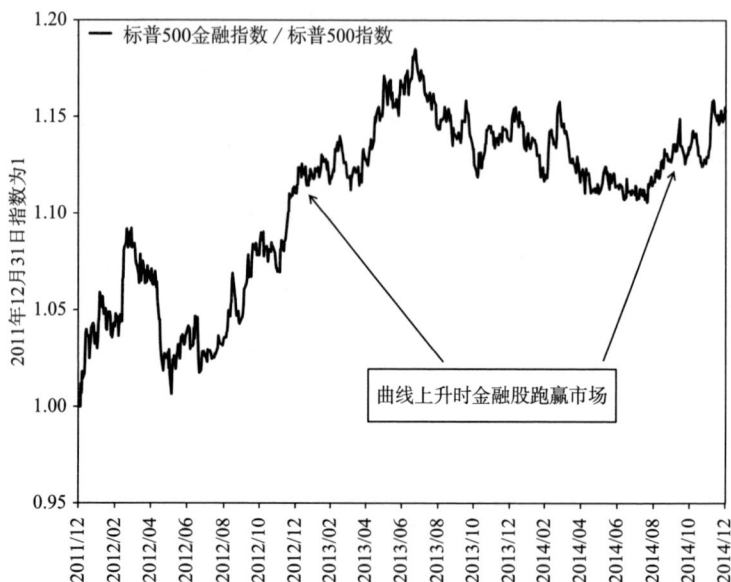

图 9.11　美国金融股的表现

资料来源：慧甚，2015 年 1 月 5 日。标普 500 金融股指数总回报除以标普 500 指数总回报。以 2011 年 12 月 31 日为基准，指数化为 1，数据时间至 2014 年 12 月 31 日。

　　这两个例子表明，大众的情绪都过于专注在近期的情况上，这就是你能发现的掌握大众心理、采取相应操作的潜在机会。人们之所以认为材料行业会表现得很好，是因为它过去确实表现得很好。之所以认为金融业会让人失望，是因为它曾经让人失望过。当大部分人都在回顾过去，而不是展望未来时，这就是你的机会。要避免随大流，要寻找有前瞻性的、基本面的证据，来证明大众是错的。

关于选股

　　你可以用同样的思路选择股票。分析行业板块、国家、规模和风格是决策的第一步，然后是选股票。与公司有关的因素，如增长潜力、资产负债表健康状况、毛利率、全球影响力、管理层、客户和供应商关系、定价能力以及其他诸多因素都是选股的重要因素，但行为金融学可以帮助你选择更好的股票。通过行为金融学识别专家的这个巧妙技巧，是逆向投资者挑选股票的好方式之一。

对于这种方法，我在 1984 年出版的第一本书《超级强势股》中分享过，我在那本书里谈到了如何寻找一家被忽视的快速成长的年轻公司。一家公司可能出于某种原因，比如正处于困境中、管理层管理不善等，而不受华尔街待见。这家公司被大众讨厌，但如果管理层能够扭转乾坤，那么它将具有惊人的潜力，尤其是当你在大众认清这一点之前买入时。

正如我在书中解释的，很少有公司能一直保持惊人的盈利增长。大多数公司在高速发展中都会遇到碰壁的时期，遇到暂时的危机影响收益，这非常正常！高质量的公司通常能很快反弹，但是大众会在专家和舆论的引导下忘记这一点。

你可以从卖方分析师对公司早期成功和减速的反应中看到这一点。当公司一开始就表现出色时，分析师会被看起来强势的增长所迷惑，对公司的未来充满期待，乐观地认为它值得更高的估值。当大众将价格炒到很高时，专家们会对其进行辩解，宣扬这是"千载难逢"的机会，声称这家公司的新技术将开启全新的时代。而当公司出现问题时，专家们又会口诛笔伐地抨击这家公司，会声称这项技术其实从一开始就很弱，或者管理层蒙蔽了他们，或者……又或者……这种辩解明显是在回避问题，我们的大脑在发现自己犯错后会下意识地把问题的矛头转移给别人，让自己感觉好受一些（这是对短期损失产生厌恶的自然情绪反应）。

无论是炒作还是抱怨，都不正确。华尔街过高的期望会导致股票价格快速上涨，专家们会合理化近因效应。而华尔街过度的失望会加剧股票价格下跌，当价格触底时，大众又过于悲观，他们都不期待未来，不期待反弹，也不会想到那家公司并不像他们想象的那样糟糕。

理解华尔街的行为失误，可以帮助你不被卷入这种狂热或悲观之后的血腥之中，会让你在过山车般的经历之后抓住机遇。

这个过程早在大众被一家公司的初期增长冲昏头脑时就开始了，人们相信增长会无限地延续下去，忘记了产品周期是怎样运作的。产品周期从初期的想法开始，然后是研究、开发以及试运行，这是一个成本高昂的阶段。接着是营销，这会进一步增加成本。经历这些之后，如果产品好，订单会逐渐增加，很快销售量开始上升，项目从投入状态转变为盈利状态；公司利润飙升，公司发展前景变好，从而激发了华尔街不可错过的热情。然而，这种爆发总是暂时的。产品会逐渐成熟，竞争者竞相模仿后，销量又开始减少。

产品周期的轨迹总是一条弧线，但华尔街却认为它是一条直线。他们将初始的迅速增长无限地推演向未来。这就是近因效应！

少数一些公司能提前规划新产品，当一个产品的生命周期结束时，新产品会接替它的位置，销售量继续增长，持续这种狂欢。但是，年轻公司的管理团队通常是新手，经常会犯错，然后在工作中尝试和学习。或许他们没有考虑到自己的产品会如此快速地失去市场，形成产品线空缺；也可能他们规划得很好，但执行不力，研发和推出新产品比预期花了更多的时间；又或者他们的新产品有缺陷。这些迹象不能表明公司不好，所有这些问题都可以解决，它们只是面临了暂时的挫折，这是正常的。

但是，这些问题仍然会严重影响利润，甚至导致亏损。因为困难发生时，成本可能已经很高了，而此时公司还需要加大市场营销和生产力度，换取未来销售额的增长，这就是俗话说的"要想挣钱，先得花钱"。如果近期前景黯淡，这些高额成本将很难控制住。解决问题需要花钱，排查问题、满足客户需求、加大营销力度重建声誉以及改进生产流程，这些花费都不少。如果库存报废或生产设备出问题，可能还会面临资产减值的问题。

如果公司成功实现转型，这些损失就只是暂时的。一旦问题解决，营收又开始增长，利润会再次提升，长期来看这个低谷就只是一个小插曲。那些认为公司遭受了永久性损害、在估值下跌时就抛售股票的人将错失机会。

大多数人往往目光短视，看不到这种波动是正常的过程。我们应该反思，找出自己的大脑在哪方面误导了我们，正视自己的偏见，并从错误中汲取教训。然而，后悔的大众仍然心怀怨恨，忽视了反弹的可能性。这恰好是买入的时机，在别人都不想买入的时候买入。

从表面上看，公司经营很糟糕，收益下降，甚至可能亏损。恢复过程可能看起来也乱七八糟，员工和经理会被迫辞职或被解雇；为了止损，管理层会尽可能地降低开支；有问题和不赚钱的项目可能会被放弃；整个产品线可能会被淘汰。对于真正处于转型中的公司来说，这些一般都是好事，这意味着管理层正在尝试关注其核心竞争力，对公司进行精简和强化。只是对外界来说，它看起来像在做垂死挣扎。

一旦这个阶段过去，新产品发布后，复苏的早期迹象开始出现，新产品的订单也会开始增加。然而，专家们依然保持怀疑态度，关注点仍然停留在上一场战争中。专家们会贬低复苏，声称管理层在放烟幕弹，不相信该公司的前景，他们仍然对公司在之前的上涨过程中愚弄他们感到愤怒。他们选择将管理层视为能力不强甚至不诚实的人，并对自己的判断过于乐观。你会听到他们称这种初期的复苏为异常或者"死猫反弹"。这些都是公司不太受欢迎的迹象。

仅仅选择金融界所厌恶的、暂时遭受打击的公司，并不能保证你能选出赢家。这类公司中，有些永远不会复苏，它们可能连续多年都面临亏损、在倒闭的边缘残喘多年。管理层找不到扭转乾坤的办法，再也无法回归到辉煌的日子。这时，基本面分析就能起到作用了。

行为金融学可以帮助你找到潜在的机会，但这只完成了一半。一旦你找到了机会，就该考量公司的实际潜力了。管理者是否具有增长思维，将问题视为改进的潜在机会？他们是否具有竞争优势？员工是否满意？是否有严格的风险控制以及在必要时削减成本的决心？他们是否理解市场变化，并展现出推出新产品和新服务的能力？你肯定的回复越多，这家公司潜力就越大。

在《超级强势股》一书中，我通过讲述德州仪器（Texas Instruments）和 Transitron 这两家公司的故事，展示了公司在遭受挫折之后的成功与失败。

在晶体管尚处于起步阶段时，德州仪器和 Transitron 都是华尔街的宠儿，这两家公司都被称为"千载难逢的机会"，它们都有高得离谱的估值和狂热的追随者。

之后这两家公司都遭受了挫折和打击。它们都有优秀的产品，都是行业中迅速崛起的佼佼者。然而，只有一家活了下来。

德州仪器发现了自身的问题，解决了这些问题，并不断发展，取得了几十年的辉煌业绩，这是转型成功真正复苏的案例。而

Transitron 却没有，它在 20 多年的时间里反复遭受损失，徘徊在破产边缘，最终被巨额的债务拖垮了。Transitron 管理层没有跟上兴起的科技热潮，没有复制他们在早期晶体管和半导体研发上的成功，在个人电脑时代来临之时关闭了其半导体业务，转而专注于电缆、连接器和电路板。而当时晶体管之后的集成电路才是真正实现惊人增长的方向。Transitron 没有从中分到一杯羹，在 1986 年倒闭了。

行为主义可以帮助你在企业遭遇挫折之后发现潜在的机会，基本面分析将帮助你区分德州仪器型公司和 Transitron 型公司。

如何区分好策略和坏策略

当有人告诉你某个投资策略行得通时，它可能真的有用，但也可能只是那个人的偏见，实际并不那么好。那么你要如何区分呢？

试着问问看：投资圈里是否有人执行这个策略并成功过？世界上已经有成功的成长股投资者；也有像本·格雷厄姆这样享有盛名的价值股投资者；也有像约翰·邓普顿这样事业金钱双丰收的全球投资者；还有一些杰出的新兴市场投资者。即使某些策略并不是一直都行得通，但正如我们之前看到的，它们会有各自适合的场景和时间段。

越多人使用这个策略获得成功，说明这个策略就越可行。这就是"已经做成"与"可以做成"的区别。

反过来，如果很少或者没有人成功实施过某一策略，那么它可能执行起来就难得多。例如，有人声称，寻找峰值并卖空是一个赢利的策略，然而只有吉姆·查诺斯一个人成功过。这个策略可能有效，只是执行上极其困难罢了。投资成功的关键在于成功的比例，而不是是否可以成功。长期以来，美国股票的上涨次数远远超过下跌的次数。自 1928 年以来，每年有 72.7% 的时间在上涨，一个纯粹的卖空策略在市场中处于劣势方的时间超过三分之二。所以，要想通过卖空策略获利，你必须保持非常高的正确率。而这几乎难以实现。

这个原则同样适用于被动投资，即持有市场指数基金的策略永远有效。如果你能做到，那很好！（不过，如果你能做到，那你为什么还在读这本书呢？）我们看到，没有几个人成功地实施过这种方式，即持有一只指数基金 10 年、20 年或 30 年，既不买也不卖，并最终取得了投资成功。被动投资的创始人和倡导者都主张经常更换国家或行业板块。这些都是主动决策，而非被动，完全被动将导致收益下滑。

被动投资不仅是买入被动型产品，还要求投资者不主动做出任何投资决策，无须尝试捕捉趋势或周期，只需要购买后忘记就好。只有少数投资者有这种纪律性，大多数人只是恰巧买了如交易所交易基金（ETF）或指数基金等被动产品。

这是一个粗略的衡量标准，但你可以每日看到 ETF 基金的交易流量。虽然这只能反映交易的一方，但它可以大致估算出那些所谓被动投资者的行为，你会发现他们经常对短期波动表现出巨大的反应。图 9.12 显示了 2014 年 9 月至 10 月美国股市回调期间，股票型 ETF 的资金流与标普 500 指数的日价格水平。注意看市场开始反弹后，大众还在持续卖出，这是想要止损的典型反应，在行为上体现出了对短期损失的规避。

所有人都容易受到市场波动的影响，无论是主动型还是被动型投资者。

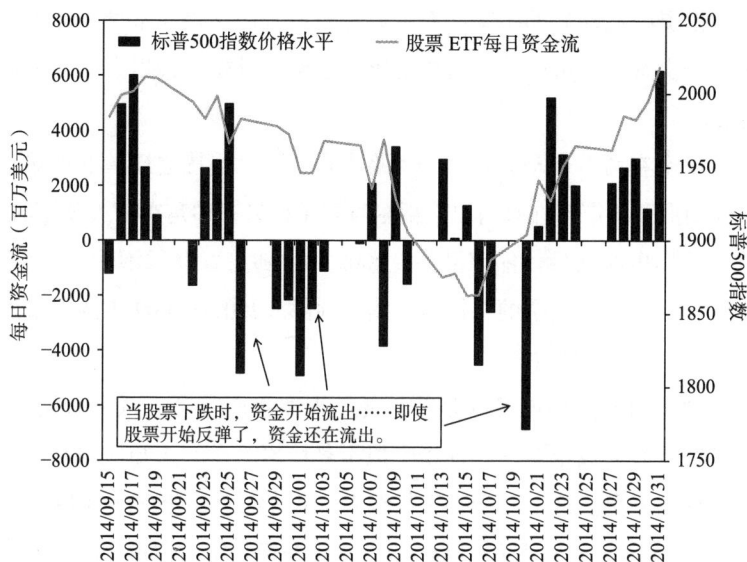

图 9.12　"被动"投资

资料来源：ETF 网站、慧甚，2014 年 12 月 15 日。2014 年 9 月 15 日至 2014 年
10 月 31 日标普 500 价格指数和每日 ETF 净流入量。

何时该退出

本书花了很多时间讨论何时应该进入市场持有股票，但也有需
要退出股市的时候。当且仅当熊市正在形成，且股票有很大可能在
长期内下跌超过 20% 时，退出才是明智的。

与大幅下跌的调整不同，熊市的形成都有原因，并且持续时间
足够长，足以进行博弈。它们深入且持久，你不需要完美地预测它
们发生的时间，也不需要这么做，因为你无法在熊市开始前就识别
出来。对追求增长的投资者来说，面临的最大风险就是离开市场。
如果你预测错了，退出后的机会成本会给你带来毁灭性打击，你错

过的投资收益永远回不来。熊市通常开始时进展得非常慢，你可以等待几个月，尽可能确认后再退出，这样你可能只会损失掉几个百分点。

熊市有两种启动方式。一种是牛市登上"担忧之墙"的顶端后失去动力，熊市会在兴奋自然耗尽时开始；另一种是在没人预见的、重大的坏事冲击后，熊市开始。2000 年，随着互联网泡沫的破裂，熊市开始于令人兴奋的"担忧之墙"顶部。2007—2009 年的熊市始于盯市会计准则的冲击。

冲击引发熊市的情况是罕见的。正如我们在第五章中看到的，第二次世界大战也是一次冲击，但不是任何潜在的未知风险都能把牛市打入熊市。这个冲击必须足够大。我在写这本书时（2014 年），全球经济规模约为 75 万亿美元，并且还在增长中。假设年增长率为2%，通胀率为 2%，那么至少需要 2 万亿美元规模的负面事件冲击才能终止一轮牛市并导致衰退。小的负面事件完全无法达到这个效果。此外，如果所有人都看到了这个负面事件，它很可能已经反映到股票价格中了，也会缺乏形成熊市的力量。未被发现的、巨大的负面事件才是熊市的触发器。

由于我们刚刚谈到了冲击，很多心怀恐慌的人似乎都对冲击非常警惕，但市场狂热后滋生的熊市更为常见。因为市场狂热表现得非常明显，这比冲击更容易被发现。理论上说，市场狂热比一个突然冒出的大部分人没看到的负面事件更易被观察到。只要你知道市场狂热是什么样子，并且有足够的纪律性不被它迷惑，就很容易发现。行为金融学在这方面也有帮助。

市场狂热并不等同于市场的积极态度。回忆一下，我在第八章引用的约翰·邓普顿关于"担忧之墙"的描述："牛市在悲观中诞生，在怀疑中成长，在乐观中成熟，在狂欢中死去。"大多数牛市都有一个漫长的过程，当人们只是理性地感到开心，看到好消息并合理预见光明前景时，这只是理智的乐观主义。市场狂热则不同，它是不理智的。

2000年时，股市中到处都是欢欣鼓舞的气氛，《商业周刊》在2000年1月的封面文章"新经济"中，预测科技的高速发展将扩散到其他行业。专家们在1996—1999年的大部分时间里都持悲观态度，现在扭转了观点，大多数人都预计将会出现两位数的年化回报。收益曲线反转了，但很少有人注意到，也没有人担心。LEI正在下降，同样没有被注意到。这些都是牛市即将结束的强大信号，大众却没有做好准备。

即使标普500指数在2000年3月开始慢慢下跌后，大多数人仍然继续涌入互联网企业的IPO中，贪婪地寻找"下一个戴尔"。大多数人把缓慢的下跌视为买入的机会，新经济的互联网股票不可能下跌！这是典型的近因效应，大众认为最近的趋势会在未来无限地持续下去，就像前几页的图9.4一样。大众过于兴奋和贪心了，以至于看不到负面的因素。

正确地看到这种情况需要自我控制。了解了过度行为和非理性繁荣的表现，你就可以在进行股票操作时自我检查，并在大众都在争相购买时，有足够的纪律性去保持怀疑。

以下内容摘自我在2006年出版的书《投资最重要的三个问题》。

当某件事成为真正的泡沫时，人们通常不会称其为泡沫，也不会对其感到恐慌。1997—1999年，几乎没有媒体报道提到科技泡沫。托尼·珀金斯（Tony Perkins）在1999年底写了一本书，提出互联网股票为泡沫，但它没有引起多少注意。我在2000年3月的《福布斯》专栏文章中将科技股称为泡沫，这是全国性纸质媒体上第一次出现这种说法。

我在 2000 年初看到的情况与我在 1980 年在能源板块看到的情况一样，这是一个真正的泡沫，很有可能引发连锁反应，导致熊市。

回想一下 1980 年，能源板块似乎势不可挡。由于 20 世纪 70 年代全球央行货币管理不善，导致严重的通货膨胀，大宗商品呈现繁荣景象。在两伊战争期间，石油输出国组织（OPEC）实力强大。当时油价为每桶 33 美元，市场普遍预期油价 4 年后会涨到每桶 100 美元。没有人认为油价会下跌，就像 2000 年初，大众预计全球互联网用户在 4 年内会翻 3 倍一样，大多数人都在赞美"互联网新经济"，说着"盈利并不重要，这是一种新的经济形式，重要的是点击率，而不是实际利润"之类的口号。你还记得吧？

"2000 年 3 月的科技股与 1980 年的能源股有很多相似之处，美国最大的 30 家公司占据了美国股市市值的 49%，而其中一半是科技股。倒回到 1980 年，美国最大的 30 只股票占据了美国股市市值的三分之一，而其中的一半是能源股。1980 年的能源股相对整个市场估值的倍数，与 2000 年的科技股极其相似。"其中有太多相似之处，而几乎没有人注意到。所以，我推测这次会和 1980 年的结果完全一样。

回归自我控制

行为金融学最初的作用已经成为"房间里的大象"。行为金融学最初是用来发现和控制那些导致自己做出糟糕投资决策的情绪冲动和偏见的。你最大的敌人就是你自己，行为金融学就是你的防御机制。

我们在前 8 章中学习了如何与大众博弈，但是如果你无法控制自己，学习的这些方法都不会有任何作用。发现他人的错误很容易，发现自己的错误很难。如果你看不见自己的情绪和观点哪里出了问题，你就会存在盲点，这会阻止你正确地看待大众。

近因效应只是你需要了解和避免的一个行为陷阱，除此之外还有其他陷阱。"我的大脑难道在故意隐瞒什么吗"，这个问题的答案就是诊断你自己的行为错误并学习如何克服。不过别担心，我不会让你学习深奥的知识，我会给你一个初级课程，快速告诉你一些最重要的知识。

我们先从确认偏误开始：人的本能是自动地倾向支持我们预设想法的信息和观点，同时排斥与其相矛盾的信息和观点。

确认偏误是人性本能，它无处不在。还记得我们在第四章中讨论的全球变暖的话题吗？争论的双方都会经常表现出确认偏误，坚持自己的观点，抵制相反的观点。经济学家也常常犯这个错误，我们在第五章中讲过，供需辩论中，确认偏误已经存在了几十年。这是一个根深蒂固的本能，本质是所有人都希望自己是正确的，这是人之常情，确认偏误可以让自己感觉良好。

吃油腻的食物、吸毒和饮酒也会让我们短期内感觉良好，但这对我们有害！确认偏误也一样，它支持市场神话让我们感觉良好，但会让我们做出错误的投资决策。在第一章中，我说过我们都会有犯错的时候，承认错误并从错误中学习会使我们变得更好。但确认偏误会阻止我们这样做。如果你只看那些支持你观点的信息，并忽视其他信息，你就永远不会知自己什么时候是错的！你会剥夺自己学习和改正自我行为的机会，你会重复犯同样的错误。

确认偏误就是"5月抛售"等季节性神话一直存在的原因。人们只看支持他们观点的数据，并忽视反驳这些观点的论据，而这些反驳的论据恰恰更有说服力。确认偏误也告诉我们"不要对抗美联储"，陈词滥调地告诉我们"降息对股市有利，加息对股市不利"。但当你注意到央行通常在熊市中降息，而在牛市中加息时，这个观点很容易被驳倒。但是，提出这种观点的人忽视了这一点，并且用统计数据来撒谎，扭曲数据以支持他们的主张，这确实很不好。

如何对抗确认偏误？测试一下你对信息的情绪反应。如果某些信息使你感觉良好，问问自己为什么：是因为它支持你的观点吗？还是因为急于给自己找个安慰？如果你发现自己想要忽视某些信息，也问问自己为什么。是否因为它与你的理论和预测相悖？是否因为他让你觉得你可能是错的？如果是这样，千万不要逃避。勇敢地接受它，保持开放的头脑，并理性地思考。

讲过了确认偏误，接下来我再说一下过度自信。"骄兵必败"，过度自信也是一种行为陷阱。我们都有一种倾向，认为自己的投资能力比实际表现要好。过度自信是正确决策长期积累的结果，人们相信自己的每一个正确决策都是技能卓越的证明，而忽略了也许只是运气好的可能性。

过度自信会带来怎样的问题？它会让我们忘记自己所犯的错误，或者降低我们对犯错概率的预期。如果忘记了这一点，你就会失去一个关键的安全保障。你会疏于风险管理，这可能会导致极其糟糕的决策，比如狂热投资于热门公司的IPO、投机廉价股，或者为了追求高额回报而参与波动巨大、市场狭窄的投资。过度自信的投资者会忘记股票市场并不是一夜暴富的游戏。

过度自信也影响我们的卖出决策。传奇投资者也至少有30%的时间会犯错误，这意味着你也会做出一些错误的投资选择。每个人都会选错股票，我也不例外（后文会展示我如何犯错）。

如果你知道自己有可能会错，你就会核查那些没有达到预期的股票，找出自己的错误在哪里。如果发现选错了，就及时卖出纠正，然后寻找更好的机会。但是，如果你过于自信，就不会这么做了。卖出意味着承认购买的决策是错的。对于过度自信的投资者，他们不接受这种可能性！他们会沉迷于相信股票只是暂时处于艰难阶段，导致表现不佳。他们会继续持有并等待很久，等待股票上涨证明他们一直都是对的（并且由于等待而显得自己的决策更机智）。有时候，股票会配合他们，强化他们的过度自信。这种情况有可能发生，但事实不会时时如此。

如果只是一两只股票，并且你已经进行了分散投资，那可能不是大问题。但如果你对整个板块、国家或者市场过于自信，机会成本就会累积起来。

幸运的是这个问题也可以解决。你只需要问问自己："如果我真的错了呢？"把这句话写在便利贴上，贴在自己的电脑屏幕上，并在自己的智能手机中设置一个循环的日历反复提醒。如果某些股票或者市场的走势并不是你预期的那样，不要简单地忽视它。要去研究它，试着找出合理的原因来解释这种情况，然后再考虑是否需要做出改变。可能你会理性地得出自己是对的，那只是暂时的、情绪驱动带来的异常，但也可能不是这样。对所有的可能性保持开放态度，将会让你领先于大多数人。当你错了的时候，我向你保证，还会有其他好公司存在。

我在《福布斯》发表的专栏文章公开记录了我所有的市场预测和很多股票选择，这既是一种福音，也是一种灾难。福音在于它提供了一个透明的记录，供我追踪和检验自己的判断。我不相信假设和没有事实依据的说法，你也不应该相信。但如果我为此沾沾自喜，这就成了一个灾难。因为当我做错的时候，就像给全世界看我糟糕的成绩单一样。

实际上，我每年都会在《福布斯》上发表报告，通常在1月或2月的专栏中。我们做对了什么，做错了什么，偶尔也会有"哎呀，我错了"的道歉。

下面，我与你分享我在2012年2月27日的专栏文章"按下刷新按钮"中的一个片段，让我们都能有承认错误的精神，这对思维和心灵都有好处。

> 2011年，我当年的第63页投资备忘录上写的是：16年里第4次跑输标普500指数。如果等额投资在我的2011年选择的股票上，你会遭受6%的损失，同样的金额投入标普500指数则能打平。我推荐的许多是外国股票，它们在这一年的表现很糟糕。我最糟糕的决策是选择了爱思强（Aixtron），这是我在7月推荐的德国半导体公司，这只股票今年狂跌了63%。我推荐的最好的股票是百时美施贵宝（Bristol-Myers Squibb），它自2011年2月底以来上涨了44%。即使如此，我依然建议你把我2011年推荐的股票继续持有到2012年。

还有一种行为错误是回避悔恨：当我们犯错时，会把责任归咎于除了自己以外的任何事物，这会加剧过度自信。就像确认偏误一样，它是人性的本能。犯错再加上损失，就像在伤口上撒盐。回避悔恨是我们避免损失放大痛苦的方式，如果我们能忽视这种错误，那么损失就不会让我们那么痛了。我们不想尝试那种糟糕的感觉，所以我们要找到替罪羊，让自己感觉好受一些。这就是我们会在犯了错误之后还能接着犯错的原因。

回避悔恨在投资中是怎样体现的呢？假设你买了一只股票，然后它立刻狂跌。如果你发现自己有如下想法，那你就是在回避悔恨："那个在CNBC上说购买这只股票的专家完全不懂行""那个CEO一定是在我买它之前伪造了财务数据""我再也不听我妻子/丈夫/邻居/同事/咖啡师推荐的股票了"。你明白了吧，将责任转移到第三方，让自己从糟糕决策中部分或全部解脱出来，就是在回避悔恨。

当整个市场的走势与你的预测相反时也会有类似的情况。假设现在是2002年10月，在互联网泡沫破灭后的市场底部，你一直持仓没有退场。在这种情况下，回避悔恨的想法可能是这样的："那些在CNBC上的疯子们说，这是一个永远不会下跌的新经济，是他们把我引入了歧途""那些推荐互联网股票的卖方分析师们，应该为推荐了自己都不相信的烂透了的公司而坐牢""那些科技公司的CEO们，怎么敢说点击就是新的利润呢，他们应该坦诚地告诉我们，自己的商业计划是行不通的！骗子们"。或者可能是："那些可恶的会计师事务所，应该知道安然和泰科财务造假的事。如果安达信公然让肯·莱欺诈全世界，谁还敢进行投资？"当然，有一个万能、永恒的回避悔恨方法："都是那些邪恶的银行家在作祟！"这就是危机后，金融法规出台的原因。

正如我在《投资最重要的三个问题》中所说，长期成功的真正诀窍是接受悔恨和错误。不要回避它，要迎难而上，吸取教训，找出你犯了哪些错误，思考下次如何能做得更好。

2008年金融危机之后，我们公司就是这么做的。我们意识到，我们低估了二级市场监管变更的影响，比如盯市会计准则如何让小问题如雪球般滚大。因此，我的研究部门加强了对监管和立法部门的关注，分析每一个法规可能产生的意外后果。这些可怜的家伙阅读了《多德 - 弗兰克法案》的每一页，以及相似的欧盟法规、全球银行资本标准，不胜枚举。所有这些都是为了学习、运用和改进。

因此，当出现问题，而你发现自己在把责任推到别人身上时，问问自己："这样公平吗？还是我应该像迈克尔·杰克逊一样，从镜子中的自己开始分析？"

我还可以总结出很多行为错误，最后再说一个：顺序偏好。

电影《空前绝后满天飞 2》中有一幕场景：一艘疾驰而来的航天飞船即将撞击月球空间站，威廉·夏特纳试图全力阻止月球空间站陷入混乱。一名军官向他报告说："长官，这些灯一直在乱闪，我们该怎么做？"夏特纳下令："让它们按顺序闪。"顺序偏好就是我们的内在需要，灯泡需要按顺序闪烁。

在投资中，这意味着我们希望拥有的每只股票都上涨。当我们在网上查阅我们的账户时，我们希望看到的是一整列的向上箭头和账户浮盈，没有下跌没有损失。这导致我们忽视了整体，而过度关注局部。希望保证所有股票都保持盈利，这会导致我们做一些愚蠢的事情。比如仅仅因为某只股票下跌了就卖出，比如继续追逐上涨的股票，试图只挑选赢家，但这是徒劳的。回避多元化投资，过度集中在热门股上，及其他类似的陷阱都会增加风险，影响回报率。

为了应对这个问题，保持全局视角是关键：即便整个市场都在上涨，某些股票也会表现得极其糟糕。但是，少数失败的股票并不会拉低整体表现，这在多元化的投资组合中同样适用，就像在标准普尔 500 指数一样。用一句老生常谈的话讲，就是整体大于各部分之和。如果你的整个投资组合表现不如你预期的那样，就应该好好反思一下！但是，如果整体表现良好，只有少数股票和公司处于亏损状态，那说明这并不重要，可能有一些表现极好的股票抵消了这些损失。不要对任何极端情况思考过度，不要积累骄傲情绪，要把注意力放在整体上。

想要了解更多吗？市面上有很多好的行为金融学书籍。如行为金融学的教父——丹尼尔·卡尼曼，他将几十年的研究都融入他的杰作《思考，快与慢》中。这本书很厚，但学术性不强。如果你想理解投资者心理学，这是必读之作。如果你想要一本简短又有趣的读物，那么贝内特·古德斯彼得（Bennett Goodspeed）在 1984 年出版的《道琼斯平均指数》（*The Tao Jones Averages*）是值得推荐的经典作品。凯瑟琳·舒尔茨（Kathryn Schulz）的《我们为什么会犯错》（*Being Wrong*）并不是行为金融学的书，但你也可以从中了解到你的大脑如何欺骗你，以及如何从错误中学习。

先不要急着跑去书店，我们还没有完全结束。还有最后一个主题要讨论，是什么呢？翻到最后一章，你就知道了！

第十章 如何应对媒体的言论

投资充满了挑战，我们要克服情绪，抵制追求热点买入和恐惧时卖出的冲动，还要保护大脑和心灵免受现代媒体 7×24 小时噪声的侵害。

但是，人类并不擅长应对这些，我们大脑处理信息的模式源于石器时代的祖先，还未进化到可以过滤我们所不知道的、远在千里之外的人们争论的观点。我们的远古祖先从未有过这样的需求，在他们那个时代，他们了解所有人，知道谁值得信任，直到我们的祖父母或曾祖父母的时代也都大体如此。

但如今，很少有人只扎根在他们称之为"家"的社区，大多数人因为学业、工作、配偶或纯粹旅行而迁移到了别处，大多数人还不止一次地迁移。随着"婴儿潮"一代的退休，美国国内人口的迁移正在加速，而千禧一代是美国有史以来流动性最大的一代。但按照进化的标准，这都是最近的事情，从文明的黎明到 19 世纪的大部分时间里，人们的生活一直都比现在更简单，社区更小，人们在一个社区出生、生活并老去。迁移是罕见的，也是相对新鲜的事情，在小的生活社区中，每个人的声誉都是一目了然和众所周知的。

在 20 世纪的大部分时间里，媒体也是如此。在我小时候，只有 3 个电视频道、一份全国性的报纸、一份当地的早报或晚报。财经界 4 本值得信赖的杂志是《福布斯》《财富》《商业周刊》和《巴伦周刊》。当时在这些杂志上要发表一篇文章的门槛很高，只有少数的大牌编辑和发行人才有资格。

这种情况在 20 世纪 80 年代开始改变，当时有线电视成为主流，泰德·特纳（Ted Turner）让世界有了 24 小时的新闻。随着各频道为争夺观众而将新闻转变为娱乐节目后，最终产生了如今那些宣传耸人听闻故事的性感新闻主播，而一些客观公正、深受信任的新闻主播则退出了舞台，取而代之的是花哨而充满偏见的观点。

然后，互联网的出现真正颠覆了新闻行业，打击了纸质媒体。由于网站以极低的广告费率吸走了读者和广告商，传统的纸质媒体开始解雇资深记者和编辑，这在很大程度上影响了报道的准确性和客观性。那些经历过历史的资深新闻人士走了之后，取而代之的是更便宜、更年轻的作家，老一代的知识库在渐渐消失。即使你正在阅读一份重要的财经刊物，这篇文章也很可能出自一名新手记者。你可以从他们叙述事件的方式中看出来，对他们来说，一切都是重大而史无前例的事。他们并没有经历过历史，许多人将学校教的过时的经济理论当作事实，却不知现实早已推翻了它们。

更糟的是我们还有博客，在那里，无须任何经验，也没有任何编辑标准，连 12 岁的孩子都可以开始写博客，并让他们不成熟的观点如洪水般充斥互联网。作者们隐姓埋名，让自己免担责任。很少有人费心去核实，审查来源或验证内容的真实性。这是一个全新的世界，而一个新的世界并不总是安全的。

然而，在所有这些变化中，有一件事从未改变：新媒体依然遵循这个古老的真理，那就是坏消息最畅销。威廉·兰道夫·赫斯特（William Randolph Hearst）和约瑟夫·普利策（Joseph Pulitzer）从 19 世纪 90 年代开始就学会了利用这一点，通过夸大耸人听闻的坏消息来博取眼球。读者们热衷于这些新闻，越耸人听闻越好，于是末日情绪和悲观主义诞生了。在 1989 年《纽约客》杂志的一篇题为

"微笑、血腥和录像带——地方电视新闻的问题"的文章中，记者埃里克·普利（Eric Pooley）写道："深思熟虑的报道被埋没，因为需要耸人听闻的故事来博人眼球。如果有血腥事件，那就放在头条。"一个新时代的媒体口号应运而生！

尽管财经新闻的头条可能没有真实的血腥画面，但也往往是象征着一场血战的惨烈下跌。下跌的股市和令人沮丧的数据总是能登上头条，这要归咎于我们对损失的短视厌恶，记者和出版商凭直觉知道，人们对损失的感受比对收益更强烈，因此损失更具冲击力；我们对损失的恐惧超过了我们对未来的期待。少有人会去观看或阅读世界上一切美好和正确事物的新闻，我们想知道的只有坏消息和风险，并为此做好准备。过于乐观的态度并不能吸引人们购买报纸——恐惧才能做到！媒体并不是慈善机构，并不会出于善心把客观事实告诉我们；反之，他们会通过利用和强化我们本能的、原始的、与生俱来的恐惧来获利。

在这个简短的结论性章节中，我们会列出一些关键点，以帮助你抵抗媒体持续的感官攻击。

- 如何将媒体的负面信息为你所用。
- 越来越耸人听闻的媒体对市场长期趋势意味着什么。
- 为什么未来比末日论专家们所说的要光明。

如何利用新闻

因为媒体有强烈的散布恐惧的动机，所以永远不要期望头条新闻能准确地反映现实。即使他们在牛市的尾声屈服并发布积极的新闻，也往往是因为他们被乐观的市场情绪所影响，他们只是在迎合大众，只是本能地感觉到大众希望看到不同的内容。

但是，媒体为我们所有人提供了一个巨大的便利，他们帮助我们看到了舆论的倾向。就像我们在第一章中看到的，现代媒体的集体思维和夸大其词的表达反映并影响了大众，使它成为发现大众观点、虚假恐惧和情绪变化的绝佳方式。如果媒体过分讨论某一点，无论是好是坏，市场都已经将此反映在价格上了，你可以利用这一点。

为了说明这个道理，我们再来看一次量化宽松（QE）和媒体的持续警告——美联储购买债券是支撑股市的唯一力量。在2012—2014年，末日论者一直声称 QE 释放了大量资金，导致长期利率处于低位，使资金涌入股市。当 QE 政策停止时，这笔热钱会涌出股市，并导致崩盘。同时，这些增加的资金会导致通胀飙升，这种恐惧无处不在，这明显是市场发出的预警信号。

但重要的是媒体忽略了一堆相反的证据，比如在 QE 实行的头4年里，每月股市的净现金流入大多是负数，这是一个粗略的信号，即 QE 带来的大量资金并没有涌入股市。大部分"新的货币"作为准备金存放在美联储。从逻辑上来说，市场需要银行系统增加净贷款来创造新的货币，但这次的贷款增长却是 6 个周期以来最慢的。银行并未使用 QE 的准备金作为担保来创造新的货币，所有货币衡量指标（如 M2 或 M4，后者由金融稳定中心计算）的增长速度比任何现代经济扩张时期都要缓慢，这引发了"钱去哪儿了"的疑问。所有公开的信息就像"房间里的大象"被所有人忽略了，媒体更愿意显示出一面倒的舆论倾向。大众低估了它们，这使得它们可以被利用。

和媒体的虚假恐惧进行博弈，而不是跟着跑，这是 2013 年和2014 年已经被证明的跑赢市场的做法。2013 年 5 月 22 日，美联储主席本·伯南克首次暗示要结束 QE 后，长期利率开始回升，人们认为市场要开始对该计划的最终结束做出反应。利率在剩下的时间里确实在继续上升，但股市并未崩溃，反而大涨了，这真是太可笑了。伯南克最终在同年 12 月宣布每月减少购买债券，股市仍旧没有崩溃，标普 500 在 2013 年的收益率达到了 32.4%。美联储在 2014 年的半年会议上宣布将缩减 100 亿美元的买债计划，并在 10 月结束。但股市仍然在上涨，甚至从没有出现过 10% 以上的回调。在我写这段文字的时候，末日论者依然在继续他们的末日言论，说清算的日子终究会来临。但市场并不会被愚弄，因为他们已经知道那个结果不会出现。

我们在这本书和历史中反复看到这个现象，媒体对潜在的坏消息越是忧心忡忡，这些消息已经被反映在股市价格里的可能性就越大。我们在 QE 中看到了这种情况，第六章讲的《平价医疗法案》、第三章讲的对欧元区解体的忧虑，在所有这些情况下，媒体助长了情绪蔓延，使现实不受影响，股市喜欢这样的媒体。

有些人认为悲观的媒体会创造出一种负面的情绪漩涡，进而拉低股市。但这些负面情绪实际上降低了预期，延伸了牛市喜欢攀登的"担忧之墙"，预期保持低位的时间越长，市场得到的正面收益也就越多。

我不能确定，但我怀疑是媒体强化了大众思维，过度宣扬耸人听闻的消息，才使得过去几十年的市场周期变长。20 世纪 90 年代的牛市是历史上最长的，之后的熊市也是如此。21 世纪初的牛市若以情绪标准来衡量，可能只走过了牛市自然周期的一半，盯式会计准则公布后，提前结束了这场牛市，接下来的熊市持续了整整 17 个月之久。在我写这篇文章的时候，当前的牛市已经进入了第六年，并且刚刚过了其情绪周期的中点，如果市场没有被一个非常大、破坏力无法估量的负面因素重创，那么这可能也是一个持续10年的牛市，也许更长。市场很喜欢出人意料。

随着媒体发展和群体行为增强，股市的周期已经被拉长。因为没有人想脱颖而出，大众要花费更长的时间才能从牛市早期的悲观情绪中走出来。多年来的媒体影响逐渐使大众情绪形成共识，最终延长了约翰·邓普顿爵士描述的情绪进程——从悲观到怀疑、再到乐观，直至最后的狂欢，从而让市场周期无论是在好的时候还是在坏的时候都变得更长。我认为确实是这样，但我不能证明，因为可供验证的统计周期太少了。

为何好消息很难找

人们更关注负面新闻的天性并非只影响媒体，也影响到了谷歌的搜索引擎！

负面新闻往往在谷歌搜索中排名最高。不相信？我刚刚在谷歌中搜索了"苹果"（Apple），你也可以尝试搜索，把搜索日期范围缩小到2014年12月2日，以下是排名靠前的头条新闻：

"苹果公司被起诉：10亿美元反垄断索赔，控告史蒂夫·乔布斯"

"史蒂夫·乔布斯的电子邮件出现在苹果iPod美国反垄断案件中"

"苹果诉讼中的明星证人是史蒂夫·乔布斯"

"集体诉讼开始：原告称苹果误导了iPod所有者"

"GT抵押债券持有人要求质询苹果高管"

"苹果股价被高估的愚蠢而简单的原因"

"苹果股价昨日下跌6%的6个原因"

"股票分析师建议抛售苹果公司股票"

在搜索结果第一页的 18 篇文章中，只有两篇对苹果有公开的正面描述。

几乎任何搜索结果都会与此相似：公司、国家、人、经济、市场等，任何你想到的主题词都有大量的负面新闻排在搜索结果的最前面。除非它是一个无人关心的主题，比如"亚洲稀有青蛙品种的生命周期"。在大众关注的领域，客观、务实、有深度、积极正向的分析很少排在前面，那些你认为重要的知识可能都不会有较高的排名，搜索引擎的算法一样短视。

这给了媒体另一个强烈的动力去报道负面新闻，在谷歌上没有排名就等于没有人气，如果你不能出现在首页，人们就找不到你。对于媒体和记者来说，要想在谷歌的搜索结果中排名靠前，意味着需要大量的坏消息，耸人听闻的新闻、热门"关键词"、大量前景暗淡的预测，正好符合要求。

首页的负面新闻也可以帮助你了解市场的情绪及反应，就如我们刚才讨论的那样。但是，它无法帮助你发现像"大象"一样被忽视的重要信息，因为可以引导你走上正确方向的信息总是被埋没。你可能需要点击到搜索结果的第 4 页或第 5 页甚至更靠后的位置，或者在现实世界才能找到，这些地方才是有用信息的藏身之处。有用的信息虽然很难找到，但从另一方面来说也是一种帮助。谷歌的这些特点使得负面信息始终处于靠前的显眼位置，使得恐惧提前反映到价格里了，给了逆向投资者与大众博弈的机会。

媒体忽视的事情

在第三章和第四章中，我们记录了几种媒体经常报道的恐惧的观点，但有一种我留到了最后，即媒体反复警告技术已经达到极限，我们在一两代人后就会耗尽资源。

这些恐惧来自一位名叫阿尔·戈尔（AI Gore）的绅士。哎呀，我说错了，其实我指的是托马斯·马尔萨斯（Thomas Malthus），他是 18 世纪的一位哲学家，他著名的观点是人口增长的速度会超过食品产量增长的速度，导致人类无法生存，除非我们提高死亡率、降低出生率。这太耸人听闻了！我不打算用这个理论的细节来干扰你们。

但我想说的一点是，如今我们多了几十亿人口，大多数人都能得到足够的食物，因为我们现在能生产出更多的食物。并且与我年轻时相比，如今世界上绝大部分人能吃得更好，但很少有人注意到这一点。现在全球只有少数几个区域会出现饥荒，比如在非洲部分地区，无穷无尽的政治问题阻止了未来的发展。在我小时候还在挨饿的大部分地方，尽管现在人口也大大增加了，但都没有饥饿问题了。

具有讽刺意味的是，自称是亚当·斯密信徒的人，却忽视了技术、市场经济和人类的创造力这些重要的东西。再次申明，即使存在饥饿的悲剧，也是因为腐败和贸易壁垒阻止了市场发展造成的，而不是真正的食品短缺。

马尔萨斯错了，他已经去世了近两个世纪，但他的观点仍然无处不在，媒体喜欢夸大其词，有什么能比资源即将耗尽的严重警告更能吸引眼球呢？尤其是在人类对这种资源有永无止境的需求时！这些东西无休止地被媒体报道，让人们沉浸在无尽的恐惧中。

担心资源耗尽的想法是错误的，至少在我们有生之年，一定是错误的。我们需要对市场经济和人类创新有信心，看到我们的无限潜力。但媒体很少会这么报道，这太过乐观了，不会成为热点新闻。信心不能让新闻畅销，而愤世嫉俗可以。

今天没人能确切知道技术、市场经济和创造力会如何演化，最终会如何解决人类未来的问题。我们对遥远未来的设想是落后的，也经常是荒谬的。当电影《回到未来2》在1989年设想2015年的情景时，它预见到了飞行汽车，但没有预见到激光打印机、互联网、iPhone、基因测序或特斯拉。哎呀！我们不需要预测具体的事情啊，只需要有信心就够了。

历史有力地证明了这一点，未来的问题能被未来解决。想想1894年的马粪危机（Great Horse Manure Crisis），这是真实的事情，你可以查一查。在那个时候，随着工业化国家的城市化加剧，出现了一个问题，即随着越来越多的人搬到城市，需要更多的马匹来运送货物和载人出行。纽约、伦敦和其他大城市，每座城市都有数以万计的马匹来拉推车。但是，数以万计的马匹每天都会产生数百万磅的马粪，每天都必须清扫和处理，以免引发蝇虫和瘟疫。

你可以想象，随着人口增长，城市被马粪覆盖的末日恐慌也随之而来。1894年，一位《泰晤士报》的专栏作者预测，50年内整个伦敦将被3米深的马粪掩埋。城市规划师们在全球范围内紧急寻找应对方案，举行危机峰会和规划会议，就像今天的全球变暖一样。他们认为如果没人能想出解决方案，人类注定要完蛋！

但是后来汽车出现了，科技解决了问题。汽车取代了马匹，危机化解了，并且这个危机永远也不会出现了。

再想想地球物理学家金·胡伯特（M. King Hubbert）在1956年提出的石油峰值理论，他认为全球石油产量会在不久的将来达到峰值，然后逐渐减少，直到耗尽为止。胡伯特最初预测的峰值产量会在 1970 年达到，但实际上因为新油源和新技术的不断出现，石油供应并没有明显减少，于是峰值日期被一再推迟。但是，因为我们无法很好地预见未来的技术，这个理论还是会时不时地被提起。

然后，页岩油被发现了！地质学家们一直都知道页岩油存在，但是石油峰值的担忧者们认定它无法开采，因为他们低估了技术的发展，也忘记了市场的力量。他们没有意识到，石油价格上涨到一定程度，将刺激人们投资开发页岩油的技术，这就是真实发生的事。到了 20 世纪 90 年代末，地质学家们已经想出了用水力压裂和水平钻井这两种现成的技术结合，以提取页岩构造中的石油和天然气。当然，摩尔定律也起了很大的帮助，因为地质物理分析中的很多数据计算需要更高级的电子设备。当时这样做的成本很高，但到了 21 世纪初，石油价格不断提高，让企业有了极大的动力去投资这项新技术，并在得克萨斯州、北达科他州、宾夕法尼亚州等地启动页岩油开采项目。现在美国页岩油的产量已超过 20 世纪 80 年代初的石油产量，人们很快对石油将耗尽的观念嗤之以鼻。石油峰值危机现在看起来就像 1894 年的马粪危机一样。

技术的发展是无限的！我们无法想象它将以何种方式发展，然后帮助我们更有效地利用资源、保护环境和回馈社会。自由市场会让这一切发生，就像它们在马粪危机和石油峰值危机被提出时的做法一样。

很少有人能理解这一点，因为很少有人理解市场如何影响了 20 世纪 80 年代和 90 年代的美国能源生产。随着石油产量的下降，大多数人都接受了石油峰值的观点，认为我们就要彻底耗尽石油了。这是几十年来一直被接受的观点，但很少有人意识到低油价才是罪魁祸首，图 10.1 说明了这一点。当石油价格在 20 世纪 80 年代初大

跌——在近 15 年间在 10 美元和 30 美元之间波动时，它扼杀了美国
国内对油田的投资，因为低油价让投资无利可图。石油收入是价格
敏感型，而不是产量敏感型。因为固定成本很高，进口石油的价格
便宜，在很长一段时间里，投资新的石油开采井并提高石油生产很
不划算。这就是过去发生的事情。而一旦石油价格上涨，投资在这
里又变得合理了，公司就会采取行动，然后石油产量迅速上升。所
以，永远不要低估利润对市场的刺激，也永远不要低估长期技术
效应！

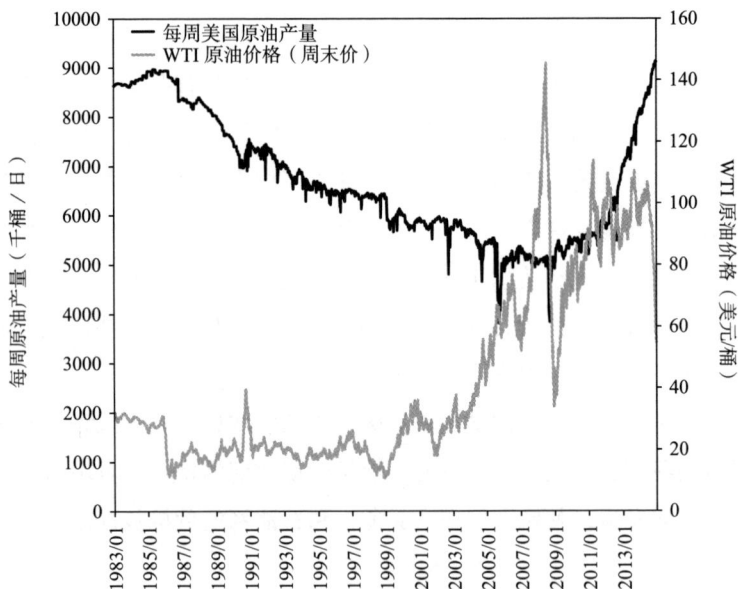

图 10.1　WTI 原油价格和美国原油产量

来源：慧甚，2015 年 1 月 6 日。美国原油产量和 WTI 原油价格，1982 年 12 月
31 日至 2014 年 12 月 31 日。

相信技术和创新

市场经济的魔力推动了农业、工业及其他产业更长远地发展，并让人类继续生存和繁荣。技术发展会以我们无法想象的方式相互碰撞，潜力是无穷的，生活也会以你无法想象的方式变得越来越好。

如今短视的媒体大肆宣传"创新峰值"和"技术峰值"，但不要相信它，因为创新从未停止过。技术发展越来越快，表现越来越惊人，并不像人们在互联网行业里看到的"长期停滞"。

回想一下我们在第四章中提到的那些科技趋势。摩尔定律认为微处理器的处理能力大约每两年会翻倍；库米定律认为计算的能效大约每一年半翻一倍；克拉底定律认为数据存储量每13个月翻一番；香农 - 哈特利定理认为通信速度的潜力是无限的。这些技术创新者的思想相互碰撞，人们会不断组合使用它们，并创造出美妙的、改变生活的产品。

技术在改善我们的生活品质和加速增长方面有无限潜力，远远超越了纯粹的技术发展。想想如果美国联邦航空管理局（FAA）允许的话，无人机技术会有多么广泛的应用。想想医疗护理行业，DNA 测序正在以摩尔定律般的速度发展，想象一下，这如果与其他技术相结合，也许会出现为每个人定制的治疗药物和方法。再过几十年，今天的治疗方法可能会显得非常落后。当然，这不是我的专业领域，所以我不会去猜测具体的内容。但是，如果你想激发你的想象力，就去读一下雷·库兹韦尔的《奇点临近》（ *The Singularity Is Near* ）。虽然它有一些想象过大或者牵强附会的地方，比如假设我们将通过机器获得永生，但如果你能忽略那些幻想，那么将发现它以一个惊人的视角展示了我们如此低估了技术发展的潜力。未来比我们任何人想象的都要光明得多。

但对投资者来说，最好的一点是：股票是你长期拥有这一切的方式！那些创造、应用和组合新技术的公司会成长和盈利，永无止境的进步是盈利持续增长的源泉。它们既是技术创造者，更是智慧的技术消费者。只有股票代表过去、现在和未来，这就是为什么从历史上看，股票的增长远远超过了其他资产，这就是为什么你应该忘记并忽视所有关于长期停滞和资源即将耗尽的胡言乱语。现在或将来的股市都不会受到这些影响！只要自由市场存在，技术和创新就会胜出，人类在保护市场经济和积累财富方面的执着追求是惊人的。

归根结底，这就是股市对未来财富水平的全部意义，你为什么会不想拥有股票呢？

结尾寄语

我找不到更好的结束方式了，就用我父亲在 1958 年出版的《怎样选择成长股》中留给读者的话来结束吧。

> 我们即将开始下一个 50 年，我们很可能会看到人类生活水平比前 5000 年进步得更快。投资风险也会比过去更大。当然，成功投资的财务回报也会更大。在投资领域，接下来 50 年的风险和回报可能比过去 100 年的都要多。

这些话在今天仍然如同他在 1958 年写下它们时一样真实，当时摩尔定律甚至还不存在呢！但是我父亲相信技术、创意和自由市场的神奇力量，他知道机遇是无尽的，社会和股票都是如此。

当你被悲观的长期预测淹没时，请记住这些话；当媒体告诉你世界正长期走向地狱时，请记住这些话；当专家声称这次的情况不同，我们永远无法从下一场危机中恢复过来时，请记住这些话。

市场是美丽的、波动的、善变的、混杂的、有前瞻性的，等等。但市场准确地反映了技术碰撞所创造的复利财富，这是大众和媒体至今都无法理解的。

尽管世界有时会无比丑陋，但这种无限的潜力是一直存在的，总是潜伏在角落里，准备在不久的将来引发一场反弹，并将世界文明推向更高的高度。正如约吉·贝拉（Yogi Berra）所说："这似曾相识。"

版 权 声 明